死の超越

Transcending Death

―永遠志向社会の構築―

渡辺通弘

Watanabe Michihiro

丸善プラネット

1962年 渡辺まゆみ 描く

はじめに

私は当時パリに在住していた昭和四〇年代後半に、哲学三部作「Striving for Eternity」の英文原稿を書き始め、第二部までを完成したが、文部省の要請もあって昭和五一年に帰国したこともあり、原稿は未完のままでおわった。帰国後昭和五七年に英語の原稿を参考にして、『永遠志向』を創世記社から出版し、その中で、すべての生物の存在目的は生きることそのものにあるが、人間だけは不幸にも自分がいつかは死ぬことを知ってしまい、その結果、生きるという欲求と、死の必然との相克に苦悩していることを指摘し、その矛盾の解明を試みた。本書は、その改訂版として書き始めたが、執筆する段階で、広範囲な加筆修正が行われ、多くの新しい事実や考えが盛り込まれ、もはや改訂版とは呼べなくなった。また哲学的議論をできるだけ避けたため、哲学書でもなくなった。ただ『永遠志向』で提示した人間の存在意義は絶対の真理であると確信しており、そのまま踏襲している。本書は『永遠志向』を原典とした新たな著書になったのだ。

『永遠志向』のまえがきでは、「哲学とは何かを理解しようとする私の努力が困惑と失望のうちに終わった」ことを告白したが、同様な困惑は、本書で触れた経済学、政治学、歴史学、心理学、動物行動学などについても感じている。特に人間活動である経済を、人間抜きの数字で論じる傾向のあるケインズ以降の経済学には嫌悪感すら持った。本書は、私の知るどの学問分野の枠内からもはみ出しているのだ。強いて言うなら、人間の本質とそれが作り出す人間社会を探究した本書は、人間学（humanology）とでも呼ぶべき全く新たな学問分野の走りなのかもしれない。今日各分野の学問があまりにも細分化され、その結果最も重要な課題であるはずの人間とその存在意義の総合的な考察がおろそかになっている時、後進の研究者たちが、本書を切っ掛けとして、人間学を確立してくれることを期待している。

『永遠志向』は、草稿を書き上げた昭和五七年の段階ではそこで提示した解決案があまりにも時代の先を行きすぎており、人々に奇異の感をもって見られるのではないかと考え、出版をためらっていた。そうした時に友人の紹介で創世記社の細萱尚孝社長と会い、草稿を見せたところ、「これは本物です。ぜひ今すぐ世に問うべきです」と説得され、出版を決意した。それでも『永遠志向』の「あとがき」で述べたように、私としてはこの本を出版するに当たっては「総毛立つばかりの恐れと不安が渦まいて」おり、仮に出版するにしても、「英語で、しかも遺作として私が世を去ったあとに出してもらえればと考えていた」のが本当のところであった。

『永遠志向』の出版とほぼ前後して、私は文化庁に異動し、創造活動の振興こそが永遠志向の思想の具現化であるとの信念のもとに、一一年間にわたり不退転の覚悟で文化行政に全力を注入した。また一九九三年には、カリフォルニア大学ロサンジェルス校（ＵＣＬＡ）アンダーソン経営学大学院に客員教授として招聘され、文化政策とアートマネジメントの研究と教授に当たるとともに、日本で最初のアートマネジメント専攻学科である昭和音楽大学音楽芸術運営学科の設立に参与し、帰国してその初代学科長に就任した。その間永遠志向の思索は中断されたが、私としては提示した永遠志向という命題はあまりにも明白で単純なものであり、この世に数十万人はいる哲学者や社会科学者がいずれは気づいて指摘するだろうと考えていた。

しかし出版後三〇数年の年月を経ても、永遠志向の必然性を指摘する著作は現れず、また混迷を深める現代社会の対立軸を示す提案もついに出ずじまいであった。その一方で『永遠志向』で予測した、資本主義経済の行き詰まりと新たな経済理論の必要性、唯物論の矛盾とそれに基づく共産主義の崩壊、死への憎しみを他人に転位した暴力とテロの増加、テクノロジーの野放しの暴走、大衆迎合主義と旧弊な民族主義の復活などの予測のほとんどが世界中で次々と現実のものとなっていることから、永遠志向の思想が人間の本質を的確に把握し、人類の進むべき方向を示唆するものであり、真剣に人類の将来を考える人々がそれを受け入れる素地が出来つつあるとの確信を深めるに至った。特に『永遠志向』で提示した創造経済については、最近になって欧米で創造産業が注目され、またベーシックインカム制度の導入への支持が広がるなどの新しい動きがあり、これらの経済理念を取り込むことで、私が予測した永遠志向に基づく創造経済が、資本主義に代わる新たな経済制度として実現可能なことが明白になった。それも本書を出版する決心をした要因の一つである。いわばこの思想は、四〇年の治験を経て、今や現代社会の病根の治療に使用する段階に入ったのである。

なお本年七月に悠光堂から出版した拙著『美しい国日本へ—安倍総理の「美しい国へ」

に対比して』にも、本書で述べる永遠志向の思想が反映されている。

本書を読む方は、ここに提示された人類社会のあるべき姿が、現代の常識とかけ離れていることに戸惑われるかもしれない。読者に理解してもらわねばならないのは、本書は単なる学術書ではなく、人間の本性が将来の人類社会をどう変えてゆくかを予測したものである。そしてここで述べる歴史民主主義、永遠志向社会や現世での来世、創造経済を始めとする新たな人類の在り方についての示唆も、世紀を単位とした未来を見据え人々の意識の転換を求めるもので、今現在の政治的、社会的状況の中で直ちに実現することを期待したものではない。これはいわば後の世代のための種まきなのである。

読者、特に次の時代を担う若者が、本書を読むことにより、人は死を超越できること、そして人類の未来は遠大で希望に満ちたものであることを知り、現代社会を覆う無意味さと虚脱感から抜け出て、期待に胸を膨らませつつ、人類社会の更なる発展に向け邁進してもらえればと願っている。

二〇一六年八月

目次

第一部　永遠志向

第三部　死への挑戦と挫折

第一〇章　宗教の救い

第一一章　哲学よ目覚めよ

第四部　資本主義経済から創造経済へ

第一七章　新たな意識の覚醒

第一八章　資本主義時代の幕開け

第五部　永遠志向社会の構築

第二四章　歴史国家の出現

第二五章　永遠志向社会の構築

第二六章　現世に来世をつくる

第二七章　永遠志向社会と生涯学習

第二八章　来るべき絶頂期

結論 人類は死を超越する

第一部　永遠志向

永遠志向への序奏

　生物にとっては生きることが存在のすべてであり、それが「生存志向」である。また群棲《ぐんせい》動物は、仲間内で優位を占めようと争う「優位志向」をもつ。それに対し、死が不可避であることを知った人間は、死を超越しようとする人為的な本能である「永遠志向」を持つようになる。その瞬間から人は自然に同調して生きる他の生き物と異なり、自然に反逆し、死を克服しようとする特異な存在となる。

第一章　岐路に立つ人類

1・1

新たなミレニアム　今人類は、更なる飛躍への一歩を踏み出すか、それとも混迷の世界に迷い込むかの分かれ道に立っている。

科学、テクノロジー、経済の発展や民主化の進展といった人類史上最も輝かしい業績と、二つの大戦に代表される戦争という名の大量殺戮や、母なる地球を荒廃させる環境汚染といった忌むべき汚点が入り混じった激動の二十世紀が終わり、我々は新たな世紀に入っている。そしてこの世紀においては、前の世紀すら影が薄くなるような、想像を絶する大きな変化が起きる可能性が強いのだ。そうした予感を持たせる理由の一つが、現在我々が西暦二〇〇〇年という新たなミレニアム（千年紀）に入っているという事実である。本来は、キリスト生誕の年を基準につくられた西暦での千年紀が変わったからと言って、世の中が変化することはないはずである。しかし年代が変わると、人々は新しい時代が始まったという印象を持ち、それ以前のことはすべて過去のものと感じる。ここから、保守的な人でも古いしがらみを捨て、新しい考え、新しい仕組み、そして新しい価値を受け入れる素地が出来上がる。しかも今日、西暦は多くの国において使われており、歴史上初めて世界中のほとんどの人が、時代が代わることで変化が起きるのではないかという予感を共有することになった。特に科学やテクノロジーの飛躍的な発達、経済基盤の充実、民主主義の浸透、そしてグローバライゼーションやＩＴ（Information Technology　情報技術）の発展による情報革命もあって、二一世紀は、社会が根本から変わる条件が歴史上これまでになかったほど整っている。それを考えると、人類がかつてなかったような変革の時代の入口に立っていると感じるのは、私だけではないだろう。

1・2

時流　よくそれぞれの時代には流れがあり、それは大河のごとくすべての人々を巻き込んで、一つの方向に向かって流れて行くといわれる。この時流という考え方は、世の中をそつなく生きていく上では役に立つ。人が何かを成そうとするときにそうした時代の流れに逆らえば、急流を遡上するようなもので、労ばかり多くして、結局は押し戻されることとなる。その結果目先の利く人は、時流に順応することが賢明と考え、絶えず周りを見回して時流なるものを探し、できるだけそれに沿って行動しようとする。しかし大局的に見るなら、時流に乗るということは、大勢に迎合することであり、皆が同じ方向に流されることである。そしてその結果として、社会は独創性を失い、因習がいつまでも残る一面的で凡庸なものとなる。特にメディアやソーシャルネットワークを通じて情報を得ることの多い現代人の場合は、自分の考えではなく、多数派に同調して一つの方向に流される傾向が顕著になる。

1・3

時流はつくるもの　人間は、本来自ら自分の未来を切り開くものであり、時代の流れという他律的な条件にただ流されるべきではない。時代の流れとは、人々の意識、願望、社会的環境、地理的条件そして思想や技術などの与件が複雑に絡み合ってつくられるものだ。また人間は、他の動物と同様に、病や寿命のような自然によって定められた身体的な制約や、本能などの心理的性向からは抜け出すことはできない。したがって人知を超えた時代の底流というものが存在することは確かである。有史以前の人類社会では、そうした流れは、長い時間をかけ、風習や風俗、技術の変化といった形で自然に形成されてきた。それに対し長い歴史を経て膨大な知識の蓄積を持つに至った現代人は、時代とは人間がそのあり方を決めるものであり、したがって時代の潮流も、上に述べたような一定の制約はあるものの、人間が影響を与え得ることを知っている。この時代の流れを変える努力が歴史を形づくるのである。歴史とはそうした時代の流れの変化と、それを変えた人々の記録である。

時代の先駆者は、その業績、卓見、努力そして勇気をもって時代の流れを変え、一方旧弊な考えに固執する人々は、変革を嫌い、流れを変えることに抵抗してきた。これまで古い殻を破り新たな時代をつくるのは、一九世紀のドイツの哲学者フリードリッヒ・ヴィルヘルム・ニーチェが「超人」と呼んだ、権力者や、思想家、そして英雄、偉人などの、いわゆる歴史的な人物だけだと考えられていた。しかし今日では、歴史はすべての人々の生き方の蓄積であるという考え方が広まってきている。特に教育水準が高まり、言論の自由が保障され、またなかんずく情報技術（ＩＴ）の発達によって、多くの人々が情報を入手し、判断し、自分の考えを不特定多数の人々に伝えることができるようになった今日、時代をつくるのは、世界のあり方を真剣に考えるすべての人々の総意である。我々はもはや、権力者や特権を持つ人々が提示した時代の流れなるものに盲従するのではなく、流れそのものの形成に自ら参画できるのだ。未来は与えられた選択肢から選ぶのではなく、自らが創り出すものなのだ。そしてそれこそが民主主義の根源なのである。

1・4　未知への恐怖

もちろん、個々人の意志の総和によって未来をつくるとなると、意見の集約は難しくなり、対立は激化し、社会の安定性は乱される。当然のことながら新たな時代をつくろうとすれば、どの社会でも人口の大半を占める古い考え方を捨てきれない人々からの強い反発が出てくる。この争いは、人間の生き方そのものにかかわるものであり、妥協を許さない苛烈なものとなる。そうした変化の過程が生み出す混乱と緊張は、価値が根本的に変わる新たな時代の誕生にとって避けて通ることができない過程なのであり、それを恐れていては、人類社会の飛躍はない。新たな時代を自らの手でつくり出すためには、慣れ親しんだ既存の秩序の居心地の良さを捨て、精神的な苦痛に耐え、未知の海に乗り出す勇気を持たねばならない。

人類は今、新たなミレニアムという千載一遇の機会をとらえて人類を新たな高みに押し上げるのか、それとも旧弊な理念と因習を捨てきれずにみすみすこの機会を逃し、人類の発展を遅らせ、さらには退化させるかの選択を迫られている。今日こそはまさに時代の分岐点なのである。

1・5　なぜ今変革なのか

おそらく今日ほど先を読むのが難しい時代はないであろう。ただ一つ確かなのは、歴史のこの時点で何らかの画期的な変革が不可避なことだけである。二十世紀は矛盾と混乱の時代ではあったが、同時に未来に対する楽観的な見方を代表する世紀でもあった。この間に世界の工業生産力は飛躍的に拡大され、人々の生活水準は向上し、少なくとも先進社会では飢えと病は制御され、平均寿命も延び、教育も普及した。かつての植民地は独立を獲得し、民主主義と人権思想が広まり、偏狭な民族主義に代わってグローバリズムが定着し、人間は宇宙へとその足跡を延ばした。確かに温暖化や環境破壊、資源の枯渇、経済の先行きへの不安、戦争やテロに代表される政治的混乱等はあったものの、人類の英知と勇気、そして日進月歩の科学とテクノロジーをもってすれば、決して解決できない問題ではないと考えられてきた。

それではなぜ二一世紀の今、時代の流れを変えねばならないのか。社会の在り方は、いずれは時代の変化とともに陳腐化し、人々は嫌々ながら新たな姿の社会を受け入れざるを得なくなる。問題は今日のように、社会が複雑化し、グローバル化によって全人類が結びついた状況下で対応策もないまま社会が崩壊すれば、地球規模の混乱が起き、人類の進歩は阻害され、あるいは退化する。だからこそ、我々は絶えず未来を予測し、致命的な状況が起きる前に他の選択肢を用意し、社会を変革する準備を始めておかねばならないのだ。

そして現代社会には、今説明しようのない閉塞感と不安感が広がっている。少数の頑固な楽天家を除いて、現代人の間では、人間の将来がますます空虚で無意味になりつつあることについて、一般的な合意がみられる。そして多くの人々が、なぜ物質的にはそれなりに満たされた生活をしている我々が、不満を持ち、孤独で、不安なのか、そしてなぜ戦争やテロなどの殺し合いがなくならないのか理解できず、現代の生活信条や価値基準は何か間違っているのではないかと疑い始めている。これらの疑問に対する回答を持たない人々は、混乱し、当惑する。人間はこのような精神的な不安に耐えることはできない。たとえその回答が間違ったものでも、ともかく自分の生き方について理由が欲しいのだ。そして答えが見つからないと、人々は束の間の幸福という自己欺瞞と快楽に入り浸ることですべてを忘れようとし、あるいはポピュリズム（大衆迎合主義）の政治家に扇動され極端な政治行動に走る。多くの人が物欲と浪費におぼれ、要りもしないものを買い、そのために必要な金を稼ぐことに熱中し、スマホとゲームの架空の世界に逃げ込み、あるいはスポーツやポップスの熱狂に埋没する。さもなければ飲んで、浮かれて、呆《ほう》けて、こけて、頼るのは薬物への陶酔か、オカルトか、それともテクノロジーの万能性に対する迷信ぐらいしか残っていない。現代社会は間違いなく根本的な変革を必要としているのだ。

1・6

現代社会の堕落　現代のそうした偽りの生き方は、社会のすべてを歪《ゆが》め、堕落させる。物を節約し、健康で安定した生活をつくり出すのが本来の役割であるはずの経済は、利潤と成長という固定概念に縛られ、儲けのために要りもしないものを売りつけ、人々をもっと働け、もっと浪費しろと煽り立て、我々から物質的な満足感を永久に奪い去る。もし自由な時間ができると、現実を考えるのを恐れる人々は、自発的に長時間労働を行い、レジャーと称する無駄遊びや、二四時間つけっぱなしのテレビや、スマホとゲームなどで時間つぶしに狂奔する。人間を賢くするはずの教育も、役にも立たない知識を詰め込むことで若者から生きる意味を考える機会を奪い、人生で最も楽しく人格形成の上でも大切な青春を受験勉強や就職の準備で奪い去り、成人と呼ぶのもためらわれる幼稚な大人をつくりだす。文明を高めるはずの科学やテクノロジーも、人類の生存の可能性を確実にするための努力ではなく、新しい儲け口を生み出す手段と化してしまう。こうして人類の活動とその生み出すものすべてが、安手で、軽薄で、無意味なものとなる。そうした風潮の中で生じる精神的な空虚さが排他主義や復古思想、そして虚無思想を復活させ、近代になって歴史上人類が初めて地球規模で達成した民主主義体制もまた、その土台から揺らぎ始めている。

1・7

幻想の世界　現実に目をつぶり現状に甘んじている人々は、ここで述べる現代人の生き方への批判をいらざるおせっかいと思うだろう。せっかく得たささやかな幸せをなぜ乱すのかと怒るだろう。今の先進国社会は、飢えもなく、戦争もなく、政治的な弾圧もない、かつて人類が経験したことのない良い社会である。それなのになぜことさらにそのあり方を批判するのかと。現状のままでも自分が幸福だと信じている人には申し訳ないが、人類の生存にかかわる現代の病巣を放置しておくわけにはいかないのだ。現代の幸福は、個性や英知の放棄、消費の無限の拡大と資源の浪費、娯楽やメディアの刺激による思考停止、次世代への負担の押し付け、その他もろもろの手段によって得た幻想の世界なのだ。しかもそれは麻薬と同じで、次から次へと投薬量を増やしていかない限りいつかは覚めてしまうのである。人類の更なる発展を達成するには、この偽りで固めた世界を変えていかねばならない。忘れてはいけない。今の人類社会は、戦争や環境破壊だけでなく、彗星の衝突、新たな疫病の蔓延などの地球規模の災害があればすぐにでも崩壊してしまう脆弱な存在なのだ。気候の変化一つとっても、八〇年を生きた私には、最近の気候が従前と比べいかに異常であるのかを肌で感じている。人は不都合な事実には目をつぶりがちである。しかし審判の日が来てから慌ててももう遅いのだ。

1・8　死の必然が生む苦悩

私は本書の原典である『永遠志向』の中で、人間の不安の背後には、死の認識があると述べた。あまり遠くない将来に自分が死ぬのだという事実はあまりにも明白であり、否定しようのないことである。しかし生命の本質は生きるという意思であり、生きることが人間を含むすべての生物の存在理由である。したがって人類は、死の事実を受け入れることはできない。不可避である死を否定しようとする人間のいかに哀れなことか。死の認識と生の意志の葛藤は、人々の間で、死の現実を否定し、あるいは死から逃避しようとする神経症的な傾向を生む。そしてそれこそが現代人の心をむしばむ不安感と絶望の根源なのである。この現代における精神的な危機は、人生に目的を見出せず、自分が死んだあとは何も残らず、ただ忘れられていくことへの恐怖、とでも定義すべきだろう。我々の絶望の真の根源は、現代人が現実からの逃避にのめり込み、死を超越しようとする意志を失ってしまったことにあり、それが人々を不安にしているのだ。ここで必要なのは、我々の生涯を意味あるものとする新たな意義をつくり出すことではなく、いつの世にも存在している人生の意義を改めて把握し、理解する気力を引き出すことである。もし我々が生者必滅の宿命に立ち向かう勇気を持てなければ、あとは徹底したニヒリズムか、虚無の深淵の前でただ打ち震えるしかない。

1・9

絶望　恐ろしいのは、死の必然という宿命と、そこから生まれる人生の無意味さに耐えきれなくなった人間は、その鬱積した怒りを、他人に対する敵意に転位させることである。このことが人間をして、特異な残忍さとサディズムに満ちた動物にする。自分の同類を不倶戴天の敵に仕立て上げ敵視し、殺害するのは、人間だけである。二度の大戦で繰り広げられた戦争という不条理な殺し合い、ＩＳＩＳ（Islamic State of Iraq and Syria またはＩＳ）などのテロ組織による無差別のテロ行為、ナチス・ドイツによるユダヤ人の大量虐殺などは、その典型であろう。地球を埋め尽くす殺害された犠牲者の白骨の山は、この人間の狂気の証人である。自らの死の運命を意識した人は、絶望のあまりに地獄への道づれとしてお互いを殺し合うのだ。今や我々の頭上には、良識のか細い糸につるされた、核兵器、化学兵器、生物兵器などの大量殺戮兵器が揺れ動き、絶望した人間がその糸を切るのを待っている。無差別テロという狂気の殺人は今では日常茶飯事になろうとしており、しかもテロリストが大量殺戮兵器を入手しないという保証はないのだ。

1.10 人類絶滅の危機

それだけでなく、人口の急激な増加、無秩序な経済成長、そしてそれがもたらす資源の枯渇やプルトニウムなどの放射性物質を含む有害な廃棄物の増大と環境の汚染、そして温暖化などの気候の変化は、近い将来に人類の生存を脅かすであろうといわれている。それに加えて、イスラム系をはじめとするテロによる無差別な殺戮行為は世界中に蔓延しようとしている。それらはまだ究極的な破局の予兆でしかなく、それが実際に人類を絶体絶命の窮地に追い込むのは次世代以降のことであろう。しかし我々の世代には、そうした破局を未然に防ぐ責任がある。それなのに利己的で無責任な現代人は、自分たちが死んだ後のことには全く無関心で、かえって破局を加速させ、未来の人類に重くのしかかる負の遺産を残そうとしている。だからこそ、人類の更なる繁栄を可能とするため、今人間の生き方を根底から変えねばならない。このままでは、人類が生存できる時間はあまり残っていないのだ。

それでは我々はどのようにして現代人の不安と破壊的な行動にブレーキを掛けるのか。その答えを出すために、以下の章で、人間の死に対する反抗である「永遠志向」の理念を改めて確認しておこう。

第二章　生存志向　人はなぜ生きるのか

2・1

生存志向とは　理性を持つ唯一の生物である人間はすべての事象に意味を見出そうとするものであり、誰しもが、なぜ自分が生きるのかを自らに問いかけたことがあるはずだ。その答えは人によって異なってくる。ある人は人生の楽しみを、ある人は家族への愛を、ある人は仕事のやり甲斐を、そしてある人は自分の地位や富がもたらす満足感を挙げるかもしれない。人類や社会のために生きると答える生真面目な人もいるだろう。そうした答えを何一つ持っていない人もまた、苦しみ悶えながら、死の必然という冷酷な事実に耐えて生きている。そしてそれには何か理由があるはずである。

この設問への答えは実に簡単であり、また只一つしかない。人はそして微生物から哺乳類に至るすべての生き物は、生きるために生きるのである。要するに人間であれ虫けらであれ、すべての生き物は死にたくないのだ。そしてそれは究極の真理である。死は生物にとっては単なる変化ではなく、存在の喪失であり、敗北である。だからこそすべての命あるものは、死に対して最後まで抵抗するのだ。私はこれを生存志向（striving for life）と呼ぶ。絶えることのない生存競争が行われている自然界で、この志向を持たない種族は必然的に死滅する運命にある。したがって人間を含め、現に生息している生物は、すべてこの志向を持っていると仮定しても間違いではないだろう。

人間の存在理由という大きな問題をこのように簡単に説明されると、人は不安になるかもしれない。しかしすべての真理は本来簡単なもので、くどくどとした説明が必要なものは、真実ではない。すべての生物は生にしがみつくべく定められているという当たり前の真実を否定する者がいたら、私は彼に深い水の中へ飛び込むことを提案する。彼は間違いなく生きるためにあがき、もがくであろう。そのとき彼になぜおとなしく底に沈んでいかないのか聞いてみるが良い。水底に沈むことによって彼は命を失うだろう。そして彼の身体を構成する要素は化学的に変質するが、要素そのものは形を変えて永遠に残るのだ。それなのになぜもがくのかと。私は生きることそのものが生きる目的であることを否定する者のたわけた議論は、彼が穏やかに水の底に沈むことでその論拠の正しさを証明しない限り、信用しないだろう。

ここにこそ真実がある。溺れる人のあがきこそ真実の裏付けである。生物とは死ねない存在なのである。この生への盲目的な固執こそが、すべての生物の本質であり、人間の存在理由を探求するにあたっての出発点なのだ。生命を保持しようとする意志は、我々の生存を脅かすことなしには抑圧したり、変更したりできないという意味で、絶対的なものである。したがって、なぜ生きるのかという問いに対しては生きるためとしか回答しようがない。こうしてわずか一日しか生きないカゲロウも八〇年生きる人間も、すべての生き物は生命にしがみつき、生きることに全精力を注ぐ。だからこそ命は尊く、生きることは喜ばしいのだ。

2・2

植物と動物　生存への志向は、その生物の特性と進化の段階によって違った形をとる。比較的不活発な植物の反応は、大半が刺激が発生した方向によりその運動が決められる「趨勢」と呼ばれる受動的な動きである。湿った場所に向かって根を伸ばす向水性や、光が当たる方向へ枝葉を伸ばす向光性などがその例である。それは一定の刺激に対しては、固定化した一定の反応しか示さない。それでもその動きは、間違いなく生命を維持するためのものであり、生存志向によるものである。

一方動物の場合は、植物の受け身の反応と異なり機動的であり、柔軟性を持つ。動物がこうした能動性を発達させたのは、それが生存の上で有利だからである。光と土壌から栄養をとる植物は、定住生活ができる。しかし供給が大きく揺れ動く食物を摂取する動物の場合は、機動性は有利というよりは生きるために不可欠なのだ。機動性はまた、危険とか好ましくない環境から逃れるためにも役に立つ。哺乳類を始めとする、より発達した神経組織を持つ動物の出現によって、生存志向はさらに明確なものとなる。その行動は複雑かつ目的志向的となり、刺激に対する受動的な反応だけでなく、学習とか修正といった選択的な反応を示すようになる。この最も広い意味で我々が心とか意識と呼ぶ反応が何であるかは、今日でも科学的にも大きな謎と言われるが、本書の当面の目的にとっては、神経組織を持つすべての動物が、生きるという欲求を共有し、その機動性を生かして、最も環境に即した選択を行っていることを確認するだけで十分だろう。

2・3

三つの基本的欲求　通常生物の選択的な欲求は、欲望と呼ばれる。人間の場合その欲望の種類はほとんど無限にあるが、生存志向と結びついた基本的な欲望となると、その数は驚くほど少ない。その第一は、飢えに対する食物、渇きに対する水分などを補給する生理的な欲求で、それはその対象物との結合で充足される。第二は、自分の生存を脅かす危険から逃れたいという欲望で、生存志向との関連が最も理解しやすい欲求である。これに対して、もっと込み入った説明を要するのが、第三の子孫を残したいという生殖への欲望である。

すべての生物は、例外なしに定められたられた寿命を持つ。それを補い、種を保存するために自然がつくり出した仕組みが生殖である。生殖が単一の親による場合は無性的と呼び、雄と雌とが交わる場合は性的と呼ぶ。牡蠣《かき》のような原始的な生物の場合は、精子と卵子は水中に放出され、その結合は全くの偶然に任される。一方発達した神経組織を持った動物の生殖行為は、異性との性交および子どもの保育といった明確な目的を持つ意識的な行動である。生殖行為は単に性欲を満足させるだけのものではなく、個体の生命を引き継ぐ次の世代を生み出し、種を保存するためのものである。

すべての生物が、右で述べた三つの基本的な欲望を持つことにはあまり異論はないと思うが、これらの欲望すべてが、生存志向と結びついているかどうかについては議論がありうる。この不明確さは、主としてこれらの欲望が限界を超え耐え難いものとなると、その充足が個体の生存を含めたあらゆる志向に優先するためである。例えば飢えや乾きが限度を超えると、それは生命を犠牲にしてでも満たされなければならなくなる。この段階での欲求は、生きることではなく、食物を摂取し、水を飲むことである。危険から逃れたいという欲望でさえも、生きるためというよりは、目前の苦痛から逃げたいという欲求の形をとる。このため人はこれらの欲望が生存志向と無関係だと誤解しがちである。しかしほとんどの欲望は、究極的には生きるためにあるのだ。

第三章　優位志向　人はなぜ争うのか

3・1

優位志向とは　すべての生物は生存志向を持つとして、知能がある程度発達した動物の場合、それだけではその行動を説明できない場合が生じてくる。一九世紀のイギリスの博物学者チャールス・ロバート・ダーウィンによれば、生存競争は、すべての種と個体が競い合い争う無秩序な状態を指し、適者が生き残り敗者は滅びる過程である。確かに、多くの生き物は、生命保持に必要な食物とか空間、あるいは交配の機会を求めて闘い、時にはその生命すら危険に晒《さら》す。それは生きるための戦いであり、生存志向で十分説明できることである。ところが近年多くの研究者は、同一種族の間での争いの大半は、生存のためのものではないことを指摘する。高度に進化した群棲動物の多くは、仮に生存に必要なものを有り余るほど持っていても、お互いに争うのだ。猿や狼はグループ内での地位を求めて争う。鶏は順位（pecking order）が決まるまでお互いをつつきあう。こうした争いへの衝動は、ほとんどの場合仲間内でより高い地位を占めたいという欲望から発するもので、権力欲とも言われるが、権力という言葉が政治的な意味合いが強すぎることから、私はそれを優位志向（striving for superiority）と呼ぶこととする。この優位への志向は、生存への志向とは必ずしも一致しない。それどころか、支配欲が強い個体ほど争いを求めるため、より生命を危険に晒す可能性が高い。また群れの中での彼の地位が上がるほど、他からの羨望《せんぼう》を買い、挑戦を誘発する。したがって優位への志向は、生存への志向では説明できないのだ。それは、ダーウィンの唱えたすべてがすべてと争うという自然淘汰の争いとは性格を異にしたものである。

人間は優位志向がもっとも顕著な生物種である。生存に必要な物資を豊富に調達でき、また多くの場合一夫一婦制をとる今日の人間にとって、他の動物の場合のように、食物と交尾権が最大の関心事というわけではない。しかしそのことが人間社会での競争を弱めることはなかった。実際は社会がより豊かになるほど人は競争的になる。開発の遅れた社会における精神的な安寧と大らかさに比べ、いわゆる先進社会における競争のし烈さとそれが生み出す絶えざる緊張は、このことを良く示している。戦争や食糧不足の場合などごくまれに、人は生存のために戦うこともあるが、大抵の場合は他のグループやグループ内の他の構成員に対する優越的な地位を確保するために争う。通常この種の闘争は、仲間内での地位と影響力の確保を目的としたもので、相手を殺傷したり追い払うのではなく、相手が自分の優位を認めた段階で従属と支配という形で収束する。それが殺傷沙汰にまで至るのは、相手があくまで負けを認めず抵抗をつづけたときだけである。

3・2

万人共通の優位志向　もちろん人間の場合、皆が皆征服者や支配者になろうとしているわけではない。それでもすべての個体は原則として優位を得たいという衝動を持っており、その結果群れがあれば、個体の順位が確定するまで必ず争いを引き起こす。厳密に観察すれば、一見負け犬で満足している人も強烈な優位への憧れを持っていることがわかる。ニーチェが『ツァラトゥストラはかく語りき』の中で述べたように、すべての人は権力への意思をもっており、奴隷でさえも彼の奴隷根性により主人を征服しようとするのだ。彼はこの「権力への意志」を生物学的自己保存の本能としてとらえ、それが民衆の支配者であり神に代わる理想的人間の典型であるナポレオン・ボナパルトのような「超人」を生むとしている。そして超人以外の権力欲は、すべて取るに足りないものとして切り捨てる。

3・3

優位志向の潜在化　通常この万人を巻き込んだ優位争いは、収拾のつかないような闘争にはめったに発展しない。それは大抵の場合、人が自分の能力の限界を自覚し、自分より高い能力があると認めた人と争って高い地位を求めることをあきらめるからである。それに対して、自分の能力の限界を知らない子どもは高い夢を見る。誰しもが、子どもたちが総理大臣やノーベル賞受賞者、あるいはスポーツ界のスーパースターになりたいと広言するのを聞いたことがあるだろう。その子どもたちも、成長するにつれ自分の夢が過大なことを学び、高望みをしなくなる。こうして闘争に至らない形で順位が決まり、競争は潜在化する。だが高い地位はあきらめた人でも、隣人よりは豊かに、そして同僚よりは人気者に、また女性の場合は他の女性より魅力的になる野心をもっており、これらの目標を最も野心的な権力の亡者に劣らないエネルギーで追求する。

優位への志向は、思いがけない場合に、思いもよらない形で現れる。例えば、若者は異性を求めて競争するが、それは単に生殖のためだけではなく、多くの場合競争相手に対し社会的、心理的な優位を得るためでもある。大抵の文化においては、女性の最も好まれる資質は肉体的な美しさである。しかし美人が珍重されるのは男の審美眼を満足させるからだけではなく、その女性を獲得することで他人の羨望を引き起こすからである。美しい妻は男の成功の象徴であり、彼の優位志向を満足させるのだ。このことは、トルストイの『戦争と平和』のマリア・ボルコンスキー公爵令嬢の内面的な美しさが、ヘレーナ・クラーギン公爵令嬢の表面的な華やかさほど人気がない理由である。本人をよく知る者にしかわからないマリアの美しさは羨望の対象とはならないため、優位志向を刺激しないのだ。

3・4　争いの効用

この優位への志向は、例えば食物とか交尾権の確保を容易にすることで個体の生存にとって有利に働くこともある。鶏の pecking order に基づく階層制では、最も順位の高い鶏が最初に食べ、最も弱い鶏が最後に食べることになっており、上位の個体は、明らかに生存の上で有利となる。動物界においては、同族同士が殺し合うことは極めてまれである。例えば飢えて極限状態に追い込まれた動物は、餌をめぐって命を懸けて闘うが、これは優位志向ではなく生存への志向が働き、その結果容赦のない戦いになったものなのだ。しかし食物などの資源が豊富になっても、より高い順位を求める争いはなくならない。

優位への志向が重要な理由は、それが動物の群れの構成と維持に大きな役割を果たすことにある。群れはその生存上の有利さからも発生する。ライオンは群れをつくることによって、より確実に獲物を捕らえる。斥候と選りすぐった戦士に守られたヒヒの群れは、最も

3・5

効果的な防御集団として有名である。しかしこれらの群れも、優位志向が機能しなければ個体間の連携や協力関係を永続的に維持することはできない。例えば優位志向を持たない鰊《にしん》や鯖《さば》などの魚は、敵から逃れたり食物を得るために有利なことから自然発生的に群れをつくるが、危険が無くなれば解散する。一方優位を求めるための闘争は永続的なものであり、群れの構成員の間で、順位や地位が確定するまで続く。そして一旦均衡が成立すると、その頂点に立つ個体は、再び優位争いが起きるのを防ぐため、現状を維持しようとする。そして弱いものを保護し、それぞれの個体の分に応じた役割を振り与える。この優位志向によって生まれた個体間の相互関係こそが、小は動物の群れから、大は人間の国家に至るまで、すべての永続的な集団の基盤となっているのだ。

優位志向と進化　優位志向により、動物の行動は新しい次元に達する。それは、人間を含めた動物の進化にも大きな役割を果たしてきた。普通生物は、安全が保障され、生存に必要な物資が容易に入手できる環境では、それ以上進化するのをやめてしまう。しかし相対的な地位を求めての争いは、終わりも中断もない絶えざる闘争であり、この切磋琢磨《せっさたくま》を通じて、その種族はさらに進化する。例えば優位志向を持たないサメやエイは、約二億年前のジュラ紀からほとんど姿を変えることなく今日まで存続してきた。それに対して、哺乳類が爬虫類から分かれたのは一億五〇〇〇年前なのに、その後の哺乳類の進化は、驚くほど急速だった。これまで進化というものは自然淘汰の産物であったが、群棲の動物はその限度のない支配欲に駆り立てられて相互に争い、進化を加速したものと考えられる。今日人間が生物界の頂点に立っている一因は、他の生き物に比べてこの優位志向を最も強く持っているからである。

第四章　人間だけが死を知る

4・1

人間と動物との違い　これまで人間を含む群棲の高等動物が、生存志向に加えて優位志向という特異な衝動を持っていることを見てきたが、人間はこの二つの志向を持つ他の動物と同じレベルの生き物なのだろうか。

今日科学者の間では、人間と動物との間には、根本的な違いはないという見方が強い。この考え方は、人間はより下等な動物と共通の祖先から進化したのだとするダーウィンの進化論の影響を受けたものである。中には人間の社会制度は「ねずみや小がらすや雁の社会とほぼ同じである」と断言する科学者もいる。私も人間について、動物との比較を通じて説明できない神秘は何もないと考えており、人間が生まれながらにして高貴な資質を持った特別な生き物であるといった、人間中心の思い上がった説には賛成しない。しかし人間と他の動物の間には、程度の差ではなく、両者を全く異なった生き物にする明確な一線があることは、否定しようのない事実である。

人類は、一般に旧人と呼ばれる猿人、原人、ネアンデルタール人といった進化の過程を経て、四万〜五万年前に、現代人と身体的な特徴が一致するクロマニヨン人などの新人また は人間（ホモサピエンス）が生まれたとされる。人類学の定義によれば、人間は、頭蓋の平均的な容積が一三五〇立方センチメートル以上で、前頭部がほぼ垂直で、首の筋肉との接着面が比較的小さな丸い頭を持ち、あごと歯が小さくて、四肢の骨格が直立して歩行するのに適している、といった要件を満たしていなければならないとされる。だがこうした定義は、人間の本質を追究するにあたってはあまり意味がない。実際には現代人と旧人の差は、身体的な特徴だけでは説明できないのだ。よく引用されるように、ノーベル文学賞を受賞した文豪アナトール・フランスの脳は僅か一〇〇〇立方センチメートルしかなく、人類学の定義では人間ではないことになってしまう。また身体的にネアンデルタール人に近い特徴を持った人は、今日でも少なからずいる。

また人類学者は、道具を使うこと、あるいは言語を持つことが、人間であることの証拠であるとする。しかしある種の鳥は、枝を道具として使い虫を捕ることが観察されており、チンパンジーは、石や枝を道具として使うだけでなく、言葉ではないが手話やボディランゲージでかなり抽象的なコミュニケーションをする能力があることが証明されている。

4・2

死の自覚　人間を生物の間で特異な存在にしている最大の要因は、すべての動物の中で、人間だけが自分が死すべき運命にあることを知っていることである。そして人間が、自分の死が必然であることを知った瞬間から、彼と他の動物との間に越えがたい違いが生じた。もちろん、生きるために生きている人間にとって、死が必然であるという事実を受け入れることは自らの存在理由を否定することとなり、到底認められない。この悲劇的な現実に直面した時、人間は死に反抗するしかなかったのだ。こうして人類は、すべての生き物が共有する生への志向から始まり、より進化した動物が持つ優位への志向を経て、生物の中で最も進んだ段階である死を自覚し、その運命に反抗する特異な生物になったのだ。もちろん追い詰められた狼は絶望に牙をむき出すだろうが、それは死が目前に迫ったときだけである。人間の死の意識は、彼が健康で、特に安全が脅かされてもいないのになおかつ感じる死の影である。人間以外でも、例えば象が死んだ仲間の体を草で覆うなど、死を意識した例が挙げられているが、問題はこれらの動物が、仲間を襲った死がいつか必ず自分にも訪れることを知っているかどうかであり、この意味では、人間以外に死の必然を知る動物がいるという証拠はない。だから動物たちは腹が満ち、危険がない限り、自然の恵みに浸り切り、何の憂いもなく悠々と暮らせるのだ。そして死の絶望に苦しむ人間は彼らの幸せを妬み、憎む。

4・3

死がもたらす絶望　我々は必ずしも死が何を意味するのかわかっているわけではない。死は、目覚めることのない眠りにすぎないのかもしれない。もしそうならそれは生まれる前の状態に帰ることであり、母の胎内のごとく限りない平和と安らぎをもたらしてくれるだろう。死にさえすれば、人はすべての不幸から解放されるのだ。もし不幸でない状態を幸せと呼ぶなら、死こそ幸福そのもののはずである。それなのになぜ死を恐れるのか。それは死ねば自分がいなくなるからだ。生とは自己を保持することであり、その自己を破壊し、虚無に落とし込む死にとことん反抗するのである。要するに生物とは、死ねないのである。それは我々に巨大な難問を突き付けてくる。すべての生き物の寿命は限られているということは、生きるという究極的な目的がいつかは必ず挫折するということである。こうして我々は、生命の維持というういつかは必ず破たんする目的のために生きるというどうしようもない矛盾に突き当たってしまう。人間はその大きな頭脳のおかげで、優れた記憶力と客

4・4

観的認識力を手に入れた。しかし彼が得た知恵の箱は文字どおりパンドラの箱（ギリシャ神話に出てくる悲惨と罪悪の詰まった箱）だった。それを開けた時、死の必然の自覚という魔物を解き放ってしまった。それからというものは、人間は絶えず死すべき自分の運命に脅かされ、憂鬱と絶望に沈んでしまうようになった。健康な肉体からも死の腐臭を嗅ぎ取り、乙女の肌の温もりにも墓場の冷気を感じてしまうのだ。自らの死の必然を知りながら生きる人生はまさに悪夢である。

人間、それは二本足の絶望なのだ。

死の忘却　我々の身の回りを見てみると、死の恐怖におののいているはずの人々が、何の屈託もなく、幸せそうにしているのに驚かされる。子どもならその限られた経験と知性では自分と死とを結びつけることができないため、無邪気に遊び戯れその瞬間をとことん楽しめる。しかし子どもはすぐに成長し、死の現実を知ってしまう。失楽園は消え、後には墓場の臭気だけが残る。それでも死との対面がまだはるか先である若者の笑いが泉のごとく湧きだし、乙女のほほえみは陽光のごとく輝いているのは理解できる。しかし行き先短い老人や死期の迫った病人までが、幸せそうに見えるのはなぜだろうか。迫りくる死を意識しながら心から笑えるのは、本物の聖人だけのはずである。本当は、人々の笑いは恐怖の引きつりであり悲鳴なのではないのか。それともそれは明日は死地に赴く戦士が見せる強がりの笑いではないのか。笑いも、歓声も、歌声も、皆絶望があきらめの壁に当たって返ってきた虚ろなこだまなのではないか。

4・5

潜在意識　人々が一見して幸せそうに見えるのは、あるいは人間が死の現実を忘れることに成功しているということなのかもしれない。実際に大半の人にとっては、死とそのもたらす恐怖は、通常潜在意識として心理の奥深くとどまり、本人は気がつかないものである。潜在意識を最も精緻に分析したのは、言うまでもなく、オーストリアの精神医学者シグムンド・フロイトであることから、彼の手法を使ってこの無意識のメカニズムを解析してみよう。その第一は彼が諦観《ていかん》（resignation）と呼ぶ仕組みである。例えば、死の現実に対応しきれない人は、死に反抗するのをあきらめ受け入れてしまう。こうした人々は、生への望みをきっぱり捨て去ることで、一時的には無鉄砲な勇気を持つ。この心理は、死刑囚とか、生還を望みえない任務に向かう兵士によく見られるものである。しかしながら死を受け入れることは、生物の本質を否定することであり、自然でもなければ正常でもない。それはむしろ精神症の一形態である。今一つの死を無意識の内に抑え込む仕組みは、フロイトが抑圧（repression）と呼んだ心理メカニズムである。彼の説明によれば、記憶や知識のあるものは、当人が頑として受け入れることを拒否する場合、意識にならないままで終わってしまう。しかしどのように抑圧してみても、死はあまりにも普遍的であり、その事実が人の意識に侵入してくることは避けられない。その結果、いつかは抑圧という防壁は破られ、死に対する心構えができていなかった人は、恐怖のあまり現実に対し正常に対応できなくなる。

生存志向を持つ人間は、死を受け入れることはできない。それが必然であると知りつつも、死という自然の摂理を拒否する。彼としては、死の現実を忘れるかそれとも何らかの形で死を超越する道を見出すしか選択肢がない。それだけが彼を狂気から救う道である。しかし自然がもたらす死という現象がいかに絶対的なものであり、それに対する人間の反抗のいかに絶望的なことか。

4・6　人類はいつ死を自覚したのか

人類の歴史の中で知能が一定の段階に達したとき、日常生活の中で接する周りの人々が死ぬのを見て、同じ運命が自分を待ち構えていることを知るのは時間の問題であったろう。重要なことは、我々の祖先がいつからこの死の事実を認識するようになったかである。そのしるしの一つは、死者を手厚く葬る風習である。遺体を尊敬と配慮をもって扱うことは、もはや本能の問題ではなく、人間心理の始まりである。死者の儀式的埋葬の初期の例は、ネアンデルタール人による葬儀の跡に見られる。パレスチナのワヂ・エル・ムガラで発見されたネアンデルタール人の遺体は、食物と黒曜石の道具を添えて埋葬されていた。これは、死者と生者との間に感情的なきずなが残っていた証拠である。もちろん、食人の習慣があったことが示すように、ネアンデルタール人を囲む環境は、新たに出現した新人との競合もあって極めて厳しく、人間的な感情などは、絶えざる生存のための闘争と緊張の中に埋没してしまっていただろう。それでも死者をおもんぱかる風習の存在は、彼らが漠然とではあっても、自分を待ち構えている死の宿命に気づいて明日は我が身と死んだ仲間に同情したことを示しており、彼らが人間であって、他の動物と明確に区別されるべき存在であったことの証拠である。

第五章　永遠志向　死への反逆

5・1

永遠志向とは　自分が必ず死ぬことを知っているのは人間だけである。死の必然を知ったことは、人間に筆舌に尽くせない苦悩と絶望をもたらしたが、それは同時に、人類の進化において最も重要で、画期的な出来事でもあった。この時まで人は、他の動物とは形態的にしか違っておらず、自然の法則に身を委ねて満足して生きていた。しかし生物に生を与える一方で、それを取り上げる自然の摂理の残酷さを知った人間は、それがもたらす苦悩ゆえに大きく飛躍し、他の動物との間の断層を決定的なものとしたのだ。人間はまた、死の宿命を知ることで、同じ苦しみを分かつ同胞に対してあわれみや同情、崇敬、献身といった人間だけに特異な感情を持つようになった。仮に解剖学的あるいは知能的な面で人間のすべての特徴を備えている者でも、こうした人間的感情を持たなければ人間とは呼べない。そしてこの人間性と死を克服しようとする努力こそが、今日の文明を生み出す原動力になったのだ。

死から逃れる術がないことを知った人間は、自らの死を補完し、相殺するため、自分が死んだ後も存在し続ける何物かと自分を同一化しようとする。これが「永遠志向striving for eternity」である。記録された歴史のはるか以前に、死の現実が人々の前に立ちふさがったとき、一部の人々は死後も残る何ものかを通して死を超越しようとした。例えば、家族、国家、文化・伝統、理念、宗教といった文明の産物は、この永遠志向に源があるのだ。人類の最大の偉業である文明を生んだのが、実は死がもたらした絶望であったということは皮肉なことである。自分の生に限りがあることを知ったことこそが、死を超越したいという人間のみが持つ特異な欲求を生んだのである。

5・2

永遠の意味　永遠という言葉は、通常時間を超越するもの、あるいは無限なものを指す。それを人間にあてはめる場合は、不死または不滅（immortality）と同じ意味に用いられる。キリスト教では、この世の森羅万象《しんらばんしょう》だけでなく、時間すらも神が創造したものであり、したがって神は、時間を超越した永遠の存在であるとする。仏教では、インド古代哲学の流れを汲んで、一般の人々（衆生）は、三界六道《さんがいろくどう》に死んでは生まれ、また死んでは生まれて、生死を永遠に繰り返していくと教える。それに対し科学者は、人間は自然の一部であり、自然によってその寿命は限られているが、死後も原子と分子それにエネルギーに戻って、自然の一部として永遠に存在し続けるとする。一方哲学でも永遠は中心的課題の一つであり、特に真理が、永遠である神の意志でつくられたとする宗教的思想と、真理自体は独立した存在であり、ただ神とともに永遠であるとする合理主義的思想との間で長い間論争が続いていた。例えば一七世紀のオランダの哲学者バルーク・ド・スピノーザがその著書『エティカ』で、物事をそのまま見ないで、永遠の相の下に超時間（ということは永遠）で認識すべきと主張するなど、多くの哲学者が永遠について思索している。これらの哲学者のほとんどは、永遠を神という存在に関連付けているので、哲学者の難解な議論で読者を退屈させないため、永遠の意味については宗教について考察する第一〇章で改めて考えることとしたい。

神の救いによって来世で永遠に生き残ると信じる信仰心の篤い人にとっては、永遠は疑う余地のない現実である。しかし一般には永遠とは必ずしも神や宇宙のように無限に存続するという意味ではなく、人の一生を超えて存続するものを指す。そこでここでは単純に、人間が死んでも後に残るものを永遠と呼ぶことにする。また、それを意識するかしないかは別として、すべての人間が永遠への志向を心の内に抱えていることを前提とする。それは自らの死を知る人間が、死後も何らかの形で自分を残したいという願望を持つことである。もし永遠が科学者が主張するように、死んでも人間の肉体を構成する要素は形を変えて永久に存続するという意味なら、永遠という概念はなんの魅力もなくなる。もし自分が死んだら自然の一部に戻るとすれば、死に行く者にとっては、文明も、道徳も、美も、博愛も含め、人間的価値はすべて無意味になる。人はそうした無意味さに耐えられない。だからこそそれが可能であろうとなかろうと、見える形での自らの永遠を求めざるを得ないのだ。

5・3

永遠への憧れ　この永遠という概念は、人々を引き付けてやまない。大抵の人は永遠を宗教的な「超時間」といった深淵な意味ではなく、永続的なものを表すのに使っている。こうして永遠の愛が誓われ、永遠の幸せが求められ、永遠の栄光が語られ、永遠の真理が主張される。日本の国歌君が代は、天皇が象徴する日本国が千代に八千代にさざれ石となるまで続くとし、アメリカ人は星条旗よ永遠なれと国家の永続を謳い上げる。芸術作品や学問上の業績も永遠だとされる。それは一見単なる強めのための修飾語とも見えるが、実は人々の意識の裏に隠された死の運命への反抗の表れなのである。徹底した無神論者であったニーチェですら、『ツァラトゥストラはかく語りき』の中で、すべての逝き去る者は、再び還るという永劫回帰の説を唱え、永遠への憧れを告白している。

命に限りがあるという残酷な事実は、人間が対応しなければならない事実の中でも最も苦痛に満ちたものである。人は、死の存在を心の奥底にしまいこむことで、一時的には死の真実を意識から締め出すことはできるかもしれない。あるいは快楽の追求に没頭し、死を忘れることができるかもしれない。しかし一日の終わりには必ず夜のとばりが訪れるように、生きとし生けるものすべてに死は訪れる。それを全く意識しないでいられるのは、死を認識するだけの知能を持たない愚者か、自分は神だと信じている狂人か、あるいはギリシャ神話に出てくる不滅のオリンピアンだけである。古代ギリシャの神々は永遠の存在であるがゆえに、存在の理由とか真実などといった面倒くさいことに煩わされることはない。しかし生者必滅の運命を担った人間にとっては、迫りくる死を前に、自分の取るに足らない生命よりも永続する何ものかを求めざるを得ないのだ。

5・4　人類の栄光と苦悩

永遠志向の生成は、生物進化の歴史の上でも画期的な出来事である。それは通常本能と呼ばれる他の内的衝動と異なり、自然がつくり出したものではなく、死を知った人間によって主観的につくり出されたものである。そしてそれは、人間が自然のくびきから脱し、自らが創造者になったことを意味する。それは疑いもなく巨大な前進であったが、そのために人間が払った代償のいかに大きかったことか。スペインの哲学者ミギュエル・ウナムノは、永遠への志向がもたらした栄光と誇り、そして苦悩と悲惨の葛藤を雄弁に描写した。彼の『生の悲劇的感情』の中での心を揺さぶる苦悩のほとばしりを読めば、人間の絶望がいかに深いものかが理解できよう。

「なんと我々は不幸なのか。不滅の是認を、この不滅への欲求のような不安定で摑みどころのない基礎の上に置かなければならないことは疑うべくもなく悲劇的な運命である。……私は私の魂の本質であるこの不滅の起源を信じている。しかし私は本当にこのことを信じているのだろうか？そして何故にお前は不滅になりたいのか？何故かとお前は聞くのか？正直に言って私はその質問は理解できない。なぜならそれは、理由の理由を、目的の目的を、そして原則の原則を問う事だからである。(注1)」

そして今私は、このウナムノの言葉にもかかわらず、人が不滅を望む理由を解明しようと試みているのだ。

第二部　代替的自己と死からの逃避

永遠志向は、文明形成の原動力となり、人類をして集団、創造、記念物、名声といった、自らの生命に代わり存続する代替的自己をつくりださせた。一方代替的自己を見出せない多くの人々は、死の宿命を忘れるため、経済への埋没や薬物への耽溺、そして刹那的な快楽に逃避を求め、さらには、自殺という形で自らの命を絶ち、あるいは死への怒りを他人に転位して、戦争やテロを引き起こす。

第六章　自分とは何か

6・i

自己　これまで、人間が生存志向や優位志向に加えて、自分の死後も残る何物かをつくり出したいという、人だけに特異な衝動である永遠志向を持っていることを見てきた。ここで話を進める前に、これらの志向の根源である自己あるいは自分とは一体何なのかを理解しておく必要がある。アメリカの心理学者ウイリアム・ジェームスはその著書『心理学諸原理』の中で、「一人の人間の自己とは、彼が彼のものと呼ぶことができるもののすべての総合であり、彼の肉体と精神的能力だけでなく、彼の着物、彼の家、彼の妻と子ども、彼の祖先と友人たち、彼の評判と仕事、彼の土地と馬、ヨット、そして銀行口座を含む」としている。(注2)

ジェームスの考える自己は、誰もが何が自己であり、何が自己に属するかを感覚的に実感し確認できることから容易に理解できるだろう。問題は、対象となる事物を知覚する自己は、同時に知覚の対象物でもあることだ。言い換えれば、事物の所属を決定する自己は、同時に帰属が決められるべき事物でもある。このことは、あるものが自分のものであるかどうかを判断する感覚そのものが一体何なのかという、恐ろしく大きな問題をもたらす。このため自己に関する考察は、ジェームスが言ったように、心理学が取り組まねばならない最も困難な難題となる。

6・2

主観的自己と対象的自己　この問題は、もし我々が自己という言葉の意味を狭めて、あるものが自己であるかどうかを判断する主観的自己と、その主観的自己が、自己の不可欠な部分であると判断する対象的自己の二つから構成されていると見れば、解決できるのではないかと思われる。この主観的自己は、すべての生物が共有する生存志向と同義語であり、それ自体いつでも自動的に判別できるものである。哲学の始祖といわれる古代ギリシャの哲学者ターレスは、人間にとって何が一番難しいかと聞かれたとき、「自己を知ること」と答えたといわれる。もしそれが自分の心の内を知るのが難しいという意味なら別として、文字どおりの自己（me）のことを言っているとしたら、私はターレスに賛成しかねる。自己が何かわからない人がいたら彼を極端に危険な環境に置けばよい。例えば彼の家が火事になったとすれば、彼は必死に逃げるだろう。そして彼を必死にさせる衝動こそ主観的自己であり、生存志向である。それに対して対象的自己は、主観的自己が自己と不可分のものと判断したものを指す。火事になったとき、自分の生命を危険に曝しても救おうとするものが対象的自己である。それは、例えば妻や子ども、作家なら書きかけの原稿、あるいは債券、土地の権利書などかもしれない。人がこれらのものを救うために命を懸けるのは、主観的自己がそれらのものを自己であると判断し、それを救うよう命令するからである。こうして人間は危機に立ったとき、書斎での思索では得られないような明確さで自己を見出す。

対象的自己は人により大きく異なる。原生生物の場合は、原形質と細胞核が自己のすべてであろうが、より進化した動物の場合は、自己はもっと複雑になる。例えばミツバチにとっては、群れは自己そのものであり、またオオカミにとっては、群れの中での順位が命を懸けても守るべき自己となる。人間の場合は、その身体が最も重要な対象的自己ではあるが、それ以外にも、例えば家族や友人、名誉や理想、財産や地位も対象的自己を構成するだろう。彼にとっては、これらのものを失うことは、肉体と魂を失うのと同じ苦痛をもたらす。そのためこれらの対象的自己を救うため、自らの命を犠牲にすることも珍しくないのだ。

6・3

身体的自己　対象的自己のなかで最も基本的なのは、言うまでもなく身体的自己または肉体である。この生身の自己は自分で触れ、自分でその存在を確認できることから、最もわかりやすい自己である。しかしさらに厳密に考えていくと、この自己もそれなりに理解するのが難しいことがわかる。人間の肉体は多くの部分からなり、通常自己とはその全体をさす。例えば手足や指などの部分が失われたからといって、命に支障がない限り自己を失ったことにはならない。しかしながら脳が機能しなくなった植物状態の人は、自己を持つと言えないだろう。さらに体の部分の重要性は人によって大きく異なっている。例えば音楽家が聴覚を失い、画家が視力を失うことは、自己を失ったことになりかねない。顔についた傷は、武士ややくざにとっては自慢の種ともなりうるだろうが、若い女性にとっては絶望のどん底に突き落とされ、もはや自分が自分ではないと感じることもありうるのだ。身体的自己は当人の主観的自己が決めるものであって、自分が自分の体だと認めたものだけが身体的自己になるのだ。

6・4

精神的自己　それに対して、この身体的自己を感知し、その動きをコントロールする仕組みがある。それが心理、感情、知覚、記憶などを含む精神的な自己である。それは対象的自己を判断する主観的自己あるいは精神（spirit）である。精神という概念は、もともとはより中立的な心（mind）と同義語であったが、宗教、哲学、科学それぞれの場で無数の議論がなされた結果、心を含めた人間本体よりも高位の、それ自体が独立した存在であるという見方が生じた。そうした哲学的、宗教的な精神論は別として、我々は感覚的、知覚的に自らの精神が存在することを知りうることから、それが実在することは疑問の余地はない。それは魂とも呼ばれ、主観的自己そのものである。なぜならそれなしには、自分が自分であるかどうか判断できなくなり、その結果、自分は自分でなくなってしまうからである。

6・5

精神と肉体　問題は、精神が肉体とは別の存在を持ちうるかどうかである。一方では、心理的または精神的存在などは存在しないと主張する科学者や唯物論者がいる。彼らは、心理現象はすべて脳と神経細胞の働きによるもので、細胞から細胞に伝達される電気的・化学的な刺激からなっており、生理的、化学的、物理的な過程であるとする。この自動機械説（automaton theory）は、心理過程には必ずそれと対応した肉体的現象があるという意味では一理ある。しかしこの心理現象の科学的な認識は、現象そのものを説明するものではなく、単に電気的な刺激という物理的現象と、心理という生理的現象との相互関係を説明するものにすぎないとみるべきであろう。例えば人の喜びや悲しみの感情は脳内で同時に起きている何らかの神経作用によって引き起こされるが、これらの感情は神経作用そのものではなく、独立した心理現象なのである。人間の心理に類似した反応を示す機械を作ることは、今日の発達したコンピュータを使えば、必ずしも不可能ではない。事実多くの技術者が、人間的感情を持つコンピュータを作ろうと試みている。しかし、そうした人間に近いコンピュータのプログラムを変えてもコンピュータの同一性を損なわないのに対し、人間の思考、記憶、性格といった心理的機能を全面的に変えれば、それは自己の変更であり、同じ人間ではなくなってしまう。いうなれば精神的自己は、それなしには統一的な自己が成立しない人間の根源そのものである。これがてんかん性失神とか夢遊病の発作の最中に起こした犯罪は刑法上罪にならない理由である。いうなれば精神のない人間は人間ではない。脳が機能しなくなった人間も、現代医学によって長期間生かしておけるかもしれないが、精神を持たない以上もはや人間ではない。

6・6　精神は不滅か？

それに対してこの世には人間の死すべき肉体とは切り離された、不滅かつ普遍的な精神的実態があるという考え方が、場所と時代を超えて広く行き渡っている。文明が始まるはるか以前から、我々の祖先はこの死という不可解な恐怖に気づき、それがすべての者を等しく襲うことを知った。この苦渋に満ちた現実に直面した彼らは、自分が死んだあとはどうなるかを考えたことだろう。そしてその回答の一つが、肉体は滅びるかもしれないが魂は不滅であり、永遠に存在し続けるという確信であった。死後も生き残る魂という考えは、死の絶望を和らげるうえで極めて有効であった。それは、哲学においても頻繁に論議されてきた問題である。例えば一七世紀のイギリスの哲学者ジョン・ロックはその『人間悟性論』の中で、精神は不滅であるとし、一八世紀のドイツの哲学者エマニュエル・カントもまた、『実践理性批判』の中で、魂は不滅であり、そして神は存在すると宣言している。もし彼らが言うように魂や精神が本当に死後も存続するなら、我々の永遠志向は満たされ、人間の死がもたらす苦悩も消滅する。そして私がこの本を書く理由もなくなる。

6・7

肉体が滅びれば精神も滅びる　私は、精神とか魂といった非物質的な存在は認めるが、それが肉体が滅びた後も存続しうるかどうかについては懐疑的である。私に言わせれば魂が不滅だとする考えは、死の現実に直面した人間が苦し紛れに編み出した願望的思考なのだ。

実際は、精神とか心理といった非物質的現象は、五感を通じて脳と神経への電気的刺激という肉体的な現象によって引き起こされるものであり、そのいずれもが、他方なしには起こりえない。すなわち肉体が滅びれば、魂もなくなるのだ。人々が魂の不滅という幻想に浸るのは理解できる。しかし肉体から独立した魂という考え方は、科学的な見地からは決して証拠を得ることができないものである。それは誰も見たことがなく、経験したこともないことから立証が不可能であり、したがって科学でも哲学でもなく、信仰に属することである。信仰の問題に関しては、論理は相手が同じ信仰を持たない限り通用しないし、いくら時間をかけて話し合っても合意には至らないだろう。

第七章　代替的自己

7・1

代替的自己とは　死の宿命を悟った人間は、意識無意識のうちに、永遠志向に駆られて私が代替的自己（vicarious self）と呼ぶ死後も存続する自分をつくり出そうとする。代替的自己は、ギリシャの哲学者ソクラテスが一つの示唆をしている。死刑の執行を前にしての友人たちとの会話の中で、彼は「哲学者の精神を持つ者は誰でも死を甘受するだろう」と述べ、その理由として「私は死者にとって死後も存続する何物かがあり、そして古人たちに語りつがれてきたように、それは悪人よりは善人にとってははるかに役立つ何物かなのだという、確かな希望があるからである」(注3)と語っている。問題の核心は、この「死後も存続する何物か」にある。ソクラテスが平静に死を受け入れられたのは、彼の不滅を保証する代替物、すなわち彼の哲学があったからである。代替的自己は、人により、またそれぞれの文化や環境により異なった形をとるため、そのすべてを考察はできないが、この概念をよりよく理解するために、いくつかの例をとって、その形態と意義について考えてみよう。

7・2

子孫　代替的自己の最も典型的なものが子孫である。個体としての生物は死すべき運命にあるが、母なる自然は、死と引き換えに生物に生殖能力を与えた。こうして子どもが生まれ、親はＤＮＡを通じて死後も子どもの中で存続する。子どもは親の生まれかわりなのである。この生殖という行為は、人間の場合は、性的な衝動、男女の愛そして親の子どもへの献身の形をとる。他の動物の場合、子どもが成長し、自分の力で生きていくようになると、親子の関係は消滅するのが普通である。これに対し人間は、子どもを自分が死んだ後も生き残る自己として見て、親子の関係を維持しようとする。フランソワ・ラブレイの小説『パンタグリエル』の中で、父親のガルガンテールが息子にあてた手紙で、「私の魂はこの有限の住処を去って行くだろうが、私としては自分が全く死んでしまうとは思わない。なぜなら、お前の中で、そしてお前によって、この世に生きている、目で見ることのできる私自身の像を通じて存続すると考えるからだ。(注4)」と述べている。これは、子どもに対する親の愛情の表現とも取れるが、実は自分を死後も存続させたいという親の永遠志向の告白なのである。

親の子どもに対する愛情は、子どもに対する献身と子どもを守るために必要なら命も捨てる無私の姿勢を生み出す。それは子どもが自分の延長であることを意識無意識のうちに認識した、自己愛の延長なのである。こうして子どもに対する親の愛情が生まれ、それへの見返りとして子どもの親に対する敬愛を生む。そこから「親なればこそ、子なればこそ」という絶対的な相互の愛情と信頼が生まれる。子孫が存続する限り、自分の一部は存続し続けるのであり、子どもや孫こそは永遠志向を満足させる最大の要素である。

7・3

家族の生成　しかし、子どもは必ずしも自分の生まれ変わりではなく、肉体的、精神的にも自分そのものではない。親子は他人の始まりなのである。例えば異性が結びついて子どもを産む性的な生殖の場合は、生み出された子どもは、両親の遺伝子の行きあたりのばったりの組み合わせにより生じた偶然の産物でしかない。ある生物学者の計算によれば、三二組の遺伝子があれば、二〇億以上の新たな機会が待ち受けているが、人間は一〇〇万以上の組み合わせを持っているのだ。しかもすべての生物は、特定の環境によってその個性を形成していく。したがって子どもは、共通の遺伝子があるというだけでは親の代替的自己としては完全なものではなく、同様な環境の中で育てる必要が生じる。ここから、単なる血縁関係を超え、同じ文化と歴史、そして考え方や生き方を共有する家族が生まれる。

7・4

家族のきずな　家族は、外敵から身を守り、あるいは共同で狩猟や農耕をするのに効果的であった。家族には一夫一婦制から一夫多妻制、一妻多夫制、さらには雑婚制までいろいろな形態がある。平安時代の上流階級の間では、妻は子どもと実家に残り、夫が通ういわゆる通い婚であったが、現在では女性が男性の家に嫁ぐ嫁入り婚が一般的である。今日最も一般的なのが、婚姻によって結ばれた男女とその子どもからなる核家族であり、それに祖父母や兄弟、親族など血縁関係を持つ個人が参加し形成されるのが、拡大家族である。この血縁で結ばれた家族を中心とする集団は、その構成員が共通の遺伝子を共有しており、肉体的、精神的にも類似する場合が多く、また同じ環境で育ち、同じ文化的特性を備えることから強い結束力を持っている。このことは、個々の構成員が死んでも彼と似た生物的、文化的な特性を持った者が生き続けることを意味している。また次の世代も、共通の祖先が自分たちを通じて生き続けていると感じ、そのことが人々に不滅の感覚を与えるのだ。また養子縁組など血縁関係のない場合でも、同じ家の伝統や風習を共有することで血縁に劣らない共同体意識が生まれる。家族こそは人間社会における基本的な単位であり、最も結束力のつよい集団であり、最良の代替的自己である

家族という仕組みは、確かに永遠志向を満たすうえで有効な制度であるが、厳しい生存

競争の中ではそれはあまりにも小さく脆弱であり、永続する保証はない。特に現代のように家族のつながりが脆弱になった場合は、子どもを生まれ変わりとみることのできなくなった両親にとって、永遠志向と死の現実との相克は、苛烈なものとなる。そしてこの不幸な人々は、意識、無意識のうちに死後も何らかの形で生き残る自分をつくり出す。

7・5

集団　代替的自己として最も一般的なのが、複数の人々によって構成される集団である。市場における買い物客とか、海や山、太陽に引き付けられて集まった行楽客などといった偶然に同じ場所に居合わせた人々からなる集団でも、群衆に紛れることで一時的には孤独を忘れさせるという効用はある。しかし彼らを特定の場所に引き付けた要因がなくなれば自然に解消してしまうことから、世代を超えた存在である代替的自己としての条件を満たさない。同窓会とか同好会などは、構成員が同一の環境や体験を共有していることから横のつながりは強いが、世代を超えて存続することはなく、したがって代替的自己としては不完全である。それに対し、世代を超えて存続する可能性のある集団は、自己の一部をそれと同一化することで代替的自己となり得る。それは集団を団結させる要因にしたがって、組織集団と文化集団に大別できよう。

7・6

組織集団　永遠を求める人々は、より大きな集団の一部となることで永続の可能性を高めようとする。集団の規模が大きくなるにつれ、その構成員の間の個人的連帯感は薄れるが、短い個人の生涯を超えて存続する可能性は強くなる。こうして、家族が代表する血縁集団は、氏族、民族そして国家へと次第に巨大化し、血縁関係のない者も巻き込んだ集団となる。また企業、官僚組織、軍隊といった、血縁とは無関係の集団も生まれてくる。これが組織集団である。

組織集団は、厳格に規定された組織の中に個人を組み込むことにより構成される。組織集団は、多細胞生物と一脈通じるものがある。多細胞生物は、それをまとめる全体の構造があって初めて生物となる。この全体の中の個々の細胞は、古いものが絶えず死に新しいものと入れ替わるが、構造全体は同一性を維持する。人間の身体を例にとるなら、肝臓はその細胞の半分は一〇日ほどで入れ替わり、筋肉も一八〇日ほどで半分が新しくなるといわれる。このような不断の変化にもかかわらず、人間全体は、外見的にも機能的にも大きな変化はない。同じように集団も、構造や組織全体の固定化によって永続性を保つ。例えば企業には、会長、社長以下の役員と職員がおり、それぞれ社款によって定められた機能を果たしており、その全体が、会社という組織を構成している。その構成員は時がたつにつれあるいは引退し、あるいは転職し新しい職員と入れ替わるが、組織としての会社そのものは存続する。こうして企業は、個々の構成員の生命を超えた存在となり、その構成員に不滅の幻覚を与える。

7・7

軍隊　組織集団の今一つの典型的な例が軍隊である。古代ギリシャの歴史家ヘロドトスがその著書『歴史』の中で描写しているペルシャ皇帝クセルクセスの親衛隊は、その一人が戦死するなりしていなくなれば、彼の席は直ちに他の兵士によって埋められ、常に全体の数は一万人を保つことから、不滅軍団（The Immortals）と呼ばれていた。この仕組みの優れたところは、古兵が去り新兵が入隊しても、部隊そのものはそのままの形で存続することから、部分は変わっても全体は永続的であり、それを構成する兵士たちも、あたかも自分が不滅であるような錯覚を持つことである。これがこの軍団をしてペルシャ軍中の最強部隊にしたのである。今日においても、兵士たちの間で「我々は国のために戦うのではなく、隣にいる戦友のために戦うのだ」という言葉をよく聞くが、軍隊の強弱は、兵士たちの間の団結力で決まる。彼らは個人としてではなく、あくまで部隊という組織の一員として行動するのであり、卑怯な真似をせずに勇敢に戦うのも、自分の属する部隊の名誉のためである。おそらく軍隊こそが、蟻や蜂のような群棲の生物と最も似た行動をとる集団であろう。このため兵士は、個人としての意識や人間的な感情を抑制するように訓練されるのだ。

7・8

個人性の否定　現代社会では、軍隊のほかにも国家、行政機関、企業、組合、各種団体など、あらゆる種類の組織集団が存在するが、いずれも代替的自己としては大きな問題点を持っている。それは構成員に帰属意識と安定感を与えるが、同時に人から個性と自由を奪い、組織の歯車にしてしまう危険があるのだ。組織集団は、組織が存続する限りその構成員は死後も生き続けるという幻想によって、生命の儚《はかな》さからくる孤独から逃れることを可能とする。しかし、その規律と統一性を維持するため、構成員に対し画一的な行動や規範を押し付け、あるいは全体への奉仕と自己犠牲を強いる傾向がある。日本では「寄らば大樹の陰」という言葉がよく使われ、若者はできることなら消滅する危険の少ない大企業に就職しようとするが、それは単に経済的な安定を求めるのではなく、無意識のうちに自分の死後も存続するような永続的な組織に組み込まれることで永遠志向を満たそうとしているのだ。こうして組織集団としての企業は、従業員にとって代替的自己となる。そして個人は集団を保持するための部品となり、人間ではなく単なる職員となる。

しかし考えてみれば、人が永遠を求めるのは自己、すなわち自分自身の個人性を永続させるためであり、組織に組み込まれその個人性を否定するのは、自己の放棄と同じである。人が死後も残したいのは彼にとっては全宇宙である自己であり、その自己を投げうって全体の部分となることは、自己を殺害するに等しい行為である。組織に埋没して自分を失うのは、人間の本質に反するのだ。

7・9

文化集団　文化については第一六章で改めて詳しく考察するとして、ここではそれが伝統と同義語であり、過去の人々の創造の産物や風習、習慣、言語、理念などのうち、世代を超えて残るものを指し、文化集団とはその文化を分かち合うことで相互に結びついた人々からなる集団であるとしておこう。この集団の特徴は、その構成員がよく似た行動様式、道徳的、美的規範、理念、宗教などを持つことから同質的なことである。文化集団の構成員は、かなりの程度まで同じように考え、同じように感じ、同じように行動する。文化集団は、人間の間での結びつきの中でも最も包括的であり、したがって代替的自己として極めて有効である。人間が人間としての特質を備えるのは文化を通じてである。母の胎内にいる時、人は動物の進化の全過程を踏んで育つといわれるが、人間としての固有な性格を構成するのは、文化を通じて一つの世代から次の世代に伝達される言語や行動様式、理念などを習得することによってである。文化的特質はその構成員の基本的性格を構成するものであり、文化から切り離された人間は、もはや同じ人間とはいいがたい。いわば人間は、彼の属する文化の産物なのである。民族国家が人々の忠誠心を掻き立てるのも、それが文化集団としての面を持っているからである。

7・10

創造　代替的自己を構成する最も重要な要素に創造がある。それは人が後世まで記憶される一番確かな方法である。この世で喧伝《けんでん》された名声も、時がたてば人々の記憶から消されてしまう。しかし芸術に代表されるような創造は、民族の記憶であり伝統である文化の一部となって後世まで生き残る。芸術の重要性は、「文化」その他の項目で改めて考察するが、ここでは、創造が世代を超えて残る例をいくつか挙げておこう。例えばベートーベンの第九交響曲が今日演奏されるとき彼は聴衆に感動を与え、レオナルド・ダビンチのモナリザはその神秘的な美しさで見た者の心を奪い、シェークスピアのハムレットが上演されれば観客は悲劇に引き込まれ涙する。そのとき作者は観客を通じて生き返るのだ。もちろん創造は芸術に限られるものではない。古代ギリシャの哲学者ソクラテスやアリストテレスはその哲学を通じて人類の考え方を変え、近代科学の始祖であるダーウィンやニュートンは近代科学の礎をつくり、クーベルタン男爵が提唱した国際オリンピックは、世界中の人々に、興奮と平和の理念を伝える。こうした彼らの創造物はその死後も存続し、人類の遺産として、永遠に保存され、称賛されるのだ。

7・11

理念　創造の一つに、人が見聞きし、感じたことを分析し判断する過程である理念がある。理念については、プラトンやカントを始め数多くの哲学者が詳細に論じており、その意味するところは論者の数だけあるといっていいほど多様であるが、ここでは理念とは、人が周囲の現象を認識するに至る心理的な過程（process）であるとしておこう。理念が文化として優れている点は、すべての人がその才能の有無にかかわらず何らかの理念を生む能力を持っていることである。多くの人々が共感し、その過程に沿って考え行動するような明確な理念を生み出すことは、卓越した才能を持つ者にしかできないが、地味ではあっても他の人々に影響を与えるような理念を持つことは誰にでも可能である。近隣の人々に親切さと礼儀正しさで感銘を与え、勤勉さと真摯さで職場の同僚の手本となり、愛情と誠意で子どもを感化すれば、それは理念となって文化にも影響を与える。こうして個人の理念の積み重ねが、社会全体の行動を変えてゆくのだ。

7・12

文化の尊奉　文化は、自らそれを創り出さない人にも不滅になる機会を与える。ある文化

7・13

がその創造主以外の人によって実行されそれが子孫に伝われば、その人もその文化の媒介者としての役割によって永遠を達成できる。誰もが一六世紀のドイツの宗教改革者マルチン・ルターのように宗教改革という理念を打ち出したわけではないが、多くの人が彼の理念を理解し、それに従い行動することで、宗教改革という大事業を実現するのに貢献した。一九世紀初頭のイギリスの法学者ジェレミー・ベンサムや、一八世紀のフランスの思想家ジャン・ジャック・ルソーによって唱えられた自由主義思想に共感し、その実現に努力した人々は、皆現代の民主主義の基盤をつくり上げた功績者なのだ。文化がその創始者以外の人々を引き付けるのは、その実現に参画することで時代を超えた役割を果たせるからである。創造主が創り出した理念を擁護し、実行することで、その信奉者たちもまた永遠を達成するのだ。

記憶　死後も残るものの一つに、他人の記憶に残った自分がある。人に記憶されたいという願望は、普遍的である。いにしえの武士たちは、語り継がれる武名を惜しんで、そのために命を捨てるのをいとわなかった。芸術家が命を縮めてまで後世に残る作品を創り、恋人はお互いに忘れないことを誓い合い、親は愛情によって子どもの記憶に自分を刷り込もうとする。

人々の記憶に生きるという考え方は、新しいものではない。おそらく歴史上最も名高い演説の中で、古代アテネの民主政治家ペリクレスは、戦死したアテネ市民を称えて次のように述べている。「彼等は国家のために命を捧げ、代わりにそれぞれの記憶に対し決して消えることのない称賛を、そしてそれとともに偉大な墳墓を受け取った。その墳墓は彼らの朽ち逝く遺骨を入れるものではなく、人々の心の中にある安住の場であり、彼らの栄光が生き生きとして残り、機会あるごとに人々の言葉や行動を喚起するものなのである」(注5)。また一七世紀のフランスの哲学者ブレイズ・パスカルは、『パンセ』の中で単刀直入に次のように述べている。「我々は我々の内にある生命と自らの存在に満足することはできない。我々は他人の心の中の想像上の生命を生きることを望むのだ」(注6)。そうした記憶の蓄積もまた文化を構成する要素なのである。

7・14

記念物　他人の記憶の中で生きようとする試みは、受け手の記憶が時とともに薄くなり、あるいはより強烈な印象の陰で忘れられてしまう可能性があることから、代替的自己として有効かどうかは疑問が残る。記憶を確実に残すためには、何らかの補完的な仕組みが必要なのである。そうした仕組みの例として、墓碑を立て墓参りをして故人を偲ぶという、世界中で見られる風習がある。またどの家に行っても、祖父母などの写真が飾ってあるか、少なくともアルバムに収まっている。これよりは俗っぽいが、落書きもまた自己の存在を残したいという潜在的な欲求が働いているかもしれない。エジプトに遠征したナポレオンの兵士たちは、一七〇〇年前にローマ軍団の兵士たちがやったように、神殿の柱に自分の名前を刻み込んだが、彼らは無意識のうちに、自分が書き残した落書きを後世の人が見て、その瞬間だけでも自分が生きていたことを知ることを望んだのかもしれない。

7・15

名声　多数の人に強烈な記憶を残すのが名声である。人間には誰しもが永遠志向に加えて優位への志向があることから、自分の地位を高め、あるいはその虚栄心を満たすために有名になろうとする。アレクサンダー大王、シーザー、ナポレオン、そしてヒトラーなどの偏執狂たちが、飽くことなく征服を続けたのも、芸術家が芸術作品という実用価値の全くないものを創りだそうとして悪戦苦闘するのも、哲学者や科学者が不変の真理や法則を見出そうとするのも、皆名声を残すことで永遠を得ようとしたからである。イギリスの詩人ロングフェローは『詩編』の中でこう歌っている。

　偉大なる人の生涯は我々に思い出させる
　我々が人生を崇高なものとすることができることを

死んでも後に残す
時の砂の上に刻まれた足跡を

Lives of great man all reminds us
We can make our lives sublime
And, departing, leaves behind us
Footprints on the sands of time

このような文化の一部となって残る名声と、虚栄心から名前を売り込もうとする軽薄な人気取りと混同してはいけない。死後も永続する名声を求めるのは、永遠志向の発露であり、この志向に突き上げられた人は浅薄《せんぱく》で短命な人気などには目もくれない。死を乗り越えることを意識した作家なら、よく売れて人気が出るかもしれない通俗的な本を書くより、売れなくても後世に影響を与える作品の執筆を選ぶだろう。歴史的使命に目覚めた政治家は、たとえそのために人気を失う危険を冒してでも、信ずる政策を推し進めるだろう。

7・16

移ろいやすい名声　名声には、永遠になる手段としてはいくつかの欠陥がある。永続する名声は、卓越した者、権力を掌握した者など、一握りの選ばれた人々が独占し、人口の大多数を占める真面目に仕事をしたり隣人に親切なだけの平凡な者は割り込むことができないのだ。また死後もなお名声を保とうとすれば、五感によって感知されるだけでなく、理想化され、抽象化されなければならない。彼の記憶はこの過程で生身の人間としての実態を失い、虚像と化す。しかしこの虚像もまた不安定なものである。特に政治家や軍人の場合、社会のムードや価値の基準は時代によって大きく変化することから、不滅と思われた名声も、次の瞬間に歴史から削除され、あるいは悪名と化してしまうことが頻繁に起きる。このため、時を超えた名声を補完する何物かを創り出さなければならないのだ。それが記念碑である。多くの人が自分の存在を残すため記念碑をつくってきた。こうして世界は、ピラミッドやオベリスク、銅像、神殿、碑文で埋め尽くされる。しかしそうした記念碑も、時とともに壊れていき、仮に廃墟として残ったとしても、それを作った人との関連は忘れられる。

7・17

死への挑戦　このように永遠の名声を得たいという情熱は、得られぬ夢を追うむなしいものである。しかしこのことについて理屈を言っても始まらない。一瞬でも長く生きたいと願うのがすべての生物の性《さが》であり、偉大な者も平凡な者も、賢者も愚者も含めたすべての人間が、名声という代替的自己を得て永遠になりたいという願望を心の底に秘めているのである。後世に残る名声や創造、そして理念といった代替的自己も、宇宙の広大な時の流れから見れば一瞬でしかない。でもそれでよいのだ。なぜならそれは、たとえ束の間であっても死に対する勝利なのだ。永遠を求める人は、戦いながら死んでゆく勇者のようなものである。彼は倒れるまで死のことを恐れないし、また倒れてしまえば死を知ることもないのだ。死が避けられないのなら、その恐怖に怯《おび》えて立《た》ち竦《すく》むのが良いのか、それとも叶わぬまでも敢然として立ち向かい、名声を得ることで死に一太刀浴びせるのが良いのか、その答えは明白である。しかし経済などへの逃避に明け暮れる現代人の多くは、死の現実を直視するのを止め、それとともに名声への願望も失ってしまう。

第八章　死からの逃避

8・1

死の否定　良いにせよ悪いにせよ人間を人間にしているのは、彼が死に反抗し、永遠を求めることにある。だが実際には、死の必然とそれがもたらす恐怖は意識の底に沈殿し、表面には出てこないものである。もし死の現実が表面化したら、人はあまりにも圧倒的な死の恐怖の前に当惑し、狂気のふちまで追い込まれる。その結果、彼は正常に機能する能力を失い、心理的に崩壊するだろう。

ここで改めてフロイトの精神分析の手法によって、この死の認識が及ぼす心理的問題を考えてみよう。死の現実への適応の一例が、抑圧（repression）と呼ばれる苦痛をもたらす現実を認識することを認めない心理である。死は言うまでもなく最も耐え難いものである。人々がこの現実を抑圧するために心の中に築き上げた障害を、フロイトは次のように表現している。「我々は死を棚上げにし、日々の生活から抹殺しようとする否定しがたい振る舞いに慣れている。我々は死をもみ消そうとする。無意識には、すべての人が、自分自身の不死を確信しているのだ」(注7)。この抑圧というメカニズムは必ずしも異常なものではなく、人間のエゴの正常な防衛作用である。一方否定（denial）という仕組みは、人の死に対する恐怖が耐え難くなると、死そのものの存在を認めなくなるという心理である。死が現実である以上それを否定することは非現実的であり、生きることが絶対の目標である人間的な感情すべてに目をつぶることになる。また迫りくる現実を前に、今や無意味となった過去のルーティンに死に物狂いでしがみつく退行（regression）という心理がある。例えば死が真近なことを知った遺産を相続する親族もいない守銭奴が、残された生涯では使いきれないほど蓄財したのに、なおかつ金銭に執着することがある。この頑固さの底には、死に対する恐怖があるのだ。

8・2

逃避　それに対して、死が否定しようのない現実であることを認識し、なおかつそれを回避する心理的メカニズムが逃避（escape）である。死からの逃避は、人間独自の永遠志向を無視することで、自らの人間性を否定することである。二四時間つけっぱなしのテレビ、考える時間をつぶすためのレジャー、そして現実から遊離しサイバー空間に埋没できるスマートフォンやゲームなどは、皆人間の心理の底にある死の恐怖を忘れるための手段である。逃避の仕方は多種多様であり、人によって異なるが、それがどのようにして死の恐怖から目を逸らすのを助けるかを見るために、いくつかの例を分析してみよう。

8・3

群衆への埋没　現代によくみられる逃避の形態に、群衆への埋没がある。この心理に陥った人は、個性を極端に嫌い、周囲の人々と同様な行動をとり、社会的な圧力は抵抗することなく受け入れる。それは個が無ければ個人の死もないという歪んだ潜在意識から生まれる。しかし個の放棄は、個体の生命を保存しようとする生物の本性に反するものであり、個の死に等しい。蟻や蜂などの群棲昆虫の集団は、群れ自体が独立した生物の特徴を備えた超生物を構成する。そしてこの共同体から離れた個体は、もはや自己充足的な個体とは言えなくなる。群れから隔離された蜜蜂や蟻は、もう完全な蜜蜂でも蟻でもないのである。これに対し、人間を含む哺乳動物は、個体がそれぞれ独立して生存する実体であり、超生物体を形成することはない。人間も群れはつくるが、その個体はそれぞれが自らの生存を目指す独立した存在である。この事実を否定して、集団の中に埋没することは、自己を殺すことである。現代社会によく見られる平凡を好み、個性を嫌い、周囲の人々と同様な行動をとる風潮は、このような自己の圧殺の結果である。こうした傾向が強まれば人類社会から個性が消え去り、その抜け殻である自動人形ばかりがのさばる不毛な社会になってしまう。

8・4 一体化

この逃避と、意識的に自らが属する集団の一部となろうとする一体化 (identification) とは明確に区別する必要がある。一体化は、自己の独自性を保持しながら特定の集団なり行動規範を自我の延長として取り入れることである。人々は意識的に家族、村、部族、国といった集団の一部になることで、集団そのものを死後も残る自分としてきた。個人は死ぬかもしれないが、一体化した集団を通じて個人は生き続けるのだ。群れへの逃避は個としての独立の放棄であるが、一体化は自己の死を克服しようとする積極的な努力である。言い換えれば逃避は自己否定であり、同一化は自己主張なのである。

8・5 経済への逃避

現代社会において最も一般的で、それでいながら社会も個々の人々も全く自覚していない逃避の形態が、富の蓄積と消費の増大への精神的な依存である。経済への依存症については、第一八章から二二章までの経済に関する章で詳しく述べるとして、ここでは、現代人は、経済とその成長という強迫概念に駆られ、それが自分だけでなく人類にとっても最も重要なことだという、客観的に見れば全く合理性を欠いた妄想に取りつかれている。その原因は人々が富と消費がもたらす興奮によって死の現実を忘れようとしていることにある。もちろん健康で文化的な生活を維持することは、人々が幸せになるうえで不可欠である。しかし今日の経済は、そうした正常な必要とは関係なく、富める者はさらに富を求め、何不自由ない生活を送っている者も、更なる収入と贅沢を追い求める。それでいて人々の欲望は、決して満たされることがなくかえって不満を募らせ、次の節で述べる薬物への依存と同じく、もっと、もっと人々を無限に駆り立てる。これが資本主義と呼ばれる経済である。

8・6

薬物への依存　逃避のメカニズムの一つに、意識を混濁させる物質の摂取がある。記録されたどの時代をとっても、またどの文明をとっても、現実を忘れるために何らかの薬物を摂る習慣が存在した。酒を飲むという風習は、古くからあり、阿片の吸引はアジアや中東で広く行われてきた。今日でも麻薬や覚せい剤の使用は、多くの国で、老若男女、また階級を問わず広がっている。これらの薬物は、主として現実の認識を歪めることにより、人々に死の現実を忘れさせるために使用される。それは一時的には人々の絶望感を和らげ、精神が崩壊するのを防ぐ安全弁の役割を果たしてきた。

問題なのは、これらの薬物はその効果が切れると死の恐怖はさらに強まり、その絶望感を締め出すために、さらに薬物を摂取するという悪循環を生み出すことである。こうして薬物依存症となった者は、ただ一つの感情しか持たなくなる。それは、薬物がもたらす恍惚と忘却から覚める恐怖であり、彼らをして一層死に物狂いで薬物を求めさせる。麻薬の常用者やアルコール中毒者の多くは、精神を病んでいるのではなく、もうろうとした知覚の中に隠れ家を求める臆病者であり、死との戦いの敗北者である。したがって死への恐怖を緩和する道を見出さない限り、どんなに禁酒運動を進め、麻薬取り締まりを強化しても問題は解決しないだろう。

8・7

性への耽溺　子孫を残すための生殖行為は、それに伴う快楽と満足感もあって、人間にとって本来最も重要かつ喜ばしい行為である。しかし死の影におびえる人間にとっては、その性行為すら、逃避と忘却の道具となってしまう。男女の愛情を確かめ合い、あるいは子どもをつくるという性行為の本来の目的は忘れられ、肉欲という精神の空白を忘れさせるための興奮剤にすぎなくなる。性行為は逃避としては確かに効果的である。少なくとも性的興奮のダイナミズムに浸っている間は、人々は死の現実を忘れることができる。こうして、快感とそれがもたらす忘却それ自体が性行為の目的となり、子孫をつくるという本来の生物的、社会的目的や、それがもたらすパートナー間の愛情の深化は脇に追いやられ、その結果何が正常で、何が異常な性生活であるかさえわからなくなってしまう。そして我々の死への恐怖が強まるにつれ、性的な欲求も限度なく増大する。

人間以外の動物の場合、通常は限られた繁殖期間だけ性欲を持つのに対し、人間は一年を通じて絶えず性的な欲望を持ち続ける。人間のこの特異な性行動は、自らの死すべき運命を忘れるために発達してきたのではないかとも考えられる。それは生殖という自然が命じる行為ではなく、死を忘れるための逃避の手段になっているのだ。こうして人間は、限りなくいやらしい存在と化す。

8・8

自殺　究極的な死からの逃避に、自分の手で自らを殺める自殺がある。自殺は生きるように定められた生物の本質に反するものである。したがって、古来多くの思想家や科学者が、この問題に強い関心を示してきたことは当然であろう。自殺の原因についての説明のうち、最も一般的なのは精神異常説である。多くの精神分析医は、自殺が強度の感情の乱れ、特に不安が自己保存本能が作動するのを妨げる結果起きるとしている。しかし精神異常は、自殺の原因の一部しか説明できない。誰でも知っているように、精神的に全く正常な人でも自殺をするのだ。精神疾患と自殺の関係について言えることは、せいぜい精神を病んだ人は通常不安に対する許容量が正常な人より低い場合が多く、心理的に限界に達するのが早いため、自殺をする可能性が高いということぐらいである。

8・9　自殺の容認

歴史を振り返ってみれば、文化によっては一定の状況下における自殺は全く正常なだけでなく、時として望ましい行為だとされてきた。明治維新前の武士にとって、身の潔白を証明するためとか、あるいは面目を失ったときなどに自害するのは、当たり前というよりは、賞賛すべきことであった。近代に入ると、日本においてはこのような風習はすたれたが、それ相応の理由があれば依然として自殺が許容されていたことは、太平洋戦争中に、「生きて虜囚《りょしゅう》の恥をさらさず」という戦陣訓を守って自ら命を絶って行った兵士や民間人、そして敵艦に体当たりした神風特攻隊の例を見ればわかる。ギリシャ人やローマ人もまた、自殺に対し寛容であった。特にストア派の哲学者たちは、問題解決の一つの手段として自殺を奨励している。例えばローマの哲学者セネカ（Seneca）は、「生命は一つの入口しかないが、出口は多くあることを定めた永遠の法則より正しいものはない。すべての苦しみから自らを解放できるのに、なぜゆえもって病の苦痛に、そして人間の悲哀の残酷さに耐えて行かねばならないのか。もし生が喜ばしいのなら、生きるがよい。もしそうでないなら、貴方は生まれ来たところへ戻る権利があるのだ[注8]」と言い切っている。またドイツの哲学者アーサー・ショーペンハウアーは、自殺することによって死の恐怖から逃れられると説き、その影響を受けて多数の自殺者が出た。フロイト学派の人々も、「死の本能説」に立って、すべての生のゴールは死であり、死の本能は生存本能の裏返しにかすぎないと主張している。今日でも、自殺の問題を適切かつ包括的に解明した学説はない。フランスの作家で哲学者のアルベール・カミユが、この世に重大な哲学的問題はただ一つしか存在しない、それは自殺だ、と述べたのも、もっともである。

8・10

永遠志向と自殺　私は、自殺の多くは死という避けがたい宿命に対する人間の反抗であると考える。医者から不治の、しかも苦痛に満ちた病を宣告された人は、苦しみを回避するために自殺を選ぶかもしれない。それは精神的な不適応ではなく、知的かつ合理的な判断である。また人々は死後も残る自分を求め、そのために自らの命を投げ出すことも厭わない。ローマの政治家カトーは、自分の信念に反してシーザーの専制下に生きるのを拒んで、自らの命を絶つことで名誉を守った。そして無数の信者が、神や仏を信じて、殉教の名のもとに死を選んだ。もちろん殉教は技術的には他人の手によって死ぬのだが、自分の意思で死を選んだという意味で自殺であることには違いない。戦争において、愛国心に燃え国家のために進んで命を捨てた兵士の例は、文字どおり無数にある。国のため、信仰のため、そして信念のために死んだ人々は、死と引き換えに、永遠の命を求めたのである。

ウナムノは自殺について「自殺者の大多数は、もし永遠に死ぬことがないという保証があったなら、自ら命を奪おうなどとはしないだろう。自己殺害者は、死が来るのを待つのが嫌なため自らを殺すのだ」(注9)と述べている。「咲いた花なら散るのは覚悟。同じ死ぬなら国のため」という日本の軍歌「同期の桜」の歌詞は、どうせ短い命なのだから価値あるもののために捨てるという死生観を表しており、ウナムノの指摘の正しさを立証している。自殺とは必然である死を出し抜く行為なのだ。

第九章　人はなぜ人を殺すのか

9・1

同類殺し　これまで人間が死の絶望に対してどのように反応して来たかを見てきた。その中に、その性格が破壊的、かつ反社会的であり、人類全体の生存を脅かす危険極まりないものがある。その代表が、人が人を意識的に殺害することである。これまでに、往々にして致命的な結果に終わる生物の必要不可欠でしかも不足した資源をめぐる生存のための争いと、例外的にしか敵対者を傷つけない群れの中での優位な立場を得るための争いという、二つの異なった志向に基づく闘争を見てきたが、人間の場合は、この二つの志向だけでは説明できない第三の形態の、しかももっと残忍な闘争がある。それが人間特有の、同類である人間を意識的に殺害する現象である。

精神異常者や激情による殺人は別としても、同類殺しは戦争以外にも頻繁に起きている。

近代以前の世界では、儀式として人を殺す「いけにえ」の風習があった。例えばコロンブス以前のアメリカのアズテック社会では、この儀式的殺人が社会的にも宗教的にも最も重要な行事として行われ、ある時など一度に八万人が太陽神へのいけにえとして殺されたといわれている。それは人々の死に対する敵意のはけ口となっていたのだ。この儀式的殺人は、魔術が影響力を持っていた時代には世界の多くの地域で行われた。もっと時代が下がっても、フランス革命や、ロシアの共産主義革命に続く血なまぐさい粛清のように、大義名分のもとに反革命分子の処刑が盛んに行われた。ナチスによるユダヤ人の大量虐殺、中世ヨーロッパやアメリカにおいて一時期頻繁に起きた魔女狩りとその焚殺、さらには古代ローマにおける剣闘士の殺し合いなども、同じ機能を持っていたと思われる。

9・2

旧石器時代人は温和だった？　人類学者の間では、旧石器時代までの人々の生活が比較的平和であり、石斧を振り回して殺し合うといった通俗的な石器時代のイメージとはほど遠いという意見が強い。ネアンデルタール人や北京原人が食人種であった証拠があるといわれるが、旧石器時代の人類の生活環境の厳しさを考えれば、飢えのあまりに人肉を食べた可能性は十分ある。しかし飢えに追い込まれ、やむを得ず人の肉を食べたという事例は、現代でも数多く報告されている。また一部の原始部族では、仲間の死体の最も敬虔な処理方法として死体を食べていた。したがって食人の習慣があることは、必ずしも彼らが経常的に殺し合っていたということにはならない。旧石器時代までは、槍などの狩猟の道具はあっても、人間同士の戦いに特化した武器が見つからないことは、この時代には殺し合いがそれほど頻繁でなかったためと考えられる。ルソーが、「原始的な人間ほど温和なものはない」と主張したのは、正しかったのかもしれない。

これに対し新石器時代になると、男性の最も一般的な副葬品は、戦争用の斧や槍、短剣といった人殺しの道具となる。これはこの時代に殺し合いが頻発した証拠である。旧石器時代の温和な人類が、ある時点から好戦的な生き物になったのだ。その最大の原因は、この時代になると人々の死の認識はより明確になり、現代人と同様に、客観的には幸せであるはずの瞬間であっても、その向こうには死という暗黒が待ち受けていることを知り、それが生み出す絶望が人々をいらだたせ、暴力と攻撃性を生み出したのだ。人は自らが死なねばならないことを知ると、その怒りを転位して他人の生命を奪い取るようになる。要するにすべての物事は相対的なものであり、人を殺せば、相対的には彼は生き延びる。ここに「われ殺す。ゆえにわれ生きる」といった恐ろしい考えが生まれ、人類を同類殺しという残忍で血塗られた行為に駆り立てるのだ。より進化したはずの人類の間で一般化した、死への怒りを他人にぶつけ殺すためにに殺すという行為は、その結果の重大さから見て最も深刻な問題である。さらに社会制度が整備され、職業的な戦士が生まれ、軍事組織が発達し、武器の性能も向上すると、それとともに死傷者の数も増大し、いわゆる戦争が頻発するようになり、人類の存続を脅かすこととなる。

9・3

武器の発達　この同類殺しについて、一部の動物行動学者は人間も動物も等しく攻撃的な傾向を持っているが、動物の場合は長い自然淘汰の過程を経て、相手に自分の弱点をさらせば相手が攻撃をやめるといった慰撫ゼスチャーを発達させたため、同類を殺すことはほとんどないとする。それに対して人間の場合は、元々牙や爪など有効な武器を備えておらず、素早く相手を殺すことができないので同類殺しの抑制メカニズムを発達させる必要がなかったのに、槍や弓矢などの武器が急速に発達したため、殺傷能力と抑制メカニズムの均衡が崩れてしまったというのだ。強力な武器の使用は、確かに人間同士の殺し合いの規模を拡大させたが、その事実だけでは、人間の破壊的な傾向を説明するには不十分である。弓矢や銃器など遠距離から人を殺せる武器の導入は、本来なら良心を悩ます感情的負担を和らげることは確かである。しかし多くの殺人が素手や棒切れなどで行われているという事実は、人間はすべての武器を取り上げられても、依然として殺し合うことを示している。

9・4

近代の戦争　古代、中世においても、ギリシャとペルシャの戦い、ローマによる地中海世界の征服、キリスト教徒とイスラム教徒が激突した十字軍の遠征、モンゴル族によるアジアと東ヨーロッパの征服等、大規模な戦争が数多く起きている。しかし戦争の主体が国家となり、規模の上でも死傷者の数でもけた違いに大きくなるのは、一七八九年のフランス革命以後である。革命政権下のフランスでは、それ以前の職業軍人や貴族からなる軍隊と異なり、史上初めて組織的かつ強制的な徴兵制度が敷かれ、戦争の主体は国王から国家に替わり、軍隊の規模は巨大化し、加えて銃砲や大砲などの兵器の発達によって、戦闘はこれまでにない大規模なものとなる。この徴兵された国民兵を新たに生まれた民族主義の意識で鼓舞し、ヨーロッパを制覇したのがナポレオン・ボナパルトである。彼はまた大砲などの兵器と兵士を一か所に集中して敵を攻撃する会戦と呼ばれる戦術を編み出し、その後の戦闘形式を根本から変えた。ヨーロッパ諸国もまた、ナポレオンに対抗する必要もあって、国民を一つの民族と文化にまとめた民族国家に変身した。この民族国家の間で戦われた最大の戦争が第一次と第二次の世界大戦であり、科学技術が生んだ強力な兵器と、愛国心に燃えた兵士の組み合わせが死傷者の数を急増させた。資料によって数字は異なるが、第一次世界大戦の戦死者はおおよそ一〇〇〇万人、第二次世界大戦のそれは三〇〇〇万人といわれる。これだけでも恐るべき数字だが、もっと問題なのは、戦死者の倍以上といわれる民間人の死者である。この数字が総力戦と言われた世界大戦の悲惨さを示している。その後も、朝鮮戦争、ソ連によるアフガニスタン侵攻、ベトナム戦争、湾岸戦争など国家間の戦争が続けざまに発生し、二十世紀は文字どおり戦争の世紀になってしまった。そして今日でも多くの国での内戦やイスラム国（ＩＳ）やアルカイダなどのテロリスト集団との戦闘、そして民族間闘争など、人類の殺し合いは止むことなく続いている。

9・5

戦争の原因　戦争についての最大の問題点は、その原因がよく理解されていないことである。原因がわからなければ、その勃発を予防できないのだ。確かに、ある地域、ある民族そしてある時代に戦争が頻発する一方で、長年にわたり戦争をしていない国もあった。そこから戦争は、政治組織や文化、そして国民の意識などがつくりだすと考える社会学者もいる。また経済的な軋轢こそが戦争の火付け役だとする見解もよく聞かれる。しかし戦争を始めるのは人であり、したがって人間の中に、条件さえ整えば戦争を始め、躊躇することなく人を殺す何らかの要因があるとみるべきである。

私は戦争の真の原因は、人々の永遠への志向が挫折し、死の現実がもたらす絶望が生みだす怒りが他の人々に転位されることにあると考える。死の必然を知り、極度の挫折感に悩むのは人間だけであり、したがって人間以外の動物はその生存が脅かされるような極端な状況にない限り、同族を憎み殺すことはない。死すべき運命を悟った人間は、抑圧や逃避などのいろいろな心理的メカニズムで死という耐え難い現実に対処しようとする。さらには自分が死んだ後も存続する何ものかと自己を同一化することで、死を超越しようとする。しかしそうした仕組みが機能しなかったとき、死の恐怖は圧倒的な力で人々を押しつぶす。こうした状況に追い込まれた人は、死を憎み恐れながら、死という絶対者に対して敵意を持つことすら許されない。死は必然であり、したがってそれに反抗することが無駄であることを悟った人間は、その鬱積した敵意を本来の目標である死に対してではなく、同じ人間仲間に向けて爆発させる。このフロイトが転位（displacement）と呼んだ心理メカニズムは、禁じられた衝動を、異なった形で、しかもしばしば異なった目標に対して発散させる。恐ろしいのは、ほとんどの人がこうした破壊的行為が、死の恐怖の転位であることに気づかないことだ。原因がわからないことは予防のしようがないことである。

この死への憎しみの転位こそが、人間を残忍さとサディズムに満ちた動物に仕立て上げるのだ。暴力は多くの動物に共通したものであるが、同種の相手を不倶戴天の敵とみなして激しい憎しみを抱くのは人間だけである。このいわれのない憎悪は、死への憎しみが転位されたものである。人間にとって、相手を憎む理由の有無などは問題ではない。もし理由が無ければそれをつくり出すだけである。彼にとっては、死への憎しみを叩きつける何物かが必要なのである。それが個人の行為なら殺人であり、それが組織化され、死傷者が多数出れば戦争である。

9・6

民族国家と戦争　戦争は、大抵は政治家によって宣言されて始まる。しかし民主主義社会では、一般の人々が戦争という愚行を支持しなければ、どのような権力者でも戦争を始めることは難しい。そこで政治家は戦争を始めるにあたって、相手国やその国民に対する憎しみを駆り立てるため、大規模なキャンペーンを張って人々を洗脳する。普段は家族を愛し法を守る善良な人々までもが、こうした煽動に簡単に乗せられ、熱に浮かされたように戦争を支持し、命の危険も顧みずに志願する。意識の底に潜在している死への怒りが表面に露出し、その憎しみを敵国とその国民に転位し、相手を殺害することを熱望するのだ。しかも民族国家は、多くの人にとって自らの分身として死後の存在を託した代替的自己である。したがって一旦戦争が始まってしまうと、それは、家族や自分の命を守るだけでなく、自己の化身であり永遠を保証する国家を守るための闘争となり、一切妥協を許さない苛烈な戦いとなる。

9・7

平和維持の努力　人類社会はこの戦争という最悪の災難を阻止するための努力を続けてきた。それが第一次世界大戦の後に創設された国際連盟であり、第二次世界大戦後に作られた国際連合などである。国際連合は、国際平和の維持と経済社会問題の解決に向けて加盟国の協力を実現することを目的に一九四五年に設立された。その憲章第二条四項で、武力行使禁止の原則を定めているが、安全保障理事会が、手続き事項について米国、英国、フランス、ロシア、中国の常任理事国五か国全員の同意を必要としたため、いわゆる拒否権が生じ、その行使によって、期待されたような平和の維持や国際的な安全保障の機能を果たせないでいる。この国際法の欠陥を補填するため、国際社会では戦争を起こそうとする国を抑制するためにＮＡＴＯ（北大西洋条約機構）のような集団安全保障体制を作っている。平和を守るための努力は国単位でも行われている。日本は憲法第九条で交戦権の放棄を謳い、スイスは永世中立を宣言し、コスタリカは憲法で常備軍を廃止することで戦争をしないことを国是としている。また世界各地で平和についての研究機関が設立され、ＮＧＯ（非政府国際機関）などの多くの民間団体が、国際協力や人道支援などを通じて戦争を防止しようと努力している。しかし各国が国家主権という超法規的な権利を主張する限り、そして死への憎悪という戦争の真の原因が理解されない限り、戦争を防ぐことは難しいだろう。

9・8　国家制度は平和を維持できない

今日の国家の多くは、国民を外部からの侵略から守ることを主たる存在理由としている。しかしながら、戦争の可能性があるから国家が必要だという議論は、その逆もあるということを疑う必要がある。政治家たちはしばしば外部からの攻撃を口実として国民の国家への服従を強制し、権力の保持を正当化してきた。今日でも人々の間で経済的、社会的な不満が高まると、他国との緊張を人為的につくり出して人々に結束を呼びかけ国民の目を国内問題から逸らすのは、政治の常套手段となっている。そして戦争の多くは、そうした政治的な目論見が狂い、実際に戦闘が起きてしまうことから始まる。この見方からすれば、国家に戦争根絶を期待するのは楽観的過ぎると言えよう。戦争とは国家間の争いのことであり、もし国家がなくなれば、理論的には戦争はなくなるのだ。平和の維持を国家という仕組みに求めるなら、日本国憲法第九条のように国による武力の行使を禁止し、交戦権を放棄させるしかない。さもなければ、強制力を持った平和維持の機関と国際的な司法制度を創設し、戦争を起こす国に軍事的な制裁を科す仕組みをつくり上げるしかないだろう。いずれにせよ、他民族や他文化への偏見を生みやすい国家、特に民族国家の制度は、平和の破壊者になる危険性を抱えているのだ。

9・9　平和維持組織としてのEU

そうした中で特に注目されるのは一九九三年に発足したEU

(European Union　欧州連合）である。ヨーロッパ諸国は第二次大戦後、過去において域内で数限りない戦争を繰り返してきた歴史に対する反省から、ヨーロッパを自由、民主主義、法の支配といった理念のもとに統合し、国境を廃止し、経済、社会の融合を図る共同体としてＥＵをつくった。二〇一五年現在その加盟国は二八か国、人口は五億人を超える巨大な超国家的集合体となっている。それは少なくとも加盟国の間での戦争を防止するという点では成功しており、ヨーロッパ地域における恒久平和実現への大きな一歩となっている。しかしそのＥＵも移民に対する憎しみが生んだ英国の離脱によってその理念が揺らいでいる。いずれにせよ戦争を引き起こす人間の心の闇を理解し、それに対応した対策を取らない限り、火種があれば人々の死への憎しみが他の人々に向けられることは避けられないだろう。

9・10

テロリズム　その間にも、戦争は絶えることなく続いている。最近における戦争の形態は大きく変質し、国と国との争いから、内紛や民族間闘争、国が非公式に作った武装組織による代理戦争、そしてなかんずく宗教的あるいは思想的な主張と結びついたテロ集団の無差別な殺戮に変わっている。それはこれまでの戦争に関する国際戦争法規も予想してなかった新たな事態であって、世界は今その対応に苦慮している。ＩＳやアルカイダなどのイスラム系のテロ集団は、イスラム教擁護のためと称してジハード（聖戦）を唱え、ロシアやアメリカなどの大国でさえ対応に手を焼いており、今後世界中にその脅威が広がるのではないかと憂慮される。これらの宗教的テロ行為への参加者は宗教的な狂信者と思われがちだが、私の見方では、自分たちの信仰心に自信が持てず、その結果死の宿命におびえ、その怒りを異教徒に転位して殺戮を繰り返し、あるいは自然な死を待つのが耐え切れずに自爆で自らの生命を絶とうとしている臆病者なのだ。彼らは自らの死を憎むあまりに、他人も殺し、自分も爆死するのだ。しかしそれは、永遠を忘れ、刹那的な欲望と快楽に溺れる現代人の在り方に対する信仰者の反撃という面もあるのであって、その責任の一端は精神的な堕落に陥った先進社会にもある。この事実を理解し、適切な心理的対応策をとらない限り、今後ともテロはなくならないばかりか、さらに激しくなるだろう。死の絶望はすべての人が抱える問題であり、したがって放置しておけば絶えることなく増殖していく。テロの場合は、攻撃の対象が無差別で、民間人が死傷する可能性が極めて高いのが問題である。もしこのまま非戦闘員の死傷者の数が増え続ければ、一般の人々が恐怖のあまり理性を失い、強い世論となって国に決定的な報復を求めることになり、国家も巻き込んだ新たな地球規模の戦争への導火線にもなりかねない。

9・11

破壊の賛美　テロリズムという無差別の殺人行為は、今に始まったことではない。古くはツキジデスの史書『戦史』にあるように、ギリシャの都市国家は、革命とテロをふんだんに経験しているし、政治学の始祖であるプラトンやアリストテレスも、その著作のかなりな部分をこのテーマに割いている。しかし現代のテロ行為は、旧来のそれと根本的に異質な要素を持っている。従来のテロ行為が、政治的、宗教的、経済的な目的をもって実行されたのに対し、今日のテロの多くは、殺人と破壊そのものが目的のように見える。社会に不満を持つ人々、特に若者が社会秩序に反抗する傾向があるのはいつの時代でも同じである。それを人々は、若者の間に存在する失業率の高さや、社会から疎外されていることに原因を求め、あるいは宗教的なファナティズムや無政府主義などの影響を強調する。しかしそれはあまりにも表皮的な見方である。現代の若者ほど恵まれ、しかも自由を謳歌できる世代はかつてなかった。彼らは参政権を与えられ、自動車やオートバイを乗り回し、ありあまる余暇を持っている。それでも彼らはなお不満の声をあげ、暴力を礼讃し、自爆する。

我々は、ＩＳを含む現代のテロは、実は死の現実がもたらす絶望に起因することを理解しなければならない。旧来のテロが政権の打倒などの政治的目的による場合が多かったのに対し、日本赤軍やドイツのマインホフ軍団、ＩＲＡそして現代のイスラム系のテロリストたちは、ひたすらに破壊行為に専念している。ロシアの無政府主義者ミカエル・バクーニンとセルギー・ネカエフは、「我々の任務はただ恐ろしく、徹底的、普遍的かつ無慈悲な破壊のみにある」(注10)といったが、これは現代のテロリズムに共通している。たとえテロリストが、崇高な政治的、社会的大義を掲げたとしても、その破壊の礼賛が伝えるのは、底知れぬ絶望感、憎悪、そして無力感以外の何物でもない。現代のテロリストも、例えばＩＳがカリフ制度の下でのイスラム国家の建設を謳っているように、破壊の後にくる理想の社会を謳い文句にしているが、実際には彼らは、永遠志向の挫折に絶望し、他人だけでなく自らも殺害することによって死を出し抜こうという、追い詰められ最後のあがきに悶える者たちである。彼らの狂気の振る舞いは、死という自然の摂理を拒否することから生まれたものであり、愚かではあるがある意味で人間的である。今日における人々の絶望は、もろもろの社会悪に対する怒りもあろうが、それ以上に死の必然に対する人間の無力さから生まれる。ＩＳはイスラムの教えに基づくと称し、ジハードで死ねば天国に行けるといって自爆者を募る。その扇動に乗るＩＴのテロリストも、よく観察すれば、生きることに自信を失った哀れな人々である。もし若者の間の失業率の高さが過激派の温床となると言うなら、それは経済的な意味よりは、失職し考える暇ができれば、それまで忘れていた死の宿命に気づき絶望に駆られる可能性が高くなるからである。欧米諸国は彼らを空爆などの軍事的な手段で掃討しようとしているが、死の運命に対する人々の苦悩について根本的な解決の道を見つけない限り、死を出し抜こうとする者たちによるテロは決して絶えることは無いだろう。

9・12

破局の回避　それ以上に憂慮されるのが、環境の破壊や、今日各国政府が行っている景気対策と称する放漫財政によって限りなく積み上がる国家の財政赤字、そして垂れ流しの金融政策といった無責任な経済・金融政策の咎から、世界経済が崩壊した時の混乱である。かつてのように信仰を持つ人が多かった時代なら、人々はそうした破局からの救済を神に求めただろう。しかし無信心者が多い現代においては、富の蓄積と消費という死の現実からの逃避の道が塞がれた人々は、直面した死への怒りを他に転位し、世界的な規模で、絶望的で無意味な殺し合いを始める可能性があるのだ。もしそうなれば、人類がこれまで築いてきた文明は崩壊の危機に晒されるであろう。大量殺戮兵器が拡散した状況における戦争とテロいう人間の狂気の行動を考えて、言いようのない恐怖に駆られるのは私だけではないだろう。必然の死を憎む気持ちは万人に共通するものであり、憎しみを転位した相手を許すことは死への抵抗を放棄することである。それはできない。仮に死が必至な場合は、自らを殺害することで死を出し抜いた方がましなのだ。しかもこの心理が今日核兵器や、生物兵器そして化学兵器を管理する者たちに影響を与えないとは言い切れない。もしそうなら、我々はこの地球上を徘徊する人類の最後の世代になる可能性もあるのだ。

人類の破滅を防ぐには、戦争やテロの真の原因である死の宿命が生む人間の絶望を和らげる手段を見出すしかない。以下の章では、その方途について考える。

第三部　死への挑戦と挫折

死に挑戦するため人類が創り出した仕組みに、魔術、宗教、哲学、科学、テクノロジー、家族、民族国家、芸術・文化などがある。しかし死の恐怖を緩和するうえで最も効果的だった宗教は科学の合理主義がもたらした衝撃でその影響力を弱め、家族制度は弱体化し、哲学は思考の迷路に迷い込み、民族国家は国際平和と民主主義の破壊者となり、科学とテクノロジーは経済に取り込まれ、人類への貢献という本来の目的を喪失し、その結果人類は死との戦いにいまだ打ち勝てないでいる。

第一〇章　宗教の救い

10・1

知恵のリンゴ　初期の人類社会において、死を前に絶望する人々を救う上で大きな実績を上げたのは、魔術（sorcery）である。死の意識は、それまでの人類の粗野で厳しくはあるが自然と調和した悠々とした生き方を破壊し、毎日が死への一歩であり、したがって永続的な幸福などはあり得ないことを暴きだした。アダムとイブが禁断のリンゴを食べたために天国から追放され、死の宿命を負うことになったという旧約聖書に出てくる説話は多くの真実を含んでいる。人間は高い知能という禁断の果実を食べてしまい、その結果死の必然を知り、無知からくる自己満足を永遠に失ったのだ。そして自然的調和の世界から放り出され、自分がいつかは死ななければならないという事実以外は何一つ確信することのできない、狂気と底知れぬ絶望に満ちた現実に生きることを強要されることとなった。

10・2

魔術の生成　人間が死の苦しみからの救いを最初に求めたのは、死というものは事故であって、一定の予防手段さえ講じれば避けうるのだと考える魔術であった。それは、生と死をコントロールする超自然的な力に対する信仰でもあり、そこから死から逃れるための儀式とか呪文といった魔術的風習が生み出された。魔術は人間の永遠志向が生み出した知恵である。

死を回避しようとする魔術は、長年にわたって我々の祖先の心理的な安定に寄与してきた。もしこのような心の安全弁が無ければ、宗教が出現する以前の祖先の生活はもっと悲惨で、もっと血塗られたものとなっていただろう。魔術は、人間を死の恐怖から救うための偉大な発明だったのである。魔術はまた、生殖や疾病の治療、そして狩猟の成功とか豊饒の確保にも使われている。旧石器時代のものとされる獲物や狩りの情景を描いた多くの壁画や、母神（ヴィーナス）像や男根を模した石細工が、イギリスから中東まで各地で発見されており、魔術的行為が広く行われていたことを示している。魔術的信仰は、現代社会にも定着している。例えば日本の神社・仏閣で、家族の健康や、縁結び、子授かり、試験合格などの現世での利益を願って祈る習慣は、こうした魔術の名残である。同じように病を祈禱で直す試みや心霊術、占いなどの魔術的な風習は、宗派、人種、文化を問わず、世界各地で見ることができる。魔術は今日でも生きているのだ。

死が自然ではなく、魔術によって回避できると考えた祖先たちも、誤ってタブーを犯し、その結果精霊の怒りを買って死に見舞われる可能性までは否定できなかった。このため、死の恐怖に代わり禁断を犯す恐怖が人々を悩ますこととなる。また魔術を司る魔術師（メデシンマン）の影響力が強まり、誰かが死んだり病にかかると魔術師によってその責任者が嗅ぎ出され、罰せられた。人々は魔術と魔術師による恐怖の支配におびえ、世の中を積極的に良い方向へ変えたり、新しい思考を生み出すことをやめてしまう。

10・3

農業と魔術の凋落　このような弊害もあって、魔術は次第に疑念を持って見られるようになる。その傾向は農業の発達で加速された。農業の最も古い痕跡は、紀元前六〇〇〇年頃にヨルダンからイラクにかけての中東で出土している。野生の食物、特に狩りの獲物が豊富なうちは、農業を発達させる必要はなかった。しかし人口の増加や乾燥化などによって獲物が減少すると、狭い土地を有効に利用する農業が必要になった。農業は、人間の生活様式だけでなく死に対する意識すら根本から変えてしまった。それまで人々の生活は食料を求めてさまよう毎日であった。それは危険で不安定な生活であり、彼らの生存は運と偶然に支配されていた。こうした状況では、世の中の出来事を支配し、運、不運を決定する超自然的な力への信仰が芽生えるのは当然であった。このことはごく少数ではあるが今日でもまだ存在している狩猟民族の間でも見られる。それが新石器時代に入り農業が普及すると、人々は定住をすることとなり、その生活が作物の成長に必要な日数を基本とした長期的なリズムで律せられるようになる。人々は農耕を通じて、作物が春に芽生え冬に枯れていくことを習い、そこから魔術の死を回避する効果について疑問を持つことになる。また定住社会では同じ人々が毎日顔を合わせて暮らすことから、老人はやがて死に、次の世代にとって代わられるという事実を覆い隠せなくなる。こうした条件が重なった結果、魔術とその死を回避する力に対する信仰は崩れ去る。

10・4

失われた楽園　それがもたらした多くの弊害にもかかわらず、魔術は我々の祖先を死の必然という悲惨な現実から守るのに重要な役割を演じてきた。しかしながら作り事は作り事である。人間の発達した知能は、迷信と自己欺瞞に溺れ続けることを許してはくれない。こうして魔術は、その後を継いで人々の魂の救済の主役となった宗教に取って代わられ、迷信として弾圧され、次第に影響力を失っていく。しかし長きにわたって人類の精神的な支えとなってきた魔術の功績は、歴史の上でその役割を正当に評価されるべきであろう。

宗教関係者は否定するかもしれないが、魔術の影響は宗教やテクノロジーを含めた今日の人類文明全体にも大きな影響を残しているのだ。

一般的に言って、狩猟社会の生活は厳しく、また貧しいものであった。しかし自由な狩猟者は、土地に縛り付けられた農耕民が味わう退屈さとも、都市生活者のストレスとも無縁である。現代人に何が理想的な生き方かを聞けば、多くの男性が狩猟・漁労民族の生き方をあげるのではないかと思われる。そして狩猟・漁労民族の幸せの根源は、狩りのもたらす興奮と移動の自由、そして人々を死の恐怖から守ってきた魔術にあるのだ。人類は、魔術とともにこの世の楽園を喪失したのかもしれないのだ。

10・5

宗教の萌芽　魔術信仰に対する疑問が広がってくると、それに代わって魂と来世というドグマに支えられた宗教が生まれ、人々の心を支えるようになる。いうまでもなく宗教もまた、永遠志向の産物である。宗教の魔術からの分離はおそらく何千年もかかってゆっくりと起きたものであり、長らく両者の間に明確な線を引くのが難しい状況が続いたものと思われる。もともと宗教はその生成過程で、超自然的力とか、精霊の存在といった魔術の概念を取り込んできた。魔術の必須の要素と考えられる道徳律、儀式、礼拝、忌避（タブー）

などは、今日の宗教でも中心課題である。また宗教の多くは、魔術と同様、豊作祈願、悪霊払い、祈禱による病気の治療といった現世での利益を求める儀式を行う。したがって魔術と宗教の境界は、今日でも宗教関係者が主張するであろうほどには、はっきりしたものではない。

10・6

魔術と宗教の違い　それでも魔術と宗教の概念には明確な違いがある。人類の歴史を通じて無数の宗教が存在し、それぞれがさらに細かな宗派に分かれていて、数限りないバラエティの宗旨、儀式、哲学そしてドグマを提示しており、この特異な現象を考察する者を当惑させる。しかしそうした無数の宗教にも、いくつかの共通点がある。それは森羅万象を司る聖なる神または仏といった絶対的な存在があり、現世以外にも来世という異次元の世界があって、そこでは死者の生まれ変わりである霊魂が永久に生き続けるという考え方である。魔術もまた霊的な存在を認めるが、それはほとんどの場合精霊という超自然的ではあるが、現世のものである。

青銅器時代のメソポタミアでは、かなり早い時期から人々が来世での存続を信じていた証拠がある。この時代の人々は、武具とか食物、金銀の装飾品、家具などの副葬品を死者と一緒に埋葬していたが、これは死を終局とはみなさず、次の世への出発だと見ていたことを示している。さらにシュメル王朝時代になるとこの風習は組織的で大規模となる。例えばウルの王墓からは、副葬品だけでなく、愛妾、楽師、家臣などの多数の遺体が見つかっている。それは来世での存続という宗教的な概念に基づく行為であったことは確かであるが、同時にいけにえといった魔術的な風習の名残でもあったろう。またこのころから一般化したのが、死んだ親族を敬う祖先崇拝である。ウル第三王朝のころ、それまで住居から遠く離れた墓地に埋葬されていた遺体が、裏庭に建てられた祭壇に葬られるようになった。これらの墓は、貧富を問わず極めて質素なもので、副葬品もなかった。このように死者を家族の一員として扱うのが祖先崇拝である。それは死後の存在を認めるという意味では、宗教的な風習である。魔術では通常死は不自然とされ、死者は悪運と結び付けられて忌み嫌われる。その死が自然な現象であると認められたことは、宗教の萌芽への道筋を示している。

10・7

エジプト古代宗教　より明確な来世思想を打ち出したのがエジプトの古王朝時代の宗教である。彼らは死が自然であることを認め、一途に死後の存在を追い求めた。極端な言い方かもしれないが、この時代のエジプト人の生涯は、死後の永続的な幸福を目指した念入り

10・8

な葬儀そのものであった。彼らは死者の魂は肉体に戻ると考えたため、死体をミイラとして保存し、念入りに作られた墳墓を築いた。このような楽天的な考えは、当時彼らが、世界で最も高い文明と永い平和を享受してきたことから生まれたものであろう。しかし紀元前一八世紀に古王朝が崩壊すると、社会的な混乱が打ち続き、それまでの楽観的な世界観は悲観的な宗教観にとって代わられる。それまで墓碑に刻み込まれる決まり文句は、「汝生を愛し死を憎むものよ」であったが、中王朝にあっては「多年を幽囚の内に過ごした者の家を見たいという切望のごとく、死は今我が眼前にあり」に代わっている。この二つの文句ほど時代のムードの変化を如実に語るものはないだろう。だがこの悲観的な物の見方は来世での幸福への憧れを強めることとなり、それが魂の救済を唱えるより純粋な信仰につながったのだ。

利己的信仰　次第に精緻な教義を築いてきた古代宗教ではあるが、一つ決定的な欠陥があった。それは信仰の目的が、魔術と同じく自己中心的であったことである。古代宗教の教義は、神と信者の関係を一種の契約としてとらえており、神の御利益は、念入りな祈禱や豪華な供物の見返りとして与えられると考えられた。信心がこのような打算に基づく限り、人々の神への信仰が敬虔なものにはなりえない。彼らにとって神は絶対的な存在ではなく、約束やごまかしでだますこともできる交渉相手でしかなかったのである。

人間は他の生物と同様、自らの生命を維持するために生きるのであり、したがって本来自己中心的である。それでも利己が他人に対する思いやりや同胞意識でコントロールされていれば、全体の利益と自己の利益を調和させた健全な個人主義にとどまっている。例えば古代ギリシャ人は強い独立心を持ち、利己主義の一歩手前まで自己を主張した。それでも彼らは都市国家への忠誠を通じて、公共（ユイネー）の精神を失うことはなかった。同様に同時代の春秋・戦国時代の中国人は個人主義的な傾向が強かったが、魯の国の記録に孔子が手を加えて著作したといわれる『春秋』に代表される大義名分の精神と封建君主への忠誠によって、自己と社会の調和が保たれていた。

このような公共の精神が崩壊し快楽と欲望だけに動かされる利己主義が跋扈するのは、西ではローマの後期帝政時代である。当時のローマは政治、軍事の面では絶頂期にあり、ローマの威勢に挑戦する者はいなかった。その表面上の繁栄とは裏腹に、ローマ社会は矛盾と腐敗に満ちていた。それまで倫理を重視するストア派的な思想により培われていたローマ市民の道徳的水準は低下し、共和制ローマを支えていた市民精神もすたれた。そのようなローマの精神的な退廃は、ローマ帝国が征服によって巨大化し人々の代替的自己としての効用が低下したためと考えられる。例えばクラウディウス帝時代(紀元四一～五四年)のローマは、六九四万五〇〇〇人の市民がおり、奴隷を含めた総人口は二〇〇〇万人に達したという。その結果一般の人々にとってローマ帝国は、代替的自己としてはあまりにも巨大になり過ぎてしまい、縁遠いものとなってしまった。そして市民間の団結は弱体化し、お互いに連絡のない支配者と大衆に分裂し、帝国は大衆にとって単なる生計と娯楽の提供者としての意味しかなくなる。そしてキリスト教が普及したのは、このような精神的に殺伐とした時代であった。

10・9

普遍的宗教と人類愛　古代宗教の利己的傾向に対する疑問から生じたのが、それまでの宗教の自己中心的な狭さを超えて、人類全体の救済を説くキリスト教、イスラム教、そして仏教などの普遍的宗教である。例えばキリストは、すべての人々に対する絶対的な愛が、唯一の救いの道であると説いた。そしてこの愛を通じて自己を全体と同化するという教えが、利己主義からくる永遠志向の挫折に悩んでいた人々の心を強くとらえたのだ。「われはブドウの木であり、汝らは枝である」(ヨハネ伝 15:1ff)という教えは、ぶどうの木のように、キリストはすべての人々の存在の源であり、信者はそれぞれの枝に生きると説き、そこからキリスト者独特の普遍的愛が生まれた。キリスト教徒にとっては、自己を愛することは同時に全体であるキリスト、すなわち全人類を愛することになる。一方仏教が発生した当時のインドでは、支配階級だったアーリア人が小国家に分裂して相争う不安定な時代であった。それに加えてバラモン教のヴェーダの教義は、ブラーマン階級の特権保持の道具と化し、救いを求める人々の心を満たせなかったため、人々は否応なしに利己主義的で虚無的な傾向に傾いていった。仏教が急速に広がったのは、こうした風潮に人々が反発したためである。バラモンが個人の救済を説いたのに対して、仏陀は全人類、さらにはすべての生き物に慈悲を垂れようとした。このため厳格な仏教徒はこの慈悲の教えを守り、虫けらを含めあらゆる生物を殺さず、菜食主義を守る。

10・10　普遍的宗教という奇跡

これらの普遍的な宗教の広がりは驚異的である。例えばキリスト教は今日人類の三分の一を信者としている。その始祖が高潔な人格の持ち主であったことは確かであるが、無名の大工の息子だったこと、また彼はおそらく文盲であったため、著書も残さず、単純で気取らない教義を口述したにすぎないことを考えると、キリスト教が今日のように普及したこと自体が奇跡である。キリスト教の影響のもとに創立されたイスラム教も、中東を中心にアフリカ、アジアそしてヨーロッパの一部まで広がっており、信

10・11

者の数は一二億人以上といわれる。仏教も三億六〇〇〇万人の信者を擁し、東アジアや東南アジアで根強い影響力を持っている。そしてこの奇跡を起こしたものこそ人々の永遠志向なのであり、宗教に人々が引き付けられたのも、それが永遠を体現したからである。キリスト教の教義によれば、時間は神が世界を創造した時に同時につくりだしたものであり、したがって神も永遠であり、神がつくる来世も永遠である。仏陀の教えも、車輪が回転するように、人々が三界六道に死んでは生まれることを永遠に繰り返すという輪廻転生を説いた。そして死により無になることを恐れた人々は永遠に続く存在を説く宗教の教えに、死の運命からの救いを見出したのだ。

決定論としての宗教　普遍的宗教の強みは、来世における魂の救済に加えて、本来混沌としたこの世界を、秩序あるものとして見ることを可能にすることである。キリスト教の教義によれば、宇宙は神を頂点とし、生き物の中でも神の特別の祝福を受けた最高位の人間から最底辺の原始的生物や生命のない物体まで、整然とした階層を成し、それぞれ神から与えられた定まった役割を演じるために存在する。このような静止的な宇宙観には、自らの意志で自由に行動する余地はない。人間の定めは、神の偉大さの前にひれ伏し、その導きを仰ぐことである。こうした世界観の行き着くところは、すべての事柄は神の定めにしたがって起きるとする運命論であり、人間の意志の介入を否定する決定論である。もし世の中のすべての出来事が神によって決定され、与えられるなら、科学によって自然の神秘を解き明かすことも、哲学的思索によって人生の意義を追究することも意味がなくなる。それは、進歩と知識の拡大という今日の人類文明のあり方と決定的に矛盾する原理を含んでいるのだ。そしてそれが、人類が永遠志向という人間だけがもつ特異な衝動に気づくことを遅らせてきたのだ。

10・12

宗教への科学の挑戦　もし魂が来世で存続し続けるという宗教の教義が本当ならば、肉体の死は必ずしも恐ろしいものではなくなる。なぜなら死は、より良い世界での再生にすぎなくなるからだ。しかし宗教は、近代にはいると実証性と合理性を絶対とする科学思想の挑戦を受ける。実証できないものはすべて否定する科学の合理的な思考は、死が必然であり、それを救ってくれる神は存在しないのではないかという疑いを人々の心に植え付けたのだ。それでいて科学は、死の運命に直面した人間の苦悩を救う道は示さなかった。科学が死後の存続への道を示さぬまま神の存在を否定したことで、人々は底知れぬ不安と絶望にさいなまれることとなる。

10・13

不幸なるもの、それは不信心者　信仰を持ち、神を信じることができる人は最も幸せな人々である。もし自分の魂が神により救済され、来世で永遠に生きると確信するなら、死など何ら恐れるものではなくなる。そして死の宿命に苦悩するのは、信心が足りないからだということになる。もし貴方が神仏を信じることができるなら、全身全霊を神仏に任せ、至福の生涯を過ごすべきである。それは死がもたらす永遠の虚無から逃れる最善の道なのだ。

しかし事実の観察と実証を経ないものはすべて疑えと命ずる科学の洗礼を受け、論理と批判的な思惟を絶対とする哲学を学んだ者は、自分が認識できるもの以外は一切認められなくなる。そして観察することも、立証することもできない神、魂、来世、奇跡といった宗教的概念を、疑いの目で見ざるを得ないのだ。すべての宗教は、創造主やその創りたもう戒律、そして奇跡を「聖」なるものとして絶対視し、疑問を呈することも許さない。それに対して我々の理性は、神の実在について合理的な考察が許されないのは、神が死から逃れようとした人間がつくり出した願望的思考の産物であるという事実を隠すためではないか、と囁くのだ。しかし現実に人々の魂に安らぎを与えている信仰を打ち壊す科学のなんと無慈悲なことか。そして哲学のなんと冷酷なことか。その影響で信仰心を持てなくなった不信心者のなんと不幸なことか。そして聖なる絶対的存在を認めない者のなんと愚かなことか。

10・14

宗教の足枷　宗教の救いは心の安らぎをもたらし人々を幸せにするが、同時にそれは、問題の徹底的な解明を妨げ、この世の森羅万象の合理的解明を困難にすることも事実である。私自身は残念ながら神の存在を信じることができないが、だからと言ってニーチェのように「神は死んだ」と叫ぶ気はさらさらない。それどころか、宗教が人々の心に与えてきた心の安らぎの価値を十分理解し、敬虔な信者たちの精神的な平穏さをうらやましく思っている。しかし人類は今、その英知をすべて結集して、環境破壊、人口過剰、死の絶望が生む戦争などの破壊行為の蔓延など、人類の存続を脅かす問題の解決に迫られている。国家による国益の追求という究極的な利己主義と、利潤の亡者がしゃにむに推し進める無秩序な経済発展、そして一般の人々の快楽への埋没と無関心が世界を滅ぼそうとしているのだ。人類を破滅に追い込んでいるのは、自らの死の自覚がもたらす絶望であり、その解決策としてこれまで人々を守ってきた宗教を信じることができない人が増えていることである。それだけではない。今後我々の子孫がさらに繁栄し、地球上だけでなく宇宙にまで活動領域を拡大しようとすれば、科学などの近代思想の根幹をなす合理主義、懐疑主義を認めない宗教は、発展の足枷になりかねないのだ。

10・15

宗教と合理的思考の共存

一部の宗教者や熱心な信者には、今日でも異なった宗教を信じる人々を異端者として憎み、容赦なく迫害する傾向がある。これは明らかに人類愛を説いた普遍的宗教の教義に反することである。こうした傾向は特にキリスト教やイスラム教などの、自分たちの信ずる神が唯一の神であるとする一神教に強い。しかし宗教がお互いに争っていれば、結局は宗教全体に対する人々の信頼が揺らいでしまうことになる。そうなれば人類の大半を占める信仰に生きる人々は、精神的な奈落の底に突き落とされ、人類は大混乱に陥るだろう。だからこそ今、異なった宗教の間で何らかの妥協が必要なのである。今日の中東で見られるような宗派間の対立が続けば傷つくのは宗教全体への信頼である。改めて宗派の違う宗教者が相互に英知と寛容を示すことで、お互いの立場の違いを超えて人類の混乱を回避する道を探りだすことを期待するしかない。もちろん信仰の中核的な理念については、完全な同意はあり得ないかもしれない。しかし話し合いによって、お互いを理解し許しあうことは可能なはずである。慈悲と寛容は本来、愛を説く普遍的宗教の最も基本的な戒律のはずである。その教義に思いを成し、地球上には多様な宗教、宗派があるという事実を認め、お互いの違いを容認して、ともに人々の苦しみを救うため協力すべきではなかろうか。

同様なことは、宗教者と、無神論者や科学者をはじめとする合理主義者との間についてもいえる。もちろんこの全く異なった価値観を持つ思考が、根本的な点について共通点を見出すことはほとんど不可能かもしれない。しかし相互の立場を理解することは、人類社会の調和のために必須である。問題は宗教が過去の聖典や戒律だけを金科玉条として信奉し、一方科学は、幾何級数的にその知識の量を増やし自然の謎を解明していくとしたら、果たして宗教の信者たちがいつまで科学が提示する膨大な証拠を無視して、信仰という思考停止の状態に留まれるのかである。世界最大の仏教国と言われる日本でも、今日では真剣に佛教に帰依している人は必ずしも多くなく、大抵の人々にとって、寺院とのつながりは葬儀と墓地の管理だけというのが実態である。私の永遠志向の哲学は今後信仰を失う人々がさらに増えることを想定し、そういう不信心者を救う道を探求しているのであって、信心深い人々に信仰を捨てることを勧めているわけではない。おそらく世界は未来永劫に、宗教に救いを求める人と、宗教心を持てない人が混在するだろう。そして信仰を保つ人々も、永遠志向に基づき歴史と文化に死後の存続を求めることに反対はないはずである。考えてもらいたい。現代でも人類の大半は信仰によって精神的な安定を保っているのだ。もし将来合理的思考と宗教の相克が決定的となり、宗教の教義が人々の信頼を失ったとしたら、それまで信仰によって死の恐怖から守られてきた信者は、絶望のあまり集団的な狂乱状態に落ち込む危険があるのだ。また信心者と無信心者が対立すれば、それは永遠志向のぶつかり合いとなり、妥協のない争いに発展するだろう。昨今のイスラムの名による無差別テロの拡散は、合理性を説く科学に押され気味な宗教の反撃なのかもしれない。そうした破局を防ぐには、合理的な思想と宗教との共存の道を探るべきであり、人類はそうした方向に向けさらに努力すべきなのだ。

第一一章　哲学よ目覚めよ

11・1

哲学とは　もし信仰が人間を救う上で十分な役割を果たせなくなっているとしたら、その対照ともいうべき人間の理性は、人類を苦悩から救えるのだろうか。

理性とは、一般に直観と呼ばれる、見たり聞いたりしたことを直截的に判断する能力に対して、感知したことを推理や分析を通じて理解する能力であり、動物の中では人間だけが持つ特性とされる。この理性が生み出した成果が哲学と科学である。科学のラテン語scientiaは、知識全般を意味しているが、それは哲学のギリシャ語philosophia〔philos〔愛する〕、sophia〔知恵〕〕と本質的に同じものである。当初は哲学と科学は、同じ知的努力と考えられていた。しかし哲学が、いくつかの前提を想定し、それを理論的に分析して結論を導き出す演繹《えんえき》的な手法（deductive inference）をとるのに対し、科学はまず観察しうる事実を総括して、それを客観的な立場で観察し、そこから必然的な回答を見出す帰納的な手法（inductive inference）を絶対とする。この思索方法の違いから、二つの知的努力は次第に分化し、今日では全く異なった学問分野と見做されるようになった。

11・2

哲学の生成　哲学とは一言でいえば、当たり前の見方では見出せない究極的な真理を推理と分析によって明らかにできるという信念である。その最も広い解釈では、知りうることすべての本質を知ろうとする努力であり、狭い解釈では、人生の意味を見出したいという願望である。そして前者の意味での哲学は、人間の知能が進化し概念的な思考が可能となった時から存在したが、後者の哲学は、人間が死の必然を自覚した時に始まった。この後者の意味の哲学は紀元前六～四世紀ごろに、洋の西と東でほぼ時を同じくして明確な形を取り始めたことは極めて重要な意味を持っている。この時代は、魔術や、魔術的な要素を多分に持った古代宗教の教義に人々が疑問を持ち始める一方で、それに代わる普遍的な宗教が発達する前の過渡期であり、哲学はその隙間を埋める必要から生まれたのだ。

この哲学隆興の背景を理解するために、現代まで影響を与えている紀元前六世紀から同四世紀のギリシャ、中国、インドにおける哲学の発展の経緯を見てみよう。

11・3

ギリシャ哲学の隆興　歴史に多少なりとも関心を持つ者なら、誰しもが古代ギリシャにおける哲学、人文、科学の分野での卓越した業績に感嘆せずにはいられないだろう。他の多くの民族が、いまだ迷信と無知に浸りきっている紀元前六世紀ごろに、地中海沿岸の猫の額ほどの土地に住んでいた一握りの人々が、全宇宙の現象を支配する合理的かつ抽象的な原理を探求しようとしたのだ。このように限られた地域で突然に知的な飛躍が生まれた理由として次の三つが考えられる。

11・4

要因その1：個人主義　その第一は、この地域における個人主義の発達である。この時代他の多くの文明社会では、貴族、商人、農民、奴隷といった明確に区分された階級制度が確立されており、個人主義と新たな知的活動が生まれるのを妨げていた。それに対して都市国家からなるギリシャでは、奴隷制度はあったものの、階級制度が明確な形で構成されることはなかった。しかも当時の文明世界のほぼ中心にあったという地理的に有利な位置は、商業と貿易を発達させ、その結果富をその基盤とする市民階級を生んだ。またギリシャの軍隊が自前で武装した市民で構成されるようになると、一般の市民たちは、それまで軍事力を独占し、それに伴い権力を握っていた貴族と対等の発言力を持つこととなる。人間の価値が世襲される土地の所有に伴う特権により判断された社会と異なり、市民が実権を握った社会では、人間の価値は自分の才覚によって決まる。それに加えて、都市国家の政治的単位の小ささは、専制君主や官僚主義の発生を妨げ、自由な精神に適した土壌を生み、さらに奴隷の存在によって雑務から解放された市民たちに、思索と議論に明け暮れる時間的余裕を与えた。そこから現代的な意味での個人主義が生まれたのである。

11・5

要因その２：理性の確信　このような個人主義社会では、社会の個々の構成員の意志を反映した民主主義が定着する。その影響は政治制度以外の変革ももたらした。全体の意志から独立し得る個人という概念は、人々にそれまで意識の底に隠れていた死の運命と向き合う勇気をあたえたのだ。死の必然という耐えがたい現実に立ち向かうのは、厳しく、苦痛に満ちた行為であるが、同時に、自らの手で運命を切り開く誇りに満ちた生き方でもある。こうした知的な勇気と積極性は、自らの将来をまともに見据える態度を生み、そこから生命の真実を解き明かそうとする哲学が生まれたのだ。ターレスから始まり、ソクラテス、プラトン、アリストテレスに至るギリシャ哲学の興隆は、人間の悲惨な運命を、信仰や大衆社会への逃避によってではなく、論理、推理そして批判により解決しようとした人々によって支えられたのである。この理性による問題解決こそ、ギリシャ哲学の基本である。ソクラテスは、善は知であり、人生の最大の禍は無知であると主張した。プラトンは、絶対的な真理を見出す人間の能力を信頼し、それを数学と哲学を通じて達成できると考えた。アリストテレスは、人間にとっての善は、真実追究のための理性の存在にあるとし、哲学と科学のあらゆる分野を統合しようと試みた。ここからうかがえるのは、理性と真理こそがギリシャの哲学者たちにとっては神と同じく絶対的存在であったという事実である。ここにギリシャで哲学が発達した理由がある。他の文明に属する人々が魔術や原始的な古代宗教に救いを求めていたとき、ギリシャの哲人たちは、抽象的かつ合理的な知識の中に不滅の真理を求めたのだ。そして死を超越するものとして、事物すべてを構成する元素、あるいは理性の本質である理念（イデア）といった概念を創り出したのである。

11・6

要因その3：未発達な宗教　ギリシャ哲学発展の第三の理由は、人々の心の空白を埋めるような精緻な宗教が存在しなかったことである。古代ギリシャの宗教では、神話と教義、神々と英雄的人間、そして儀式とまじないは明確な区分がなく、オリンポスの神々は詩人などによって徹底的に擬人化され、快楽と退屈しのぎの戦《いくさ》以外には心を動かされることもなく、人々を救済するという慈悲の心もない陳腐で非道徳な存在として描かれた。ギリシャ人がこのような俗物的な神々に、自分たちの永遠への望みを託せなかったのは当然である。彼らは神に絶望し、代わりに理性によって生と死の神秘を解明しようとした。そしてそれに答えたのが哲学だったのだ。

11・7

中国哲学　これと同様な哲学の突然の興隆が、ほとんど時を同じくして中国とインドで起きていることは興味深い。紀元前五九五～二二一年の中国は、一般に春秋時代および戦国時代と呼ばれる、多くの藩主たちが覇権を争った混乱の時代であった。この時代の中国の政治や社会は、優れた哲学を生み出した古典ギリシャのそれとよく似ている。当時周王朝は政治的実権を失い、王の役割も国家祭礼を司ることに限られていた。この時代の中国は、実質上の独立国家であった多数の藩の緩やかな連合体であった。これは都市国家からなるギリシャと相通じるものである。藩はお互いに相争ったが、同時に共通の文化的伝統と国家カルトによって結束し、明確な民族集団を構成していた。そして鉄の発明、農業と手工業の発達、商業活動の拡大は、層の厚い富裕層を生み出し、また藩同士の小競り合いは軍人や市民兵という新たな階級を育てた。社会の主役となったこれらの人々は、自らの力量と才覚を頼りに生きる独立独歩の人々であった。その結果、自己の利益は伝統や社会規範に優先するという個人主義的な考え方が広まった。また当時の中国の宗教は、民俗信仰と、周王朝によって維持されてきた国家カルト以外は存在せず、古代ギリシャの宗教以上に未発達な状況にあった。

そのようなよく似た環境から生まれた古代のギリシャと中国の哲学には、内容でも多くの共通点がある。プラトンの神秘主義に色づけされた政治的ユートピア思想は、孔子の楽天的な政治倫理にその東洋版を見出す。またソクラテスの高潔な道徳主義に対応するものとして、感情によってではなく、知的で合理的な博愛の理念を説いた墨子の兼愛説がある。この世には現実的な幸福の達成以外何の価値もないと宣言したエピキュロス派の快楽主義は、人生の主な目的は幸福であり、最善の政道は人民を放っておくことだとする荘子の教えにそのカウンターパートを見出す。両者の死についての考えは類似している。エピキュロスは、我々が現存する時には死は現存せず、死が現存するときは我々は現存しないから、死は実際には存在しないと主張することで、人々を死の恐怖から救おうとした。荘子もまた、死が問題となるのは、人々が死に対して偏見を持つからであり、実際には生死は必然的な変化の一面であるとして、生死の区別を否定している。

11・8

インド哲学　紀元前六世紀ごろのインドでは、ガンジス川流域に発生した都市国家群がお互いに覇権を争っていた。そして宗教と哲学を混ぜ合わせた難解極まるヴェーダ聖典の権威を押し付けるバラモン教に反抗する思想家たちによって、合理的な自然哲学が提唱された。彼らはバラモンへの反抗という意味で沙門（シュマラナ）と呼ばれたが、中でも中心的な六人の哲学者は、仏教でいう六師外道《ろくしげどう》を構成し、新たな思想を推し進めた。彼らは、道徳を否定したプーラナ・カッサパ、唯物論のアジタ・ケーサカンバリン、快楽主義のパグダ・カッチャーヤナ、宿命論のマッカリ・ゴーサーラ、懐疑論のサンジャ・ベーラッティプッダ、苦行主義のニーガンタ・ナータブッダである。これらの思想は、その多様さ、精度の高さにおいて、ギリシャや中国の哲学に匹敵するものであり、しかもこの三つの哲学の流れには、内容にも多くの共通点がみられる。

11・9

近代哲学　こうした古代の哲学思想は、その後キリスト教などの普遍的宗教が唱える教義の影となって衰退してしまう。西欧において哲学はかろうじて教会や修道院で教えられたスコラ哲学の中で生き残るだけになった。神による来世での救いを信じる限り、愚かな人間が考え出す哲学などに救いを求める理由などなかったのである。インド哲学が仏教やヒンズー教に吸収されたように、中国でも仏教が導入され、孔子の唱えた礼と仁の哲学も儒教に取り込まれ宗教化した。そして哲学が再び社会に大きな影響を与えるのは、近世以降である。その口火を切ったのは、一五～一六世紀にイタリアを中心に起きた文芸復興（ルネッサンス）である。そしてテレジオ、ブルーノ、カンパネラといった哲学者が現れ近代哲学への道筋をつけた。哲学の復興が、都市国家であり、しかも市民が実権を握るという、古代ギリシャや春秋・戦国時代の中国とよく似た環境のイタリアで起きたことは、大きな意味を持っている。哲学が栄えたのは、いずれも市民社会が定着した時代なのである。そしてこの新たな市民社会は、哲学だけでなく、芸術そして政治の分野でも、宗教が支配した中世の殻を破った現実的かつ合理的な世界を作っていった。そこから政治学の基礎を作ったマキアベリや近代科学の始祖ともいうべきガリレイ、近世随一の万能天才レオナルド・ダビンチなど、現代まで続く進歩の草分けを輩出した。ルネッサンス運動は、その後ヨーロッパ全体に広がり、その合理精神は、マルチン・ルターによる宗教改革を生みだした。ローマ法王の権力に反抗した宗教改革は、それまで絶対であった教会による精神的支配を弱め、理性をもって事象を理解しようとする哲学が再興する道を開いたのだ。そしてデカルトやスピノーザ、ロックといった偉大な哲学者が輩出し、カントやヘーゲルなどのドイツ観念論哲学が社会に大きな影響を与え、哲学は盛り上がりを見せた。

11・10

現代哲学の停滞　しかし一九世紀後半に入ると哲学は停滞し、飛躍する科学の前に影が薄くなってしまう。この時期に理性とは正反対の情緒的な民族主義と、利己を絶対とする資本主義が台頭したことも、哲学の勢いを削いだ。私は、哲学の伸び悩みの原因の一つは、一八世紀後期に大きな影響力を持つにいたったドイツ観念論哲学の複雑極まる言葉の使い方と不必要な難解さにあるのではないかと考えている。私も永遠志向についての思索を始めた当初は哲学から何かを学ぼうとし哲学書を乱読したが、その内容を理解するのにいたずらに時間と労力をとられ、それでいて納得できる理念は見出せず、結果として何人かの哲学者の気の利いた名言をつまみ食いするだけに終わってしまった。哲学とは真理を人々がわかるように提示するのが本来の任務であるはずなのに、近代の哲学者の多くはそうした説明責任を放棄し、わからない方が悪いとでも言いたげに難解極まる理論や定義を書き連ねて人々を困惑させてきた。私は真理とはそれが本物であれば本来単純なもので、平易な言葉で表せるものであり、くどくどとした説明を要するものは真理ではないと考えている。この意味で、それぞれ内容については異義があるものの、私にとって理解可能で血の通った近代哲学は、スペインのウナムノを除けば、ジョン・ロック、アダム・スミス、ジェレミー・ベンサムなどの英国哲学ぐらいである。

この近代哲学の停滞の要因としては、次の三点が考えられる。

11・11

要因その1：理性の過信　近・現代哲学はその発展を阻害するいくつかの本質的な問題を抱えている。その第一が、古代ギリシャ以来の伝統に倣って、この世には自然的秩序と人為的秩序があり、後者（人為的秩序）が前者（自然的秩序）より上位にあると考えたことと、すべての真理は演繹、帰納、仮定の正しい組み合わせによって見出されると主張したことである。それは一言でいえば理性に対する過信である。その典型がカントの人間中心主義で、彼は『判断力批判』のなかで、任意に目的を立てる能力を持った地上で唯一の存在である人間は、自然の主人公であると宣言した。しかし人間の場合も理性に基づく行動は例外的であり、本書でも指摘したように、ほとんどの行為は他の動物と同様に自然が与えた内的な衝動によって動かされているのだ。哲学者たちが過大評価した人間の理性とは、人間が自らつくり出した永遠志向を別とすれば、実は生物としての本能または欲求に従属し制約されたものなのである。したがって哲学が建設的な結果を出すには、人間を理性の面から考察するのでは不十分であり、永遠志向の実存を認めるとともに、自然的秩序に従う動物の一種としての人間の思考や行動を理解することが必要なのだ。

11・12

要因その２：理論的統一の失敗　近・現代哲学の第二の問題は、真理と人間の存在理由の追究を中心とした限定された命題を扱う哲学の場合、少数の天才的な哲学者がその命題について包括的な学説を構築すると、新たな命題を見出すことのできない後発の哲学者は、先人の説を全面的に否定するか、それともそれを受け入れその解釈と理解に終始するしか選択がなくなってしまうことである。科学の場合は、考察すべき事項が人間の理性に関することだけでなく、自然現象すべてを含み、したがって無数の命題が存在するため、後発の研究者がプライオリティ（先取権）を主張できる課題が無尽蔵にある。したがって科学においては、努力と発想次第で誰でもが新たな命題を見出し、経験や実験からそれなりの結論を引き出せる。それに対し哲学は、考え得る命題のほとんどはすでに思索されており、だからと言って既存の学説に取って代わる学説を唱えるだけの思弁的な能力を持つ者は稀である。これが多くの近・現代の哲学者が、哲学の歴史か過去の哲学者の学説の解明に終始する、いわゆる哲学学者にとどまってしまう主たる原因である。それに加え、近・現代哲学の基礎を作った先駆者たちが共通の認識を持たないまま、それぞれが独自の世界観を打ち出したため、哲学者同士の間での議論がかみ合わなくなり、その結果おびただしい数の異説が生まれ、しかも議論は集約せず拡散するばかりで、哲学が学問としてのまとまりを失ってしまった。こうして近・現代哲学は、過去の哲学者の学説の重みに縛られ、哲学の領域とされる限られた命題をめぐって全く次元の違った異論が対立し、共通の目的や結論を持てないまま実績を残すことができず、科学に吸収されようとしている。

11・13

要因その3：進まない分業化　第三の問題は、現代の科学者が通常限定された特定問題に的を絞って取り組むのに対し、近・現代の指導的哲学者の多くが、単独で人間の生き方や社会的現実全体を総合的に思索しようとして間口を広げすぎ具体的な結論を出せなくなってしまったことである。実証と合理的推理に基づく科学と違って、哲学は多くの場合実証をせずに結論を出す演繹的推理に頼ったため、その結論がしばしば事実と遊離してしまったことも問題である。実際には、神ならぬ身の人間には、一人で森羅万象すべてを解明する能力はないのであり、哲学者がもし成果を上げようと思うなら、現代の科学者のように、専門分野を分け、分野ごとに共通の基礎的課題を確認し、各人が担当する問題を絞って分業し、結果を共有し、比較検証し、集約したうえで、共通の結論を出すべきなのだ。

11・14

科学と哲学　こうした問題点への反省から生まれたのが、結論に至る過程で科学的な手法を用いる科学の亜流である科学的哲学（scientific philosophy）である。しかし結果として哲学は科学と見分けのつかない学問になってしまった。そして科学の深化と普及とともに哲学はその求心力を失い、科学に関する哲学的な考察である科学哲学（philosophy of science）となって、細々と存続している。

実際のところ今日伝統的哲学を代表する諸学派は、結果よりはそこに至る過程の正しさを重視することから、科学と非常に似通ったものとなっている。バートランド・ラッセル、ルドウィック・ウィトゲンシュタインなどにより提唱された論理実証主義（logical positivism）はその典型である。この学派によれば、哲学の役割は言語的であり、人々が道徳や政治について科学的な態度をとるように仕向けることである。ウィトゲンシュタインは、哲学の正しい手法は哲学ではなく自然科学の命題であり、言えること以外は言わないことであるとしている。しかし哲学者が、科学者と同じ過程を踏んで真理を追求するなら、哲学と科学は見分けがつかないものとなってしまう。アメリカで生まれた、経験を環境に対する適応としてとらえる実用主義（pragmatism）の哲学も、科学との整合性を気にするあまり、哲学というよりは、科学である社会心理学と酷似したものとなっている。

そうした中で二十世紀中葉にインテリゲンチャの間で流行した実存主義（existentialism）は、科学では解明不可能な生命の意義を取り上げたという意味で重要である。ドイツを中心に影響力を増した観念論哲学への失望から、一九世紀のデンマークの哲学者キルケゴールによって最初に生み出されたこの思想は、すべての存在は、我々の神経組織と環境に影響される意識のデータにすぎず、生命とは差し迫った死に対しては無意味なものになるとする。その結果現実とはその瞬間が決定的な行動をとる好機であるところの不安定な混乱であり、決定的な行動のみが人が行うことのうちで唯一価値のあるものだとする。しかしこのような見解に立てば、人は自らが決定的だと考えたことなら何でも実行すべきだということとなる。これが実存主義が革命と暴力を賛美するアナキスト（無政府主義者）の狂気と、芸術でしかとらえられない審美的感覚への耽溺の間をさまよい続けている理由である。人為的行為が自然現象一般に対して何ら例外を成すものではないとした唯物論とそれに基づく社会主義思想も、今日では影が薄くなっている。

11・15

日本における哲学の不在　現代の哲学者の多くは、理論形成の過程の精密化という科学的な考え方に捕らわれ、人間の生きる意義を見出すという本来の哲学の目的そのものの追究をやめてしまったように見える。近・現代の日本では、宗教の影響力が弱まり、激変する社会の中で人々が精神的な空白の中を彷徨っており、本来なら哲学がその隙間を埋める役割を果たすべき立場にあったのに、これまで西田幾多郎を唯一の例外として、独自の哲学体系を生み出すことができず、主として西欧の哲学者について研究する哲学学だけが幅を利かしているのが現状ではなかろうか。昨今本屋には多くの哲学書が並んでいることは、人々が哲学にそれなりの期待を持っていることをうかがわせる。そうした中で、『哲学は何を問うべきか』（竹市明弘・小浜善信編著）[注11]の「はじめ」で、竹市明弘氏は、日本における哲学の不在を嘆き、いま日本で最も活動的な哲学者たちに、「存在」、「知」、「人間」、「行為的現実」、の四つを主要問題としてあげ、それに対して「哲学はなにを問うべきか」と問いかけた。私はその答えの中に、日本における哲学の存在意義を見出す手がかりがあるかもしれないとの期待に胸を膨らませて通読した。通常問いが正しければ回答も正しくなるものだが、結果は過去の哲学者を引用した哲学学的な議論に終始し、哲学は何を問うべきかという簡潔で核心を突いた設問に対する明快な回答が見られなかったことに落胆した。これでは哲学は、急変する社会に戸惑う人々の救済にはならないのではないかと危惧される。

11・16

竹市氏の問いかけへの回答　上述の『哲学は何を問うべきか』に対する哲学者たちの回答を哲学学的と批判した以上、竹市氏が挙げ、私自身も最も重要な哲学的課題であると考える四つの主要問題についての自分の回答を示す責任があるだろう。

実際のところ本書全体が、これらの設問に対する回答そのものなのである。第一の「存在」とは、本書第三章で述べた人を含むすべての生き物は、自然により、生きること、すなわち存在することを定められているという事実を指す。第二の「知」とは、本書第四章で述べた、人間だけが死の必然を知ったことの重要性と、その帰結としての人類の苦悩を指す。第三の「人間」とは、死の必然を超越するため生み出した永遠志向という特異な人為的本能を持つ生物を指す。そして第四の「行為的現実」とは、死の必然という事実を受け入れることのできない人間が死への挑戦として創り出した文明と、多くの人々が死の克服をあきらめ現実から逃避する状態を指す。

11・17

仮眠する哲学　将来においても、人類の精神を支えるのは科学と宗教それに哲学の三本の柱であると考える私としては、哲学が一日も早く仮眠から覚めて、人間が直面している死のもたらす絶望からの救済や、スマホなどのＩＴの産物が人間の精神的独立を破壊する危険、生命科学が引き起こす不自然な寿命の延長、そして母なる地球を破壊している無軌道な経済発展、さらには人の尊厳を冒す人工知能の導入といった現象について、共通の問題意識を持つことで解決への道を提示してもらいたいと願って止まない。今日人類社会を揺るがしている問題の多くは、哲学の不在から生まれた可能性があり、今ほど哲学が必要とされる時代はない。そして自らが哲学者だと考える人々には、人類を混乱と破滅から救う努力をする責務があるのだ。本書で述べた永遠志向の思想もまた、そうした努力の一環なのである。

はっきり言って、永遠志向の思想を構築するにあたって私が既存の哲学から得たことは、当初期待していたほど多くなかった。私が目を通したどの哲学的理論も、本書が追究している死の現実に苦悩する人間の救済について私が納得できる答えを出していなかった。したがって私としては、これ以上読者を哲学的論議に巻き込むつもりはない。哲学の専門家でない私は、最近における哲学の動向をすべて把握しているわけではない。もしどこかで誰かが、人類を救う道筋を提示していたなら喜んで自説を訂正するが、そうでない限り既存の哲学は現代の最も重要な課題である人間の生きる意味の解明には、あまり役に立っていないと結論せざるを得ない。今日哲学は仮眠状態にあるのではなかろうか。このままでは人間の知的探求としては、無機質的で人間性を欠く科学に吸収されてしまうのではないかとすら思われる。

11・18

絶望の哲学　バートランド・ラッセルは、その著書『神秘主義と論理』の中で、現代哲学の底に流れる実存的絶望を次のように要約している。

「人間というものが、行き当たりばったりの起因の産物であること、彼の起源、彼の成長、彼の希望、彼の愛と信条は、原子の偶然の配列の結果に過ぎないこと、情熱も、ヒロイズムも、思想や感情の強烈さも、人の生命を墓より先には保つことができないこと、すべての時代のあらゆる努力、あらゆる献身、あらゆる霊感、あらゆる天才の昼光のような輝きは、太陽系の膨大な死の中で消滅すべく運命付けられていること、そして人間の業績の神殿全体が、崩壊した一つの宇宙のがれきの下に埋もれざるを得ないこと―これらの事すべては、まだ反論はあるにせよあまりにも確実に近く、それを否定する哲学はどれも成立することは望み得ない。(注12)」

我々はこの絶対的無意味さを否定する哲学は成立しえないという悲観的な結論を受け入れ、絶望に打ちひしがれるべきなのか。それとも先人たちが思いもかけなかった新たな真理が存在することを主張すべきなのか。読者は以下の章に、この設問への私の回答を見出すだろう。

第一二章　科学の興隆

12・1

科学とは　宗教も哲学も、人間が直面している死の宿命からの救いとしては限界があるとしたら、多くの現代人が最高の認識形態であり、すべての問題を解決する手段であると信じている科学は、死と生の相克を解決できるのだろうか。

現代はまさに科学の時代である。この時代をそれ以前の時代から区別するすべての要素、例えば文化、社会制度、思想、経済などは、みな科学と関連しているか、またはその強い影響のもとで形成されたものである。現代社会で科学が果たしている役割の大きいことについては、あまり異論は出ないであろう。しかし何をもって科学とするかとなると、意見が大きく分かれる。科学の解釈は大雑把に言って三つある。その一つは科学は手法であると考え、結論に達するまでの過程が実証的でありかつ合理的であることが、その結果として得られた知識そのものより重要であるとする考え方である。それに対して、科学とは科学的な方法で得られた知識そのものを指すとする第二の見解もある。また科学的知識の実用的な応用も科学に含める第三の見方もある。この科学の実用的な面は、「基礎科学」と区別するため、「応用科学」または「テクノロジー」と呼ぶが、両者の境界は必ずしも明確ではない。

12・2

ルネッサンスと科学　科学の定義は別として、科学という現象の本質が何であるかは、科学の発生の歴史を見れば明らかである。古典ギリシャや中国などで発生した理性を基礎とした哲学的世界観は、その後ヨーロッパにおいては、キリスト教の普及によって神の存在を証明する神学に取って代わられ、中国では孔子が提唱した儒教が、国教としての権威によって他の知的努力の発展を阻害した。そうした状況を大きく変えたのが、一五、一六世紀にイタリアで花と咲いたルネッサンス（文芸復興）と呼ばれる文芸と芸術の隆興である。ルネッサンスの発生の背景については、哲学についての章ですでに触れたが、それは人々が、無批判な信仰に代わって理性と知的努力によって諸問題を解決しようとする運動であった。この運動の衝撃が引き起こしたのが一五世紀以降、ルターなどによって提唱された宗教改革である。その結果それまで絶対であったローマ法王の権威が揺らぎ、人々の間で、それまで死後の存在を約束してきた来世についてすら疑いが生まれ、多くの人々が、死の現実の前に裸のままさらされることとなった。先の死のことなど考えない単純な精神の持ち主ならいざ知らず、自らの運命について真面目に考える人にとっては、信仰の崩壊が残した精神的空白は耐え難いものとなる。こうして人々は、宗教に代わる絶対的な価値を求めて精神的な巡礼に出る。それまでの中世における長い停滞を破って、突如としてイタリアを中心として芸術、文学、科学の各分野で天才が輩出したのも、信仰上の混乱が生み出した永遠への志向の挫折が原因なのである。

こうして生まれたのが、合理的な思考によって精神的な空白から人間を解放しようとするヒューマニズム（人本主義）であり、混沌とした世界における自己の存在を理解しようとする哲学と科学の復活である。それまでの神への無条件の信仰に代わり、人々は批判的な推理を通じて真実を求め、あるいは観測と客観的な分析によって知識を得ようとする。そうした中で、哲学が共通の基礎概念や課題を持たず理論的な統一に失敗したのに対し、科学は事実の観察や実験に基づく共通の方法を確立し、現代にいたる飛躍の道をたどり始める。

12・3

科学時代を開いた四つの学説　一般に科学の時代は、一五四三年にコペルニクスがその著書DE REVOLUTION IBUS ORBIUM COELESTUM（天球の回転について）で地動説を発表した時に始まったとされる。地球は太陽の周りをまわっている惑星であるという彼の説は、彼が発見したものではなく、ピタゴラス学派の地球公転説とプラトン学派の太陽中心説を受け継いだにすぎなかった。またその説は、観測も実験も経ておらず、科学的でもなかった。しかし結果的には、それまで二〇〇〇年にわたり続いていたアリストテレスの地球を中心とした宇宙観を崩壊させ、その上に立脚してきたキリスト教の教義そのものに真っ向から挑戦したのだ。地球が無数にある星の一つにすぎないとなると、神の地球上への出現そのものが象徴的な重要性を失い、広大な宇宙の中での些細な出来事になってしまう。ここに科学による宗教的な世界観への攻撃が始まり、科学時代への幕が切って落とされたのだ。

宗教的権威に対する今一つの打撃は、ガリレオの打ち出した慣性の法則である。彼は何らかの力の加わらない物体はその静止状態を保つし、もし動いているならそのまま一直線の運動を続けることを示した。それはそれまで教会が教えていた、因果関係はすべて神の摂理として理解すべきだという考え方を根底から否定したのである。ガリレオはその後、コペルニクスの地動説を擁護したことで教会や神学者を刺激し、宗教裁判により自説を否定することを余儀なくされたが、地動説と慣性の法則などが宗教的な理念に与えた打撃はあまりにも大きく、オーソドックスなスコラ神学は、その後不動の地位を回復することはなかった。

しかし科学が宗教に対する挑戦の域を超え時代を形成する指導的な理念となるのは、それからまた一世紀たってから、アイザック・ニュートンが万有引力、微分積分学、光学についての発見をもとに、天体と地球上のすべての出来事は、同じ原因結果、同じ物理的原則に支配されることを明らかにしてからである。その結果、自然現象を説明するのに神意を持ち出す必要はなくなり、それとともに自然界における神の役割も矮小化されたのである。さらに宗教的な世界観にとどめを刺したのは、ダーウィンが一八五九年に発表した生物進化論である。彼はその中で、すべての生物は、共通の原始的な生物から徐々に進化したと主張した。それはそれまでキリスト教をはじめ多くの宗教の教義の中核をなしていた神による生命創造の神話を、根底から覆すこととなった。

12・4

自然の法則への信仰　西欧社会における科学に対する信頼の高まりは、やがて生と死の問題を含めた宇宙のあらゆる神秘は科学によって解明できるという確信を生み、それとともに科学が提示した自然の法則は、究極的な真理として新たな信仰の対象となる。近代以前の科学と宗教には、現象的にとらえる限り、奇妙に類似する点がある。宗教では神は疑問や批判を超えた絶対的なものとして信仰されるが、一九世紀末までの科学においては、科学的手法と理性的認識によって見出すことのできる究極的な「自然の法則」があるという確固とした、しかしあまり科学的でない信念があった。例えば、破壊も分割もできない絶対的な単位としての原子の存在は、魂に代わる永遠と継続の象徴になりえたし、絶対に正確な数学上の方程式は神意の無謬性に代わるものを代表し、一六八七年に出版されたニュートンの『プリンキピア』は、科学を学ぶものにとって、知識の極限にありしたがって永遠に修正を要しない新たな聖典となったのである。そしてこの神聖なる自然の法則は、科学者という新たな僧侶階級によって、神学者が神の摂理を求めたのと同じ敬虔さで探求され、擁護された。この神学と科学という二つの思索は、その相反する目的と理念にもかかわらず、絶対的なものの追求という意味では、同じ認識活動だったのである。

12・5

科学的決定論の崩壊　しかし二十世紀以降の科学的発見は、このような決定論を打ち砕いてしまった。ジョセフ・J・トムソンは、陰極線は最も軽い原子の少なくとも一千倍は軽いことを発見した。これが電子の発見であり、それまで最終的な単位と考えられていた原子の中にさらに細かな物体があるとすれば、原子は永遠でないことになる。一九三五年には、クルトゴデルが、限りある数の段階では、立証することも否定することもできない設題のありうることを示し、数学の無謬性が否定された。さらには、ある出来事が次に起きることを決定するとした因果関係の法則という物理学の中心的概念も、プランクの量子論、アインシュタインの相対性理論といった一連の新しい発見によって、その信ぴょう性を失うこととなる。それまで絶対的真実とされてきた空間と時間のニュートン的解釈ですら、相対的で不確実な空間と時間の存在を証明したハイゼンベルグの「不確定の原理」によって否定される。

12・6

手法と化した科学　これらの新しい理論は、すべての現象は統計的な可能性でしかないことを暴露した。その結果科学は究極の原理を追求することをあきらめ、何がわかっているか、そして何がわかっていないかを描写するだけの過程と化す。科学は、人間を神の摂理という拘束衣から解放したが、新しい発見は科学そのものへの信仰すら打ち壊した。その結果人間は、舵も碇も失った船のように、行方もわからぬまま広大無限の宇宙をさまよう哀れな存在と化す。科学の中に永遠に存続する真理を見出そうとした科学者たちも、拠り所を失って途方に暮れる。その結果生まれたのが、永遠不滅の真理は今のところ発見できないとしても、科学には絶対的なものがあり、それが観察であり、正しい研究方法であり、厳格な分析であり、そしてこれらの過程から得られた結論の客観的な判断だ、という考え方である。科学は今や、事実を見出すための方法論になったのだ。

12・7

死についての答えを持たない科学　本来自然の法則や構造、そしてそれが生み出す事象を研究する学問である科学は、自然が定めた死という現象を超越しようとする人々にとって、何の回答も持ち合わせていない。宗教は、死は生命の断絶ではなく来世での存在への段階であると説く。それに対して科学は、死後のことについて何の情報も提供しない。それは死者との交信が不可能なことから、観察も立証もできないため、死後の世界（もしそういうものがあればだが）の科学的な説明ができないのだ。科学にとって重要なのは、自然の中におけるこの生と死の変化の過程を観察し、説明することであり、それ以上でもそれ以下でもない。科学的な判断は、すべての動物は一定の年月が過ぎれば死ぬこと、そしてその遺体は分解して他の物質に変化するということは、否定しようのない事実であると断定する。死に対する科学的な説明の冷酷さを示す最も良い例は、個体の生命を必要以上に長引かすことは、種の進化にとって有害だとする進化論である。この考え方では、世代の交代が頻繁なほど突然変異により種が進化する可能性が高いことから、個体の寿命は短いほうが良いこととなる。もちろんこのような説明は、死を前にした人々の絶望を和らげるには何の役にも立たない。それは死に逆らうことは無駄であるばかりか、有害でさえあるとするのだ。もし科学が信仰だとしたら、それは安らぎも救済もない、冷淡で殺伐とした信仰である。

第一三章　テクノロジーの暴走

13・1

テクノロジーとは　テクノロジーの語源は、ギリシャ語のtechne（技巧）とlogia（学問または知識）が組み合わされたもので、知識を人間の生活に活用することを意味している。今日、テクノロジーは科学の一分野であると認識されている。例えばウェブスターのThird International Dictionaryによれば、テクノロジーとは「知識の実際目的への応用についての科学」であるとされている。ベーコンやデカルトは、一七世紀にすでに科学によって自然を変える可能性について言及していた。しかし科学とテクノロジーの関連が一般的になったのは近代に入ってからで、それ以前の科学者は、科学的知識を実際上の有用性とは関係なしに追求したのである。また一八～一九世紀の産業革命を支えたテクノロジーの担い手は、科学者ではなく、ワットのような科学的訓練を受けていない職人たちだった。テクノロジーは、猿人たちが石ころや棒切れを道具として使ったことに始まり、人類によって、青銅器、鉄器、車輪、織機、水車、印刷機械、火薬が生み出され、今日の高度な文明の基礎をつくった。カール・マルクスはテクノロジーこそ人類の歴史の駆動力であり、その中でも生産手段は最も重要な要素だと主張したが、歴史を技術の変化によって説明したのは、彼だけではない。例えば考古学においては、石器時代、青銅器時代、鉄器時代といったように、歴史の段階を説明するのに、その時代を特徴付けるテクノロジーを用いることが当然のこととされている。

13・2

テクノロジーと資本主義　これは資本主義経済についての第一八章で述べることだが、テクノロジーが飛躍的に発達したのは、それが産業革命によって発生した資本主義経済と結びついたからである。それまで社会の基盤を成していた宗教が説く魂の来世での救済という信仰が揺らぎ、人々は、死後の存在に絶望し、神意に代わる自然の法則を絶対とする科学が生まれた。しかし科学の、死は自然であるとする冷たい合理主義は人々の精神的な空白を埋めることができず、近代人を絶望から救えなかった。このような状況において、従来軽薄で堕落したものと考えられていた物質主義――もっと正確に言えば、富、快楽、贅沢といった肉体的に知覚し得るものが唯一最大の価値であるとする立場――が、広く受け入れられたのは当然のことである。この物質主義は、人々の目を死の現実からそらすうえで役立っただけでなく、産業革命の引き金になり、資本主義を生み出した。そこでは死からの逃避を求める人々のあがきに付け込んで、生産者によって需要が人為的につくられる。そのために消費の必要について日夜を問わない宣伝が行われ、消費を最高の善とするイデオロギーが、あらゆるメディアを動員して人々の意識に植え付けられる。そしてテクノロジーが次々と新たな商品を作り出し、それを必要としない人たちにまで売りつける。

13・3

テクノロジー信仰　今日の資本主義の発展を支えたのが科学の知識を応用したテクノロジーであることは間違いない。それは資本主義経済の拡大と歩調を合わせて進展し、資本主義もテクノロジーが進歩した地域で発達した。この資本主義経済とテクノロジーの組み合わせは、生産活動を飛躍的に増大し、人々の生活を豊かにし、その利便性を高め、一〇〇年前には考えもつかなかった大きな社会的、経済的発展をもたらした。それとともに人々の間でテクノロジーが、自然のコントロールをはじめあらゆる問題を解決してくれるという迷信を生み出した。自然に従属していた人間が、テクノロジーによって自然よりも優位に立ったと考えはじめたのだ。それまでは奇跡は神の専売特許であったが、科学に支えられたテクノロジーは、神の奇跡も及ばない規模と頻度で奇跡を生み出した。科学とテクノロジーによって創り出された核爆弾は、ゴモラの街を破壊した神の威力を子どもだましにしてしまう。無病息災と長寿は、神が与えうる最大の恩恵であったが、今や生命科学に裏打ちされたテクノロジーによって、病気は治療され、撲滅され、人々が老衰が最後の活力を奪い去るまで生き永らえることを可能にした。現代人が神に代わって科学とテクノロジーを信仰し、それが万能であると考えるのも理解できないことではない。

13・4 倫理の欠如

しかしテクノロジーは、単に科学を含むいろいろな知識を実用的な技術として利用しているだけのもので、強い倫理観と厳格な規律のもとに生まれた科学とは必ずしも同じものではない。もしテクノロジーが信仰なら、それは道徳とも真理の追究とも関係のない、英知に欠けた俗物的な信仰である。それは、金になりさえすれば、危険な技術を提供することに迷いを感じない。その結果原子力発電所を建設することで人々を危険に曝し、大量のエネルギーを消費する機械を生み出すことで大気の汚染と温暖化を招き、農産物の改良と増産によって土壌を細らせ、DNAの組み替えによって何が起きるか予想もつかない生物環境の変化をもたらした。それだけでなく、例えば気候の変動のような行き過ぎた経済活動が生み出す負の現象が起きても、テクノロジーが問題を解決してくれるだろうといった誤った楽観的な見方を生み、人々は問題の解決を呼びかける科学者を中心とした識者の言葉に耳を傾けようとしなくなる。残念なことに、今日においては科学までもが資本主義の影響を受けて、真実の追究という科学本来の使命を忘れテクノロジー化し、科学的知識の実用的な応用とその商業化に血道をあげるようになってきている。

13・5　テクノロジーによる死への関与

そうした中でも、テクノロジーの介入が最も憂慮される問題が二つある。その一つが生命科学の知識を使っての人間の寿命の延長である。最近の先進医学の発達は目覚ましいものがある。他人の内臓や身体の一部を移植したり、人工心臓のように作られた臓器を使ったりする移植手術はもはや日常茶飯事になっている。さらにｉＰＳ細胞の発見によって、古くなった自分の臓器を、自分のｉＰＳ細胞から培養しておいたクローン臓器と置き換えることも、将来的には可能だとされている。そしてブレイン・マシン・インターフェースと呼ばれる、義手を脳とをつないで考えるだけで動かしたり、脳にチップを埋め込んで思考能力を活性化する技術も研究されている。こうした技術は医薬品の改良と相まって人の寿命を考えられないほど長くすることになるかもしれない。今までは一二〇歳が人の寿命の限界とされてきたが、近い将来においては、それが二〇〇歳以上に延びるのではないかといわれている。もし長寿が、最後まで人々が健康で活動的な生活を送れるという意味ならば、それなりに意義があるのかもしれないが、恐ろしいのはこのような予測は、人々の間で科学的知識の適用が、病気の原因を突き止め治療するだけでなく、寿命を限りなく延ばし、さらには死そのものを克服してくれるのではないかという妄想を生むことである。自分の細胞から自分を再生するクローン人間の可能性すら現実のものとなろうとしていることから、これはもはや夢物語ではない。その望みがわずかなものであったとしても、一旦死を逃れる可能性があると思えば、すべての人々の注目はそこに集まる。それは溺れる者が藁をもつかむのと同じ心理である。こうして人々は、肉体の永続を科学に、そしてテクノロジーに求めるようになる。

13・6

先進医学の問題点　もちろん医学が健康の維持や病の治療だけでなく寿命の大幅な延長の実現を可能とすることは、基本的には歓迎すべき事柄である。ただ未来における人間の死に対する勝利は、単なる予測であって、否定も肯定もできない空想の世界である。医学が仮に二〇〇歳の平均寿命を実現することができたとして、そのことが人類の生存にとってどのような意味があるかも、明らかでない。問題は人々が一旦技術的にそのようなことが可能だと信じれば、彼らは他のすべての有意義な活動をやめ、寿命を延ばす医療に全財産をつぎ込むことになろう。それは本来将来の世代に残しておくべき資産を食いつぶすことになり、これまでの人類の飛躍的発展は停滞せざるを得なくなる。そうした問題の前兆は、今日でもすでに起きている。それが不必要に手厚い高齢者福祉と過剰な医療のために、若い世代の負担が増加していることである。例えば二〇一五年に肺がん治療剤として国民医療保険で認められたニボルマブは、一年間投与すると総額が三五〇〇万円かかることとなり、患者数が六万人として健康保険の負担分だけで一兆円を超すこととなる。そして少子高齢化が進む中でこのような高額な医療費が正当化できるのかどうかという大きな疑問を引き起こす。

13・7

フランケン化　経済的な配慮以上に大きな問題として、iPS細胞から培養した臓器や他人の臓器を移植したり、人造の器官や器具などを多用する、いわゆるフランケン化をどこまで認めるかがある。そうした傾向はすでに始まっており、多くの肉体部分が移植され、機械に取って代わられ、あるいは機械によってその機能が補強されている。イギリスの小説家メアリー・シェリーは、科学者フランケンシュタインが理想の人間をつくり出すため、人間の死体を手に入れつなぎ合わすことで超人的な生命力を持つ怪物をつくり出すという物語を書いた。その人造人間は、もはや自然がつくり出した生き物ではなく、人間が人為的につくり出した怪物であった。そして今日、テクノロジーは同じような怪物をつくり出そうとしているのだ。それは単に宗教的、倫理的な問題ではなく、自然淘汰と突然異変による生物の進化に介入することであり、それが現実化すれば、人類だけでなく、生物全体

13・8

の在り方を根本から変えてしまうこととなる。

　重要なのは、テクノロジーが生み出す経済的、倫理的な問題を判断するのが生命科学や医学あるいは哲学なのか、それとも科学の知識を利用するだけのテクノロジーなのかということである。もしそれが、普遍の法則を見出そうとする純粋な努力として始まり、厳格な観察と客観的な分析を守る科学や、理性によって真実を探求する哲学なら、その純粋さと英知を信じて少しは気も休まるが、もしテクノロジーなら、儲かるとなるならば、倫理や人間性、さらには安全性も無視して、知識の実用化に走る危険が現実のものとなるだろう。

事故死　我々がどこまで未来の医学に信頼を置くかは別として、重要なのは、老化現象の解決は問題の最終的な解消にはならないことである。なぜならそこには依然として事故による死の可能性が残っているからである。死とは時間以外に運という要素も含んでいる。仮に人間の平均寿命がいつの日にか二〇〇歳に達し、すべての人が、最後まで身体的、知的な絶頂にとどまることが可能になったとしよう。このように老化から解放された人口に、その起こり方が全く偶発的かつ行き当たりばったりの事故死というものを当てはめてみよう。すべての死因が事故であり、その可能性が年齢と無関係だとしたら、五〇歳の人が五一歳になるまで生きる可能性は、子どもが一〇歳から一一歳になる場合とあまり変わりないはずである。ところが意外にも、この場合の人口構成は老人が八〇歳で死んでゆく社会とあまり変わらない緩慢な指数曲線を描くのである。人口構成が一定の場合、年齢が高くなれば、その年齢の人口はその前の年齢の人口より少なくなるのである。

この事実は、P・B・メダワーによりその著作『個人の独自性』の中で描写されている。その理論を立証するため、彼は無機物であり、したがって潜在的には不滅であるガラスの試験管を使った。彼は試験管一〇〇〇本を備えた化学実験室を想定し、そのうち毎月一〇パーセントが事故により壊れたと仮定し新たな試験管を補充した。彼の結論は、「試験管は古くなるにつれてその数は少なくなる。それは古い試験管がもろくなるからではなく、単に古い試験管ほど壊れる可能性に曝される機会が多くなるからである。だから潜在的に不老不死の人口が、おいぼれによって数の上で圧倒されると考えてはいけない。若い動物は老いた動物より数が多く、老いた動物もさらに年を取った動物より多いのだ」。(注13)

13・9 超寿命の弊害

この結論が示しているのは、不自然で不必要な寿命の延長は人類にとって何の益もなく、かえって害悪をもたらしかねないことである。死は人間にとってコントロールできない現象である。そのあまりにも圧倒的な力の前では、我々はそれを威厳をもって平穏に受け入れるか、それとも死にゆく自己に代わる代替的自己を見出す以外に打つ手はないのだ。そのため人類は、個の生命に代わるものとして宗教、芸術、哲学、科学、愛、理想、名誉、正義といった、我々が人間的な価値として最も尊重するものをつくってきたのである。しかしもし人類が寿命を大幅に延ばすことができるとすれば、死を超越するための崇高で美しいものを創り出す努力は、自己の肉体的生命を維持しようとする浅薄で無《ぶ》様《ざま》なあがきに取って代わられる可能性が高い。潜在的に不滅であることを知ったその瞬間から、人間の死に対する恐怖はさらに増し、事故死や新しい伝染病に対する脅迫観念になって彼らを苦しめる。彼は未知に挑戦してその生命を危険に曝すようなことは止め、安寧の中に埋没するだろう。彼の心理状態は、暗殺者に絶えず付きまとわれた者のそれである。そして細心の注意を払ったにもかかわらず死に直面したときは、憐れむべきパニックに陥るだろう。これまで人間が何とか死の恐怖に耐えているのは、それがすべての人を平等に襲うことを知っているからである。死に行く者の慰めは、多くの人が彼より先に死んでおり、また他のすべての者が後で死ぬという事実である。もし自分が死んでも、他の人々は長く生き続ける可能性があるという状況を想像してみるが良い。死にゆくことは寂しいことである。しかし他の者は生き続け、貴方だけが死んでゆかねばならないとしたら、それは耐えがたいことであろう。

13・10

生に取りつかれる　こうして超寿命を得た人間にとっては、事故死や未知の疾病はその脳裏を四六時中去ることのない恐怖となるだろう。それは生を享受するのではなく、生に取りつかれることである。愛から始まり自己犠牲に至る人間の高貴な行動は、自分の命を守ろうとする浅はかな努力に取って代わられる。こうして人間は、生き残ることしか考えないシニカルな爬虫類に成り下がる。いや彼はそれ以下だろう。なぜなら彼は哀れなほど臆病な爬虫類となるからだ。それは文明を崩壊させるだけでなく、人間の生物としての更なる進化を阻害する。忘れてはならないのは、現代人は人類の進化の最終段階ではないことである。我々の子孫は、もっと賢く、もっと強健で、もっと美しくならねばならない。そのために、未完成品である我々は、後の世代に進化の可能性を与えるため、自らの役割を果たしたあとは、喜んで死を受け入れねばならない。

つまるところテクノロジーは、病を治し、健康を保持することはできても、生あるものすべての宿命である死の問題は解決できないし、またしようとしてはならないのである。

13・11

ITの危険性　テクノロジーが引き起こす可能性のある今一つの大きな問題は、情報技術（IT）の無軌道な導入である。それは右で述べたような寿命の大幅な延長といった未来の問題ではなく、今すぐそこにある危機である。特に近年急速に普及しつつあるスマートフォンは、携帯電話と違って、通話機能に加えインターネット機能、音楽や映像の再生、情報の管理、ゲームその他考え得るあらゆる機能が盛り込まれている。その結果若者を中心に、多数の人々がスマホ利用者になっている。そして一日の大半をスマホの使用に費やし、人として、あるいは社会の一員として本来やらねばならないことに関心を持たなくなる。これが今日拡大しつつあるスマホ依存症であり、それを放置すれば社会の停滞にもつながりかねない。また睡眠時間が削られ、運動量が減少することからくる健康問題も深刻である。

13・12

スマホする葦　しかしスマホの本当の弊害は、それが死すべき運命という厳粛な事実を忘れる逃避の手段となっていることである。今や多くの人が、自発的にIT依存症になろうとしている。スマホも、人間の思考を助ける手段として賢く使えば人類の発展に役立つ可能性があるが、誤って使えばその弊害は恐るべきものとなるだろう。残念ながら今日、多くの人は、自分で考え判断する代わりに、スマホやパソコンの提供する情報を丸飲みにしてしまう。そしてソーシャルメディアで自分と同じ意見に「いいね」を押し、少数派の意見は無視することで、異なった意見の交換に基づく判断の機会を放棄する。その結果少数者の意見に不寛容な世論が構成され、無知からくる感情的な扇動や、無責任な意見がはびこる。パスカルは「人間は考える葦である」といったが、今や人間は「スマホする葦」に成り下がろうとしている。そしてスマホに操られた人々は人間としての尊厳も理性も失い、現実の問題に真摯に対応するのを止め、スマホの架空の世界に耽溺する。もしこのような状態が続けば、理想、正義、名誉、そして献身といった人間の最も崇高な行為は忘れられ、人類の精神文明は退化する。

13・13　ＩＴは精神の独立を破壊する

いやそれだけではない。すべての知識をインターネットやスマホから安易に得ることによって、人は自ら思考するのを止め、熟慮するという習慣を失う可能性もあるのだ。私は電車に乗って前に座った人たちが一斉にスマホに熱中するのを見ると、蟻が情報を交換するために触覚をこすりあっている姿を思い出す。スマホやＳＮＳを使用する人々は、多くの場合蟻と同じで、群れ全体の知識を共有しているだけで、個人として考え、異なった見解を持つ人の考えも酌量して自分の意見を構成しようとしているのではない。それは人間が個としての独立を失い、蟻や蜂のように全体の一部になることであり、個を絶対とする民主主義すら根本から揺らぐ可能性がある。我々はこのテクノロジーの産物が、人の精神の独立を破壊するのを黙認すべきではない。それは人類の自殺行為である。さらに一部の技術者が試みているように、ＡＩ（Artificial Intelligence 人工知能）技術を使って、人間と同じように考え、推理するスーパーコンピュータが実現すれば、スマホなどのＩＴ機器はその影響下に置かれ、やがては人類全体が情報技術を操る独裁者に支配され、さらにはコンピュータそのものに支配されるというＳＦ（科学小説）的な状態が生じる可能性すら否定することはできないのである。

13・14

科学者と哲学者の責任　生命科学とＩＴは、その運用を誤れば、核兵器に劣らぬ人類への脅威を生み出しかねない。我々は、テクノロジーが今や人類の尊厳と存続を脅かす危険を生み出している事実を認識すべきである。我々が直面しているのは、テクノロジーと人間の理性との対立である。今こそ我々は、医学と情報技術の更なる発展を想定して、識者を集めて大局的、長期的な観点から技術の社会への影響について研究を実施し、テクノロジーの更なる活用の可能性を探るとともに、どのようにしてテクノロジーによる人間性と英知の破壊を食い止めるかを早急に検討しなければならない。特にテクノロジーに知識の糧を供給している科学者と、人間の生き方についての考察を使命とした哲学者の責任は重大であり、問題解決に向け中心的な役割を果たす義務がある。新たな技術の開発には、それが生み出す結果についての責任が伴う。科学者は、科学は知識であって、それをどう使うかはテクノロジーの問題であるというかもしれない。しかし人類絶滅の可能性を持つ核兵器の開発の場合がそうであったように、その知識が悪用されれば、科学者も当然に責任を負うべきなのだ。

第一四章　民族国家と平和の維持

14・1

民族国家の生成　近代は理性的な認識活動である科学を育てたが、同時に科学の合理性と相いれない情緒的な民族国家の理念もはぐくんだ。民族国家（nation）の概念が一般化するのは一九世紀以降である。西欧では、宗教改革以来のキリスト教の混乱で死の現実に直面した人々が、宗教が提示してきた来世に代わる死後も残る代替的自己を求めていた。この必要に答えて生まれたものの一つのが、民族国家である。民族国家とは、同一の歴史と文化を共有する同一の民族からなる（あるいはそう主張する）国家のことである。それまでも人々は死後も存続する代替的自己として、家族や部族、王国などの政治単位や教会や職業組合などの組織を選んでいた。しかし近代に入ると、民族国家が人々の代替的自己として最も重要なものとして急浮上した。中でも特に、一つの民族により構成される（あるいはそう主張する）国家は個々の国民を包含した全体とされ、一個の細胞が死滅しても存続する有機体としての全体のように、個人を包含し個人を超越したものとして、人々の絶対的な忠誠を集めることとなる。人類が二度の世界大戦を経て実際に体験してきたように、民族国家への人々の忠誠心は、中世における信仰への絶対的な献身を凌駕するほど強烈になる。

14・2 国家の原型

古代ギリシャにおいては、人々はその属する都市国家や、共通するギリシャ文化に対しては強い忠誠心を見せたものの、それは決して近代民族国家におけるような全体への隷属ではなかった。彼らの国家観は、アリストテレスが言っているように、都市は村の連合でありそして村は家族の連合であるにすぎず、したがってそれは人に奉仕するものであって、その逆ではなかったのだ。歴史上重要な統治組織には、王朝を中心とした王国やその複合体である帝国がある。王国や帝国は、強大な支配者が多民族を征服し、屈服させることで形成されることが多く、その臣民との結合関係は支配と服従という一方的なものであり、一般大衆の間では王国あるいは帝国と自らを同一化する動きは一般的にならなかった。例えば多くの場合、王国の臣民の忠誠心は国に対してではなく王個人に対するものだった。ゲーテがその自伝の中でいっているように「我々は皆フレデリック（大王）のことこそ思え、プロシャのことなど構うものか」というのが、当時の人々の普通の反応であった。(注14) 日本においても、人々の忠誠心は国ではなく、天皇個人に向けられていたことは「大君の辺にこそ死なめかえりみはせじ」という、軍歌「海ゆかば」の歌詞に使われた大友家持の歌からも明らかである。(注15) これはスペインやフランスのように、後の民族国家と同じ国境線を持った王国でも同じであった。

14・3

民族国家の台頭　では、それまで国王とか皇帝に対する忠誠をことしていた人々が、なぜ急に民族国家に能動的に忠誠を誓うことになったのだろうか。それは民族国家が人々が求める死後も存続する代替的自己として必要な要素を、最も多く持っていたからである。それは部族のように弱小な組織体ではなく、王国のように一般庶民から縁遠いものでもなく、すべての国民自らがその一部を成す永続的な組織体だと考えられた。この国家思想の出発点となったのが、ドイツ観念論哲学を代表するヘーゲルによって唱えられ、その後多くの思想家によって支持された国家有機体論である。それは国家を擬人化し、あたかも肉体と精神を兼ね備えた生物としてとらえ、同一の民族と、同一の文化によって構成された疑似生命体としての国家が、個々の構成員である個人が死んでも存続すると主張した。ちょうど生物が、個々の細胞が死んでも全体としては生き続けるように、国家も個々の国民の死を超越するとしたのだ。

国家有機体論が注目を集めるようになったきっかけは、フランス革命とそれに続くナポレオン・ボナパルトによるヨーロッパの征服である。一七八九年のフランス革命は、ブルボン王朝の絶対的な権力や貴族の特権を崩壊させただけでなく、王権を支えてきた教会の権威も打ち壊し、世俗的な分野における宗教の影響を消し去った。こうして宗教のくびきから解放された人々は、それまで考えも及ばなかった精神的な自由を獲得したが、同時に神による来世での存続という精神的な支えも揺らぐこととなる。その結果大衆の心の奥底に死の現実が重くのしかかる。フランス革命後の恐怖政治やナポレオン戦争において、人々を残忍で凶暴な行為へと駆り立てたのは、この鬱積した死への恐怖であったのだ。そしてこの大衆の気持ちを察知して、公教育などによって民族国家の意識を形成したのがナポレオンである。それは国民の自発的な参加を特徴とする、民族の名による集権的支配である。死の現実の前に無力感に悩んでいた人々は、民族の偉大さと栄光の一部になり、永遠を達成できるという満足感に陶酔する。こうして国のためなら死も恐れなくなったフランス国民兵の前では、旧来の傭兵や貴族からなる職業的な軍隊はひとたまりもなく敗退する。その結果ナポレオンに対抗するためには、他のヨーロッパ諸国も民族国家に変身し、国民の団結を高める以外に生き残る道はなかったのである。

14・4

永遠志向が生み出した民族国家　民族国家の代替的自己としての有効さは、驚嘆すべきものがある。民族主義は人々の間に国家がすべての国民を包括した集合的な家族であるという神話を生み出した。民族国家は個々の国民の特性の根源であり、また伝統、文化、道徳を体現したものとされ、すべての国民を代表すると主張する。この集団意識に加えて、他民族との違いの強調とそこからくる国民間の仲間意識、そして国家の業績や栄光に対する誇り、それらが一層国民の国家に対する愛着と忠誠を強めることとなる。そして国家の存続が国民の生命以上に重要になってくる。個人は歴史の一瞬間を構成するにすぎないが、国家は永遠に存続する（と国家主義者は主張する）。個は全体に比べて取るに足らない価値しかなく、国家を通じて初めて歴史的な連続に参与できると考えられたのだ。民族国家をつくりだしたのは、人々の永遠志向なのである。

14・5

つくられた民族　しかし民族の文化的、民族的な同一性は、歴史的に見れば多くの場合国民の自由な意思で形成されたものでなく、多数派グループによる強制、征服、そして併合と同化の結果生まれたものである。民族国家のかなめである文化の独自性もまた、国民を結束させるため他国との違いを強調したもので、しばしば排他的な傾向と結びつく。いわゆる民族の人種的同一性に至っては、グローバル化が進行している今日においては純粋な人種などはもはや存在しないし、人種と民族とは必ずしも同一でないという事実を無視した作り話である。現代の国家は、経済的、社会的、宗教的、文化的な役割も担っている。しかし国民が民族国家に対して忠誠を誓うのは、そうした国家の機能が理由ではなく、主として国家が代替的自己として、自らの短い生命を超えて存続すると信じているからである。

14・6

同化政策の罪悪　一九世紀に入って新たに台頭した民族国家は、それが同一の民族と文化によって構成されるという偏狭なイデオロギーを強調した結果、同じ国境内に住む少数民族などの少数者に対する差別や嫌がらせを生み、少数派の人々の文化を無視して多数派の文化を押し付ける同化政策という最悪の結果を生み出した。第二次大戦以前における日本による台湾や朝鮮半島の統治もその一例である。そこでは日本語の使用と姓名の日本化が義務化され、神社への参拝が強要され、日本の国籍が押し付けられた。幸い朝鮮民族も台湾の多数派である中国民族も確固とした伝統文化と強固な共同体を持っていたため、日本による統治が終わると、直ちに文化的独自性の回復を遂げた。一方アイヌ民族やアメリカにおける一部原住民部族のように力の弱い集団の場合は、同化政策によって民族の文化自体が崩壊し、民族としてはいまだに回復できないままである。今日でも中国におけるチベット人やウイグル族、中東におけるクルド人など、同化政策によって苦しめられている民族が数多く存在しているが、これは民族国家という思想の残した負の遺産の一つである。性格は多少違うが、人種や肌の色の違いを理由にいじめや嫌がらせを行う人種差別、方言などの地方文化に対する侮蔑、主流派のそれと異なる若者文化に対する差別などもまた、民族国家において顕著となる。それはイデオロギーとしての民族国家の排他性と偏狭さから生じるものである。

14・7

民族国家時代　ヨーロッパで起きた民族主義の波は、やがて大きなうねりとなって全世界に波及し、二十世紀に入ってその絶頂期を迎える。今日独立国の数は二〇〇を超え、その多くが民族国家を自認している。例えばロシアのような多民族国家でも、民族単位の共和国を設けることにより、民族主義の原則を保持する姿勢を示している。また今一つの多民族国家であるアメリカも、民主主義を柱としたアメリカ的な価値（American Way of Life）という文化を強調することで国としての統一を保っている。このような民族国家の興隆は、一つには民族国家が人々の代替的自己として極めて有効なこともあるが、同時に民族国家に対抗するためには、民族主義の原則に則って国家体制を強化するしかないこともある。歴史を通じてすべての政治的集団は、帝国であれ、王国であれ、都市国家であれ、覇権をめぐって絶えず相争ってきた。これらの古い政治制度が民族国家と対峙した時、自国内に民族主義を育成し、国民の忠誠を取り付けることが生き残る唯一の道だったのである。それまでの職業軍人だけによる軍隊では、民族意識に燃え、国のために命を捨てる覚悟をした国民軍には到底抵抗しえないのだ。こうして民族意識のもとに団結した国は生き残り、そうした国民意識を打ち建てるのに失敗した国は、併合され、吸収された。民族国家は、国際的な覇権争いに生き残るために普及したのである。

14・8

民族国家の侵略性　第九章「人はなぜ人を殺すのか」で触れたように、国家、特に民族国家は、平和を維持するのに向かない制度である。二十世紀に起きた二つの世界大戦の惨禍は、民族国家の理念に疑問を投げかけることとなる。民族主義は、本質的にいくつかの好ましくない特質をかかえている。それはしばしば全体主義、国粋主義、排他主義を生み出し、他の民族を抑圧し吸収する帝国主義的拡張の原動力となった。民族主義は、民族国家が確立されるまでは支配権力に対する民衆の抵抗という民主主義的な性格を持つが、一旦民族国家が確立されると全体の利益が個人の権利より優先され、国民は自由を制約されることとなる。それ以上に問題なのは、人間の本能である優位志向の影響もあって、各国は自国の優越性を誇示し覇権を得ようとする結果、侵略的な性格を帯びることである。欧米諸国による植民地支配はその結果であり、後発的な民族国家であった日本における軍国主義、ドイツにおけるナチズム（国家社会主義）、イタリアにおけるファシズム等も、民族主義の侵略性が生んだのだ。第九章で見たように、必然の死に絶望した人間は、死への憎しみを他の人に転位して殺し合う。そして今や全個人を包含した有機体となった民族国家がお互いを憎み合い、殺し合う。それが一億人以上ともいわれる人々が殺された前世紀における二つの世界大戦の真の原因である。

14・9

無政府的な国際秩序　国益という名の集団的エゴにより行動する民族国家は、潜在的に国際秩序の破壊者となる可能性を持っている。当初は民族国家の形成と民族自決は、国際平和の必須条件であると考えられていた。しかし今日では、民族国家からなる国際社会は、国家が不可侵とする主権を主張する結果、無秩序の世界であることが明確になってきた。国内では、民主主義がもたらす混乱は国の法律と行政・司法制度によって是正されるが、民族国家からなる国際社会の場合は、国際連合が大国の拒否権によって機能しないこともあり、上位権力が存在しないことから国際関係において無秩序がまかり通る。それどころか民族自決の美名のもとに、国民は外からの干渉に反抗することが奨励される。このため民族国家からなる国際社会は、根本的には無政府的であり、そのため紛争が起きた場合、武力が唯一頼るべき手段となる。戦争が国際社会に付き物であるのは、歴史を通じていつも同じであった。しかし民族国家が生まれる前の戦争は、ごくまれな例を除いてあまり破壊的ではなかった。それは大抵の場合儀式化され、一種のゲームであり、力を誇示するためのデモンストレーションであった。これに対し民族国家間の闘争は、二つの世界大戦に見られるように、妥協を許さぬ闘争となり、それまでは考えられなかったような多数の死傷者を生んだ。今日国際社会が何とか平和を保っているのは、力の均衡のおかげであり、特に核兵器による共倒れの恐怖が、権力者に戦争をすれば得られる利益より犠牲の方が大きいことを思い知らせているからにすぎない。

14・10 個人性の抑圧

しかし民族国家の矛盾は、もっと根深いものがある。実際のところ、民族国家という理念そのものが、個人の代替的自己として不適当なばかりか、個としての人間という概念そのものと相いれないのではないかという疑問がある。ヘーゲルが主張したイデオロギーとしての民族国家はそれ自体が意志を持つもので、個人はその道具にすぎず、したがって国のためなら個人は犠牲になってもやむを得ないとする。それは人々が国に尽くすのは、国家が自分の代替となると考えるからであるという事実を無視している。もし個人の絶対性が無視されるなら、国家に対する人々の愛着と信頼は根底から裏切られたことになる。かつて多くの民主主義者たちは、民族国家と個人の絶対性が両立すると信じ愛国的な立場をとった。しかし今日では、民主主義の擁護者は、国家とか民族といった概念を疑惑と不信の念で見る。それは近代史が、国家の名のもとに個人の尊厳や意志、さらには生命まで犠牲にした事例に満ちているからである。民主主義体制が確立した国においてすら、国家は個人の意思を多数決という暴力で踏みにじり、国民的な合意という美名のもとに国の意向を押し付ける。そして国際法を無視し、国民を抑圧しながら、国際的な批判に対しては内政干渉であるとして反発する。民族主義は、その本質において個人の価値を絶対とする民主主義と相いれない要素を抱えているのだ。

第一五章　民族主義の健全化

15・1

個人は国家に優先する　民族国家を通じて自己の永続を達成できると信じてきた人々にとっては、右で触れたような民族国家の暗黒面を指摘されることは耐えがたいであろう。しかし忘れてはならないのは、人間の生存への意志と、それが生む永遠への志向はあくまで個人の生命保持を目標としたものであり、国家や民族の保持を目的としたものではないことである。民族は歴史と文化を共有する個人によって自発的に構成される集団である。この事実を歪め、民族間の対立と憎しみを生み出したのは、国家有機体説のように、国家を個人の上位におく考え方であり、他国民をさながら宇宙人のごとく自分たちとは異次元の存在であると見做す差別意識である。大国が核兵器を始めとする大量破壊兵器を所有し、しかも国連などの平和維持組織が機能していない今日、このような全体主義的でエスノセントリック（自国中心主義的）な民族国家の存在は、人類の破滅にも繋がりかねないのだ。

15・2

民族主義の求心力　そうは言っても、自分が所属する民族に対する愛着と誇りは、誰にも否定できるものではない。人間は群れをつくることで自然界の生存競争を生き抜いてきたものであり、自らの属する群れに対する愛着や忠誠心を持つことは当然のことである。そして自国が称賛され、自国の選手がオリンピックで好成績を上げ、あるいはノーベル賞の受賞者になり、民族として人類の発達への貢献が認められた時、誇りと喜びを感じない者などいるはずもない。また祖国が武力で攻撃されれば、人々は命を懸けて侵略者に立ち向かう。民族は同胞であり、仲間であり、家族なのだ。第二四章で提示する歴史文化国家も、その本質は歴史と文化を共有する人々の共同意識から生まれるものであり、民族主義と同根である。同族意識で結束した民族国家は、最も効率的な代替的自己になり得るのだ。

15・3

家族と地域社会のきずな　二つの世界大戦を始めとして、過去において無数の犠牲者を出した民族主義の弊害を避けるためにまず第一に必要なのは、民族国家だけを唯一無二の代替的自己とするのではなく、家族や地域社会などへの自らの関与を強めることである。自分自身の永遠の達成にとって最も重要なのは、愛情と共通の理解によって結ばれた家族であり、それに次いで、自らの生まれ故郷と生活の根拠である地域への愛着であり、文化である。しかし近代に入り、国家間の対立が激化すると、自国を防衛する必要もあって、ほとんどの国が中央集権国家となり、独裁化し、地方における自治組織は、国民の統合を妨げるとして抑圧され、家族すら中央による支配体制の一部に組み込まれてしまう。こうして民族国家の画一性、没個人性、非人間性が進む。そして誰でもが自然に持っていた地域への愛着や共同体意識は、民族意識に吸収される。民族主義を健全化するには、何よりも我々自身が家族と地域のきずなを取り戻し、国家の捨て駒にはならない決意を持たねばならない。

15・4

民族国家の暴走を防ぐ地方自治　民族国家の暴走を抑える上で家族に劣らず重要なのは、住民の地域への愛着と共同体意識を基礎とした地方自治の強化である。地方自治とは、住民が自ら地域を治める制度であり、国家による強権的な支配を防ぐことで民主主義の原点ともなっている。地方自治の本旨では、地方は個人と同じく基本的権利を有するものと考えられ、国家の枠内での固有の統治機能を持つものである。しかし我が国においては今日においても、明治以来中央政府が推し進めてきた中央集権の残存が残り、基地問題をめぐる国と沖縄県の対立のように、国の意向によって地方の意見が抑圧される事案が多発している。民族国家の弊害を正し、健全な民族意識に基づく国家を育てるには、地方自治の強化と地域住民の連帯意識、そして独自の地方文化への誇りの復活が不可欠なのである。地方自治は、国家の暴走を防ぐ防波堤なのだ。

15・5

民族を超えた人類愛　一九世紀以降の戦争は、多くの場合民族国家間の争いか、あるいは民族主義の名において遂行されてきたものである。今日世界を揺るがしているテロも、ISなどはイスラム教擁護を謳っているが、基本的にはアラブやトルコ系民族による他民族への反発がその根底にある。世界が危惧する中でしゃにむに進められる北朝鮮による核開発も、歪んだ民族主義の結果であり、国際法を無視した中国による強引な海洋進出も、「中華の夢」という民族主義的な思想がその根源となっている。今後世界の平和を守るためには、こうした民族主義の侵略性を是正しなければならない。

忘れてはならないのは地球上には多くの異なった民族が存在するが、それらは皆、同じ人類の一部分なのであり、他民族もまた同胞であることだ。したがって民族愛や愛国心は、他民族を対立軸に置くのではなく、あくまでも同じ人間同士として理解し、協力し合うべきものである。それは普遍的宗教の根幹をなす人類愛の確認であり、同じ死の宿命に苦悩する同胞への共感であり、多様性の中に同一性を見出す努力である。人の永遠への望みは人類が永続することで初めて実現の可能性を持つものであり、すべての人にとって自己に代わり残すべき最高かつ最終的な代替的自己は、人類の一部を構成するにすぎない民族や国家ではなく、人類全体であるべきなのだ。そうした人類全体への同胞愛が排他的な愛国心を上回り、人類共生の意識が普及したときに、民族主義は初めて人類の平和と永続にとっての脅威ではなくなる。そして民族への誇りと愛着は他の人々への偏見や敵意を生み出すのを止め、民族間の関係は、国際オリンピック大会が象徴するような同胞間の健全な競い合いとなるのだ。

第一六章　歴史と文化

16・1　文化とは

哲学、科学、そして民族国家といったこれまで人類の精神的安定を支えてきた仕組みが、いずれも死の現実に苦悩する人々の救いとして十分機能しないとしたら、我々は何を頼りにこの人類が直面する最大の問題に対応すべきなのだろうか。頼みの綱である宗教ですら、未来におけるその地位は必ずしも明確ではないのだ。

それに対する答えの一つが文化である。文化とは語源的にはラテン語の cultura に由来し、作物の栽培を意味していた。その後それは一方では教養を意味し、一方では集団に固有の生活様式を意味するようになった。しかしこの文化という言葉があまりにも乱用されたため、現在においてはその概念は多様化し、しばしば混乱している。文化には英語だけで一六〇以上の学問的に提示された定義があるといわれる。それはもし英語以外の定義や、慣用的な用法も入れれば、文字どおり無数の意味を持っており、文化についての共通理解を形成するのを困難にしている。それでも、それらの多くの説の枝葉を落としていくと、文化の根幹は過去の創造の蓄積であって、そのうち歴史を共有する一定規模以上の集団に守り継がれてきたものを指し、伝統と同義語であることがわかる。この解釈で重要なのは、文化は歴史という概念、および伝統的な価値と結びついていることである。それは文化が歴史の一部として世代を超えて受け継がれるものであり、歴史の一部を構成する行動または行動の産物だけが文化である。

16・2

文化の起源　文化を持つのは人間だけである。一部の生物学者は、その理由を人間だけが明哲な言語を持つからだとする。なぜなら明確な言語のみが、個人の経験を超えた概念的な客観性と十分な抽象をもたらし、また抽象を象徴に転換することにより、文化の保持、伝達そして普及を可能とするとしている。しかし類人猿などはかなり抽象的な表現ができるボディランゲージを持っており、その粗野な言語の範囲内で文化を構成し世代を超えて伝達できるはずである。実際は彼らが文化を持たないのは死の必然を知らないからであって、言語能力や抽象能力の欠如のためではない。それに対しやがては死ななければならないことを知る人間は、肉体が滅びた後も何らかの形で自分を残したいと願い、その瞬間から文化を形成し始めたのだ。人間は、仮に言語を持たないとしても文化を創り出しただろう。文化が創造されるまでは、我々の祖先の望みは、他の動物と同じく生き、食らい、子どもを持ち、安楽な時を楽しむことであった。時がたち人間の知能が発達するにつれ、彼らは道具を改良し、火を使うことを学び、言語を発達させた。そしていずれかの段階で自分が必然的に死ぬことを悟り、その運命を乗り越えるために死後も残る何物かを求めるようになった。こうして、それまで生理的な必要を満たすための手段にすぎなかった行動や習慣、技術などが世代を超えて引き継がれる文化に変質した。そして実用性や有用性ではなく、永続性や安定性を基準とする文化が生まれたのである。人間の文化は必ずしも「象徴的な抽象」とは限らない。例えば料理や衣服、工芸のように非抽象的な物でも、人間が永遠を達成するための手段として使えるものなら、何でも文化になるのだ。

16・3

蓄積された創造　人々の永遠志向を最も効果的に満たす仕組みの一つが文化である。長い間存続する人間集団は文化の構成要素である共通の伝統、習慣、価値基準などの特質を持っている。文化はあくまで社会全体を巻き込んだ社会現象であり、限られた人々によって保持されているうちは亜文化でしかない。人間は文化の創造や保持によって個々の生命を超えた存在を獲得しようとする。それは永遠志向に基づく代替的自己をつくりだす努力のひとつである。そうした努力がやがて文明を生み、人類社会を発展させる。この文化が創り出し後世に引き継がれるのが創造の産物である。創造とは、元々は神が世界をつくり出したことを意味する言葉である。しかし今日では、人間によってそれまでこの世に存在しなかった何物かを新たにつくり出すことを意味する。創造が重要なのは、それが後世まで記憶される一番確かな方法だからである。人は、時も壊すことのできない永続的な何物かを創造することで、死後の存在を確保する。この世で最も喧伝された名声も、いつかは忘れられる。またどんな頑丈な記念碑でも、いずれは瓦礫《がれき》の下に埋もれるか、それが代表する人物との関係が忘れられてしまい単なる遺跡になってしまう。しかし創造は、その成果が具体的な実体として文化を通じて後世に残ることから、それを抹殺することは難しい。こうして人は創造を通じて永遠になる。

16・4

文化の普遍性　現代において創造という言葉は、しばしば芸術という美的な分野の活動に限定して使われる。しかし本来創造とは、新しく創り出された人類にとって意味のあるすべての業績を含むものである。例えば科学者の発見や発明、政治家の決断、官僚がつくり出す新たな組織、企業家が生み出す事業、そして思想家が提示する新しい理念、技術者が生み出す商品、職人が創り出す作品などは、すべて創造の産物である。こうして世界中の隅々で人々が絶えず書き、描き、立案し、組織し、発明し、制作する。それは創造者たちが、自らの生命は短くともその業績は人類の遺産として保存され、記憶されることを意識しているからである。

創造はまた、質的な差はあれ多くの人に開かれた代替的自己である。名声は、幸運と才能に恵まれた少数の者だけが享受できるのであり、長持ちする記念碑は、富める者か権力者でなければ作れない。それに対して創造は、大から小までいろいろな種類があるので、それぞれの能力に応じて努力する者すべての手の届くところにある。時代を画するような芸術家や、歴史に残る業績を残した政治家のように、後世まで賞賛を一手に受けることは難しいかもしれないが、それほど才能に恵まれていない者でも、努力さえすれば、分に応じた業績を残すことができる。美しい小箱を作れる職人は、自分の死後であってもそれを手に取る人の心を捕らえることができる。企業の創業者は、事業が存続する限り、生きている。

16・5

芸術　世代を超える創造の最も良い例が芸術である。私がここでいう芸術とは、意識して自分の作品を後世に残そうとする行為と、その産物のことである。人間のつくり出す物の多くは、実際的な用途に使われる。それに対して本物の芸術の多くは、賞美され、記憶されることを目的として創られる。芸術家は、素材や型、文字や音を、精神的、肉体的エネルギーと結合させて、絵画、彫刻、建築、文学、音楽といった芸術作品を創り出す。彼らが創造を通じて求めているのは、自分自身を作品に移し替えることによって、死後も人々に賞美される作品を創り出すことである。だからこそ芸術家は自分の作品に署名をするのだ。フランスの哲学者アンドレ・マルローが『沈黙の声』の中で言っているように、すべての芸術は不滅を目指すものであり、したがって運命への人間の反逆なのである。

俗説では、芸術家は喜びのため絵具や音や文字で美しいものを創り出すというが、それは芸術の本質を理解しない者の言うことである。喜びを感じるため制作するのは、単なるアマチュアの手すさびであり、そのような動機からは本当の芸術は生まれない。芸術はそれが本物なら、喜びではなく苦悩の結晶である。芸術は、自己の死を乗り越えて後に残る何物かを創り出すための苦闘なのである。彼は、叶わぬまでも死に立ち向かおうとしている戦士なのだ。職人の中には、芸術家と称している人々より高い技術を持ち、より美しいものを創り出す名工がしばしばいるが、彼がその作品を通じて死を克服するという意識を持たない限り、彼の作品は芸術とは呼ばれない。すなわち作品の質だけではなく、それを創り出す人の動機が芸術であるかどうかを決めるのだ。いずれにせよ、死を乗り越えるという深淵でしかも最も人間的な意図がなければ、その作品は精神的な深みを欠き、芸術にまで昇華しないであろう。

16・6　芸術の始まり

芸術を創り出すのは人間だけであることを認識しておく必要がある。一部の動物は、人間が創り出すものより美しいものを創る能力を持っている。蜘蛛や蜂の巣、蚕の繭などはその一例である。しかし蜘蛛や蜂が巣を作るのは、実用的な意図からであり、したがって芸術作品ではない。人間の創造もはじめは実用的な目的から始まったもので、それが芸術家の自己表現となったのは比較的最近のことである。

人類史上最も驚くべき出来事の一つは、後期旧石器時代に、複雑かつ精巧な芸術作品が突如として出現したことである。フランスやスペインでは、洞窟とか岩陰の壁面に多くの旧石器時代の絵画が残されている。私は文化庁文化部長時代にフランスのブロアで開かれた日仏文化サミットに出席し、ブロワ城で催された晩餐会でジャック・ラング文化大臣と芸術の起源について意見を交わした。その際私が、以前ドルドーニュ県ラスコー(Lascaux)の洞窟画を見に行ったとき一般には非公開だったために入場できなかったことを話すと、彼はすぐに見学の手配をしてくれた。実際にその絵を見たときに、そこに数多く描かれた色彩豊かな動物が今にも動きそうな躍動感に満ちているのに驚嘆し、その出来栄え、想像力の新鮮さ、技術的巧みさ、そして美的感覚の鋭敏さに圧倒された。美学などでは、これらの絵を原始芸術（primitive art）と呼ぶが、それは原始どころか近・現代の名画にも匹敵する優れた芸術作品だった。それまでの人類は語るに足るような美的な産物を生み出さなかったのに、突如として今日に至るまでに達成されたいかなる芸術作品にも劣らない傑作が創り出されたのだ。

このような芸術の奇跡ともいうべき出現については、この時代に美的感覚を備えたホモサピエンスが出現したためであるとか、狩猟の成功のための魔術的儀式の一環として描かれたためであるといった説明がなされている。狩猟は当時の人間にとっての最大の生活手段であり、儀式の一環として少しでも本物に近い絵を描くことで狩りを成功させたいと願ったのだろう。しかし私の考えでは、それは死に挑戦しようとする人間のあがきの産物であり、この時代に、我々の祖先が死の必然を自覚したためにこのような芸術が生まれたのだ。これらの洞窟画の作者は、不滅になりたいという欲求を形と色で表現したのだ。ラスコーだけでなくアルタミラ、ニアウ、ラ・パシエガなどの洞窟画は、その芸術的価値において近現代の天才芸術家の作品と太刀打ちできるものだが、それは創造の動機が同じ永遠志向だったからである。それは間違いなく芸術的創造であり、洞窟は旧石器時代の美術館だったのである。

16・7

不滅の創造　もちろん芸術は、代替的自己を見出す努力の一つにすぎない。政治家が平和を維持し、役人が行政の仕組みをつくり、科学者が自然界の法則を見出すのも、自己を死後に残すための努力である。創造は作者の自己主張であり、作品は人が不滅になるための手段なのだ。こうした見方に対して、人は社会に組み込まれることによって不滅となりうるのであり、彼の名は知られなくても、その創造が人類社会への貢献になればそれで十分なはずだという見方もある。しかし人が後に残したいのはあくまでも個としての自己である。それを否定することは、個の否定である。そして個が否定されれば、個人の生死は、種全体の生存に比べてその重要性を失い、個人は、蜂や蟻のような社会的動物と同じく、全体の一部になってしまう。人間は、そのような個人性の抹殺を受け入れることはできない。彼にとっては自分は全宇宙の中心であり、死に反抗するのも、個としての自己を存続させるためである。

再びウナムノを引用するなら、「もしその人が執筆し、絵を描き、彫刻を彫り、または歌うのが、自らを楽しませるためであるとか、あるいは公衆に作品を提供するためだと言い張ったら、彼は嘘をつくこととなる。もし彼の名前を自分の著作、絵画、彫刻そして曲に書き込まねば、彼は嘘をついたこととなる。彼は少なくとも彼より長く生きるところの、彼の精神の何らかの影を後世に残そうとする。「キリストに倣いて」は匿名であったが、それは著者が魂の永遠を求め、そのため名前などは気にしなかったためである。あなたに対し、自分は名声など軽蔑するという著作者は、嘘つきの大悪人である。(注16)」

もちろん創造者全員が、自分を創作に駆り立てているものが永遠への志向であると気づいているわけではない。特に政治家や行政官あるいは実業家が、自分たちのしていることが芸術と同様に創造活動であることを認めるのは躊躇するかもしれない。また実用品を作る職人は、死を超越しようといった大それた考えは持たないかもしれない。ただ言えることは、もし彼らが自分の努力が死への、そしてそれを定める自然への反抗であると悟れば、自分の行動により大きな意義を見出し、更なる努力を傾注し、その結果彼らの創り出すものはより完璧で、より精神的な深みを持ったものとなることは間違いないだろう。

最も優れた代替的自己を生み出す文化と創造という行為は、必ずしも万人に可能なものではない。それは特異な才能のある者、鋭い感性と美的感覚を持つ者、新たな発想を生み出す柔軟な思考能力を持つ者、そしてそれ以上に、死を乗り越えるという強い意志と勇気を持つものだけに許される行為なのである。

現代芸術の短命化

現代社会は、経済や科学・テクノロジーを中心に、急速に進歩している。しかし芸術などの美的創造に関する限り、今日我々が目にしているのは単なる変化にすぎないのではないかとの疑いを持たざるを得ない。今日の創造の産物の多くは、経済的な利益を生み出すために作られることから、個性を失い深淵さとは縁のない商品になってしまい、永遠の美の創出や、それを通じての死後の存在の確保といった創造本来の目的を失ってしまっている。私は知り合いの画家から、今日の絵描きたちの中には、画材や絵の具の質に無頓着な者が多く、その作品は数十年で変質してしまうだろうという話を聞いたことがある。同様に現代作家の中には、話題となるためトピカルなテーマを追う者がおり、その作品は一〇年もすれば時代遅れになってしまう。このような短命な創造は、その動機が人間の最も深淵な欲求である永遠への志向とは無関係である。こうした現代芸術の短命化は、人々が逃避に明け暮れ、永遠への志向を忘れていることから起きる。後期旧石器時代の洞窟画が今でも人々に感銘を与え、古典ギリシャの彫像が二〇〇〇年経っても美の頂点をなし、レオナルド・ダビンチやルーベンスの絵画は、五〇〇年を経た今日でもその輝きを失わない。それに対し近代美術の場合、一九世紀の末期から二十世紀の初期までの短い期間一世を風靡した印象派の後は、フューチャリズム（futurism）、フォービズム（fauvism）、キュービズム（cubism）、シュールレアリズム（surrealism）といった画風が目まぐるしく表れては消えてゆくこととなる。ポップ、オップなどのサイキックな芸術に至っては、今日生まれ、明日は忘れられる。音楽の分野でも、かつては作曲家により名曲が創り出され時代を超えて愛されてきたが、最近では長く歌い継がれる曲はめったにない。創造は世代を超えて伝達されることで初めて代替的自己としての意義をもつものであり、短命な創造は、永遠を求める努力とは言えず、芸術と呼べるかどうかも疑わしい。

16・9　創造と文化の相克

創造とその集積である文化は後の世代にも受け継がれ、その生活や生き様を形成することから、死を乗り越えるという意味ではおそらく最も効果的な代替的自己である。永遠志向に目覚めた人にとって、創造は自己の永遠化への最も確実な道であり、何物をもってしても抑圧できない衝動である。だが同時に、伝統に基づく文化が、既存の価値を乗り越えようとする新たな創造の障害となる可能性があることを理解しなければな

16・10

らない。既存の文化に自らを同化することによってその伝達者として自己を保存しようとしている大多数の人々にとって、その文化を変えようとする創造は文化の破壊と映り、その受け入れに激しく抵抗する。この争いは永遠をめぐるものであり、場合によっては妥協を許さない過酷なものとなる。この両者の相克は、文化と創造の双方にとって極めて重要な意味を持つ。文化は時代とともに更新されなければ陳腐化してしまうが、その更新を果たすのが創造である。文化と伝統は、新たな創造による再生を必要とするのだ。一方創造も、一見伝統と相反する手法や価値観によって創り出されることから、伝統文化を破壊するものとみられがちだが、実際には創造の目的は、文化の一部となって存続することにある。また固有の文化から完全に遊離した創造は、底の浅い思い付き的なものになりがちである。文化は創造の蓄積であり、創造は過去の文化的蓄積の上に新たな付加価値を加えるものであって、両者は同根同体なのである。

文化の細分化　この創造と文化の相克は、文化圏の細分化によってかなり緩和できるだろう。文化圏の細分化はやがて多様な文化を育て、そこから活力ある新たな文化が生まれるのだ。江戸時代の日本は二〇〇を超える藩に分かれ、独自の方言や風習を含む地方文化が維持されたが、それが日本文化を多様化し、奥行きの深いものとしてきた。ルネッサンス・

イタリアの芸術・学術・文化面での突出は、都市国家による文化の細分化に負うところが多かった。また一八世紀におけるドイツは、二二の独立国家と三つの自由都市に分かれ、そこから今日のドイツ文化の多様性が生まれた。例えばドイツ音楽の興隆は、それぞれの独立国家が教会合唱団と宮廷オーケストラを持っていたことから起きたといわれている。二十世紀においてはアメリカ文化が世界中に流布したが、そのアメリカ文化の興隆は、五〇の州の自治の上に立つ多民族よりなる連邦国家だったことに起因している。

16・11

文化の多様性　テクノロジーを妄信し、経済発展に取りつかれた現代の先進社会の在り方に対して、各方面から警告が発せられてからすでに久しいが、いまだに問題解決の先行きは見えていない。そしてその根底にあるのが文化の多様性の喪失である。それぞれ独立した多様な文化の存在は、相互の切磋琢磨を通じて文化を発展させるだけでなく、危機に際して別の選択肢を提供することを可能とする。例えばこれまで無視されがちだった途上国の世界文化形成への参加は、先進諸国にとっても大きな恩恵になる可能性がある。一部には、先進諸国の文化が行き詰まっているという指摘もあるが、もしそうなら、それは外部からの挑戦によってではなく、皮肉にもそうした競争相手を完全に抹殺したためである。近世に入りヨーロッパ諸国は世界の大半を征服し、自国の宗教を含む文化を押し付け、現地の文化を根こそぎに抹殺していった。どのように優れた文化でも、外部からの絶えざる刺激がない限り停滞することは、かつてエジプト、中国、インドの三大古代文明を襲った文化的な停滞を見れば明らかである。そして欧米文化が生んだ経済至上主義の文化は、他の文化からの健全な挑戦がないため早くもその終焉《しゅうえん》に近付いてしまったように見える。文化の多様性保持の見地からすると、近年メディアやソーシャルネットワークの発達によって世界文化の同質化が急速に進んでいることは、極めて憂慮すべき事態である。

16・12

欧米文化の反省　過去数世紀にわたって、欧米諸国はヨーロッパ文化こそが人類を代表する唯一の文明であると考え、文明化の義務（mission civilis'e）と称して、西欧文化を他の国々に押し付けるのを使命としてきた。しかし今日では西欧諸国においても、少数派ながら影響力を持つ人々が、こうした欧米中心の考え方に批判の声を上げている。彼らは、先進諸国における政治的な緊張、経済至上主義とそれがもたらす道義的な退廃、精神文化の劣化、環境の破壊などへの反省から、自分たちの文化について疑問を持ち始めたのだ。民主主義、人権、経済的豊かさ、テクノロジーといった西欧文化の成果は、これまで世界中の人々から憧れをもって見られてきたが、次第に多くの西欧人が、これらは注意深く適用されないと、人類に取り致命的な病根となるもろ刃の剣であると考えるようになってきている。これらの目覚めた人々は、彼らの文化的な価値を他の民族や社会に紹介する場合も、以前ほど傲慢にではなく、謙虚さをもって臨むようになっている。そして西欧以外の文化から学ぼうとする動きも出始めている。こうした動きが、西欧文化の行き詰まりを解決し、よりよい世界文化の形成につながることを期待したい。

第四部　資本主義経済から創造経済へ

死からの逃避として最も効果的なのが、富と消費が生む興奮で死を忘却する資本主義である。この経済制度は、人類の物質的発展に大きく寄与した半面、人を利己主義の権化にし、強欲や贅沢が美徳となり、自然環境を破壊し、後の世代に過大な負の遺産を押し付けようとしている。この状態を改めるには、自己の利益だけではなく、未来の人類に貢献することを目的とした永遠志向に基づく創造経済の構築が必要である。この新たな経済理念が、今日欧米で支持が広がっているべーシックインカム制度と組み合わさったとき、経済は逃避の手段であることを止め、人類の永劫の発展を可能とする活動となる。

第一七章　新たな意識の覚醒

17・1

ユートピア　ここまでで人間が死後も残る自分を創り出すことで死の苦悩を和らげる可能性があることを見極めた以上、今やどのようにしてその目標を達成し、またそのために誰が何をすべきなのかという、問題解決の道筋を考察する段階に到達したといえよう。

いつの時代においても、理想的な社会についてのビジョンこそ人々の情熱と知的な探求心を掻き立て、それまでは夢としか考えられなかったような大事業を成し遂げさせた原動力であった。民主的な政治制度、福祉国家、普通教育制度、国連をはじめとする国際機関、ＥＵ（欧州連合）そして宇宙開発、オリンピックなどは、すべてユートピア的な夢の産物なのである。アナトール・フランスが言ったように、過去におけるユートピアンなしには、人間は今でも洞窟に住み、みじめで裸でいたであろう。もちろん過去におけるユートピア思想は、人類にとって必ずしも良い結果ばかりをもたらさなかった。ユートピアを夢見る人々は、個人主義よりは集団主義、多元論よりは一元論、複雑な説明よりは単純な結論を好む傾向がある。彼らはまたプラトンの「理想国」の例にみられるように、窮屈なピュリタン的パターナリズムを支持しがちである。歴史で見るなら、ナポレオンやヒトラー、毛沢東などの独裁者やマルクス、ヘーゲルといった思想家も、彼らなりのユートピアを描き、その実現を図ったが、その結果数限りない人々が塗炭の苦しみを味わされた。今日人々がユートピアに強い警戒心を抱くのは当然といえよう。それでも私は、ここであえて新たなユートピアを提唱するのだ。

現代はユートピアが枯渇した社会である。高貴な理想国をつくるというプラトンの哲学、キリスト教の説く神の王国、そして興奮を誘わずにはおかない世界帝国の夢などは、今やすべて過去の幻影と化し、我々に残された唯一の選択は、退屈極まりない福祉国家の理念と、精神的な空白を埋めるためのサイキックな幻想の世界だけである。現代資本主義が可能とした消費経済がもたらしたのは、死の現実を一時的に忘れ一生を夢うつつの中に過ごすだけの無意味な人生である。しかも経済の成長は、地球環境の破壊に加えて、経済的な格差の拡大を招き、人々の不満をさらに増大させた。このような精神的空白を前に、現代人は無気力に陥り、理想など一切考えなくなってしまう。

17・2　急がれる意識の改革

現代は、現実からの逃避や非条理な暴力、何事も意味がないとするニヒリズムと懐古主義の理性に対する勝利、そして無関心の一般化といった、未来に対する信頼が崩壊しようとしている証拠に囲まれている。この現代における精神的な危機は、生きるに足るような意義の欠如とでも定義すべきものなのだ。大多数の人々は、日々の雑事と快楽に逃避し、実際に社会が崩壊し始めなければ新たな意識を持つ必要性を理解しないだろう。しかし本書の原典である『永遠志向』でこうした精神的な危機を指摘した三五年前に比べ、今日ではそうした破局への歩みが加速しており、今世紀中には人類社会はあらゆる面で行き詰まる可能性が高まっていることは確実に思える。しかもそうした事態に対処し、世の中の仕組みを変えるには時間がかかるものであり、問題が顕著になってからではもう手遅れになる。

今の社会では、科学者をはじめ知識人の多くは非難や批判を恐れ真実を率直に指摘せず、客観性の追求という安全なゲームの中にとどまり、誤りを犯さないことをもって良しとしている。しかしながら私の人間としての良心は、自分が間違いを犯さない賢者の城にこもることを許してはくれない。したがって私は、それが人々の間に不安と怒りを引き起こすことを覚悟のうえで、あえて今日の常識に挑戦し、新たな意識の構築を提案するのだ。現状に甘んじ、数世代先の人類の運命などは気にも留めない人々にとって、私の提案は、驚きをもって迎えられるであろうこともわかっている。それでもあえて言う。人類が必要としているのは、古い常識を捨て、早急に新たな意識をもつ用意をすることである。既成の世界観を持つ大人にとっては、これまでの常識を捨てるということは精神的な真空状態に自らを置くこととなるため、苦痛と不安に満ちたものとなる。それでも時代のある時点で、人間のそれまでの常識や知識そして世界観が行き詰まり、その結果古い確信が現実からかけ離れたものとなってしまう時がある。その時には、人は二つの選択肢のいずれかを選ばなければならない。一つは過去の幻影の中に閉じこもり、人類が混乱と破滅の道を辿るのを黙視することであり、今一つは我々の子孫のために、新たな意識の世界に身を投じ、今までと違った現実を受け入れる準備をすることである。人類は今や時代遅れとなった前世紀の古い概念をかなぐり捨て、新世紀にふさわしい新しい意識に目覚める時がきたのである。

17・3　意識の転換

歴史は、多くの場合人間が既存の秩序から抜け出る勇気を欠き、すでに崩壊しつつある現状にしがみつきがちであることを示している。しかし同時に、いつの時代においても変化する現実に立ち向かう勇気を持ち、新たな世界観と自己認識に向けて一歩を踏み出す勇気ある少数者が存在することも事実である。これらの少数者にとっても、新たな認識に到達する過程は不安と苦痛に満ちたものであろうが、それが既存の価値に捕らわれずに自由に行動する機会を提供するという意味で、期待に満ちた道である。この流動的な過程においては、何事も当然なものとはなりえず、人間的価値の最も神聖とされる部分でさえ容赦のない考察を受ける。もしその人が運に恵まれていれば、この意識の転換は、全く新しい、そしてより深淵な生き方を見出すきっかけになるだろう。

この新たな意識の達成は、まだ精神的に白紙の状態にある子どもや若者は別として、人生のある時点で急激に起きるのであって、教育や学習といった斬新的な過程からは生まれない。それは意識の転換には、それまでの常識を捨て去る必要があるからである。人は自らの存在の意義についての知識なしには、荒れ狂う海で舵を失った船のように無力になってしまう。もしこのような状態を避けようとするなら、古い意識から抜け出た瞬間から、新たな目標と新たな価値、そして新たな生き方を見出さなければならない。したがって意識の変革は突然に、しかも思いがけずに起きる「転換」(conversion)の形をとる。厳格なユダヤ教信者でキリストを敵視していたパウロが、ダマスカスへ向かう道でキリストの声を聴き即座にその最も熱烈な信者になったように、古い生き方と新たな生き方の間との完全な分離が一瞬のうちに確立されるのだ。

17・4　歴史の転換期

どの時代をとっても、そこに生きた人々は自分たちが歴史上特に重要な時代に生きたと考えがちだが、多くの場合、それは錯覚にすぎなかった。しかし私は、第一章で述べたように、この世紀が人類の長い歴史の中で決定的な瞬間であることを躊躇なく宣言する。私の確信は、これまで人類を正気にとどめてきた宗教が説得力を弱め、人類を一瞬にして絶滅の危機に追いこむ大量殺戮兵器を持った民族国家が国益という集団エゴをむき出しにして対立し、一方では無差別なテロが広がり、一方では経済成長と利潤という魔物が地球環境を破壊し、人々は富の追求と情報技術（ＩＴ）に溺れてそうした現実から逃避している、という事実からきている。人類の最後のよりどころとされている科学は、事物の観測こそすれ、その精神的な意義については何の説明もしようとしない。今日我々は人類文明の全面的な崩壊に向けて、引き返すことのできない時点に近付いているのだ。

17・5　視線を変える

既存の価値がその有効性を失いつつあるなら、我々は、新たな価値、新たな世界観、そして新たな目的を見出さなければならない。変化を恐れる人々は、ともすればそうした変革が、あたかも人類社会を根本から変えてしまうのだと思い込みがちである。しかし実際には、変わるのは人の意識とそれに伴う物の見方であって、必ずしも人類社会そのものではない。たとえて言えば、それは人間を正面から見るか、斜めから横目で見るかだけの違いである。そして見る角度によって、その人物が全く異なって見えるように、人類社会を直視することで、人類のより良い面を見出すのだ。

我々はこの新たな意識の追究において、全く手がかりがないわけではない。我々は人間の苦悩の根源が死の必然であり、現代の悲劇は永遠志向を充足するような代替的自己を持てないことであることを見てきた。この苦悩はあまりにも深刻であり根深いが、そのことに正面から取り組むことが問題の解決の糸口を与えてくれる。それは死の必然という事実は変えられないが、人間が死後も自分の存在を証明する何ものかを残せば、肉体の死は自己の消滅を意味しないということだ。我々が今日必要としているのは、死から逃避することではなく、死という究極的な悲劇を直視し、死すら消すことのできない確固とした自己の足跡を残すことにより、死を超越することである。

17・6

歴史と文化への関与　死を克服し、肉体の滅びを乗り越えるためには、短視的な時流から抜け出て、より大きな問題に取り組み、人間とは、そして自分の運命とは何かについての一貫した信念を持たねばならない。それが関与（relevance）である。そしてそのための第一歩は、歴史と文化の中に場を占めることによって、永遠を獲得する可能性に目覚めることである。この意識の変革は、一旦発生すればちょうど核反応のごとく人々の間で連鎖反応を起こし、何物をもってしてもそれを食い止めるのはおろか、速度を緩めることすらできなくなる。我々は、自分たちが現実と無関係になった時代遅れの意識にしがみついていることに気づいている。それでもそこから抜け出せないのは、未知への不安からである。したがって一旦新たなそしてより実際的な道が示されれば、人々の歴史と文化への関与に向けてのなだれ込みを阻止できなくなる。それとともに人間はそれまで気づかなかった真実に目覚め、今や理解が可能となった世界の中で、新生への機運に陶酔するだろう。また、この世の事すべてが順調に動く可能性があることに気づき、歓喜するだろう。そうだとすれば諸君よ。なぜ自分を存在の無意味さから解き放ち、歴史と文化に関与しないのか。この新たな意識への道は、それを望むすべての者に開かれているのだ。

第一八章　資本主義時代の幕開け

18・1

資本主義とは何か　前章で述べた新たな意識の改革が緊急に必要なのは、現代人の多くが最も重要な人間活動だと考える経済の分野である。これまで近代社会が二つの相反する潮流、すなわち合理主義を代表する科学と、非合理的な情緒主義の典型である民族国家により形成されたことを見てきたが、この二つの流れと重複して、一八世紀の後半になり、人間社会を大きく変える今一つの動きが始まった。それが財の生産と消費からなる経済活動を重視する資本主義である。

経済（economy）の語源は、ギリシャ語の家（okios）と切り盛り（nemein）で、家計のやりくりを意味していた。それが社会全体の消費活動や生産活動を表すようになったのは近代に入ってからである。「金持ちを天国に入れるのは、ラクダをして針の穴を通さしめるより難しい」という説話にあるように、それまでは金儲けや度を過ぎた贅沢に対する宗教的、道徳的な抑制力が働いていたため、多くの人々は経済活動に対して疑問と軽蔑の目を向けていた。しかし宗教の束縛が緩み、自己の利益を優先する利己主義に対して社会が寛容になると、人々は、雪崩を打って富の獲得に走るようになる。これが利潤と消費の拡大を絶対的な目標とする資本主義のはじまりである。

18・2

アダム・スミスの国富論　そうした動きを最初に指摘したのが、経済学の父と呼ばれる一八世紀のイギリスの経済学者アダム・スミスである。彼は一七七六年に発表した『国富論』(The Wealth of Nations)で、それまでヨーロッパ諸国がとってきた産業と貿易を国が管理する重商主義に反対して、人々に自由に利己(self interest)を追求させれば、「見えざる手」によって経済は自然に調和がとられ発展すると主張した。それは社会のあらゆる面における進歩を考察した倫理的、社会的哲学である国富論の一部で大雑把に触れられたもので、経済理論としては必ずしも精密でも組織的でもなかったが、時代の要請を的確にとらえ、人々の経済的行動に大きな影響をもたらした。それは生産手段の私有化と労働力の商品化からなる、今日まで続く資本主義の切っ掛けをつくったのだ。

18・3

産業革命　アダム・スミスの考え方が現実化したのは、一八世紀中葉にイギリスで始まった産業革命と呼ばれる生産活動の拡大においてである。産業革命は、一七世紀に起きた農業と手工業の発達を指す第一次産業革命と、二十世紀に起きた生産過程のオートメーション化を指す第三次産業革命に対比させ、第二次産業革命とも呼ばれるが、その人類社会に対する衝撃の大きさからいえば、一八世紀の産業革命こそ革命の名に値する変革である。この生産活動の急速な拡大が起きた理由については、多くの説がある。経済学者の中には、農業改革や、商業活動の拡大による資本の蓄積、植民地支配による市場の独占と原材料や安価な労働力の導入といった経済的な要因にその原因を求める者が多い。一方では、科学的知識を基礎としたテクノロジーの産業への適用が、この革命を引き起こしたと考える者もいる。確かに産業革命は、技術の進歩と足並みをそろえて進展した。イギリスにおける産業革命は、まず紡績業における機械の導入に始まり、これに動力を提供するワットの蒸気機関の発明が組み合わされて発展した。このような機械と動力の組み合わせは、大規模な工場の出現を可能とし、やがて電気や内燃機関の発達とともに、生産過程での人力を最小限に抑えるオートメーション化をもってその頂点に達する。

しかしながらテクノロジーは、産業革命の要因というよりは、その結果として発展したとも考えられる。技術革新は、まず生産規模の拡大という目的があり、テクノロジーにより機械が試験的に導入され、試行錯誤を経てその性能が高まり、また利用方法も改善されたのであり、産業を拡大する動きがなければテクノロジーは発達しなかったのである。またテクノロジーを科学的知識の実用面での活用と限定するのも正しくない。テクノロジーは、科学が生まれるはるか以前の我々の遠い祖先が、石ころや棒切れを道具として使った時から存在するものである。現に産業革命を担ったワットをはじめとする技術者は、科学的な訓練を受けていない職人たちで、科学的知識ではなく日常的な経験から産業用機械を作り出したのである。

18・4

産業革命と永遠志向　私の考えでは、産業革命は単なる経済現象ではなく、心理現象であり、社会における宗教の影響が低下したことに起因しているのだ。死を超越したいという気持ちは、すべての人間にとって共通のものであり、欧米人は、それをキリスト教に求めることで心の安寧を保ってきた。しかし近代に入ると、人々は科学思想の普及や宗教改革によって神への信仰に疑いを持ち始め、来世での自己の存続を信じられなくなり、死を忘れるために宗教に代わる救いを物質的な豊かさに求めたのだ。このような状況下で、人々の間でそれまで不道徳で恥ずかしいものとされていた物質主義――もっと正確には、富や身体的な快楽が唯一かつ最大の価値であるとする考え方——が広がったことは驚くに当たらない。富と快楽は、それ自体人々にそれなりの満足を与えるが、それ以上に人々の目を死の現実からそらし忘れさせる効果があるのだ。物質主義的な社会では、人々は実際の必要とは関係なく無限に富を蓄積し、あるいはそれを浪費することの興奮によって、死のことを忘れようとする。この死の宿命への潜在的な絶望とそれが生み出す物質主義こそが産業革命の真の原因であり、それが資本主義と呼ばれる経済体制を生み出したのだ。これが私の主張する死からの逃避としての経済である。

18・5

産業革命と優位志向　産業革命はまた、人間の持つ優位志向によって加速された。それはそれまで貴族階級が独占していた権力を、新興のブルジョワ階級が奪取した権力闘争でもあった。産業革命が起きる以前は、ヨーロッパ社会は貴族、僧侶、農民、商人といった身分が固定化された階級社会であった。絶対的な権力を持つ王侯の下で、貴族は世襲的な土地の所有と家柄によって特権的な地位を保証され、僧侶階級と組んで権力を独占してきた。そして国家によって階級は法律で定められ、上流階級とそれ以外の階級とは、お互いに排他的で、全く異なった世界に住んでいた。一八世紀に入ると、アメリカの独立やフランス革命が起き、貴族の特権は多くの国で法律上は消滅したが、特権階級は依然として富を独占し、平等は単なるスローガンにとどまった。またごくまれに平民が富を得ても階級の壁を乗り越えることはできなかった。そうした状況を打ち破ったのが産業革命である。私有化された生産手段をテクノロジーの助けを借りて拡大することによって巨大な富を蓄えた資本家階級は、従来の特権階級に代わり、社会の実権と名声を独占することとなる。いうなれば産業革命は、政治的な革命が達成できなかった階級制度の破壊を経済の面で達成したのだ。産業革命の要因は、永遠志向に加えて、すべての人が内に持つ優位志向だったのである。資本主義は二十世紀後半の中間所得層を生む経済的基盤を築き、今日の民主主義社会を生み出す基盤を作った。しかし一方で、労働を商品化する過程で一般の労働者は搾取され、不公平な富の配分によって彼らの優位志向は満たされることなく、その不満が後の社会主義運動や共産主義革命の要因となった。

18・6

ケインズ革命　二十世紀に入ると、科学とその実用的な活用であるテクノロジーの生産活動への適用が加速され、経済の飛躍的な拡大を生み、生産過程のオートメーション化と大量生産を可能とし、資本主義経済は拡大の一途をたどる。そうした現代資本主義経済の理論的基礎を築いたのは、イギリスの経済学者ジョン・メナード・ケインズである。彼はその主著『雇用・利子および貨幣の一般理論』で、国の財政出動などによって有効な需要を生み出すことで不況を克服し、経済の持続的な成長を達成できると主張した。彼の理論は資本主義国によって実践され、二十世紀の未曾有の経済発展をもたらし、ケインズ革命とまで呼ばれた。その恩恵によって、人々の生活水準は向上し、新しい産業や技術の発展をもたらし、人々の健康状態や栄養状態も向上し、平均寿命も大幅に延びた。資本主義は、貧富の差の拡大や環境の汚染などの弊害を生んだものの、全体としては、人類にかつてなかった経済的な繁栄をもたらしたのだ。

18・7

限度のない富と消費の追求　資本主義では、最大の利益と最大の消費を生み出すことが目的となる。そして富の蓄積と消費の拡大こそが人間の進歩を計る尺度になるという考えを育て、富や贅沢は今や人間の地位、権威、そして価値を計る尺度となる。その結果経済活動は、生活に必要な財とサービスを提供するという本来の目的を超えて、限度のない拡大を続ける。近代以前の経済活動は、自然と調和し、その恵みのもとに営まれていた。このような社会では、使える以上の富を蓄積しても、食べきれない食物を与えるのと同じで無意味なことであり、守銭奴のような偏執狂だけが限度を超えた富の追求にあくせくするものだと考えられていた。しかし富と快楽によって死の現実を忘れようとする態度と、蓄財を最高の美徳とする資本主義思想の組み合わせは、それ以前の節度ある経済活動の枠を壊し、ここに限度のない富の追求と、その結果としての本格的な自然破壊が始まる。

18・8

経済目的の変質　こうして富の蓄積や消費の増大を動機とする資本主義的理念が唯一絶対の道徳律となり、人間の貪欲さは限度なく助長される。その結果、本来人々の生活の向上を目的とした経済成長は、今や成長自体が目的となる。企業は飽くことなく売り上げの増大を図り、政府は経済を成長させることを国家の最大の責務と考え、人々は企業と国家に洗脳され、経済的に豊かになることが幸福への唯一の道だと思い込み、すべてを犠牲にして金を稼ぎ、消費を増やそうとする。カロリーを抑えた質素だが健康的な食事を楽しみ、同じ衣服を繕って長い間着続け、家を修理しながら何世代も住むという生活は、ギリシャ語源の経済から見れば理にかなっているのに、今日では消費の拡大を妨げることから疑惑の目で見られる。かつて美徳とされた清貧や節約が今や罪悪とみなされ、非道徳的だと考えられていた強欲と浪費が美徳になる。ギリシャ語で家計のやりくり、または節約を意味した経済は、その内容を一八〇度変えてしまったのである。

第一九章　歪んだ経済

19・1

経済が歪んだ要因　資本主義経済は、歴史上かつてなかった経済発展を引き起こし、人々の生活水準を引き上げ、人類の進歩に大きく貢献した。それは科学や宗教といった他のあらゆる人間社会の仕組みにもまして、人類を前進させるのに貢献した。そして資本主義を敵視する共産主義などをはねのけ、世界を制覇した。しかし今日、経済は環境の破壊、経済依存症からくる人々の精神的堕落、経済格差の拡大からくる社会的不安の元凶として非難をされている。世界中で頻発している天候の異常を見るだけでも、経済の野放図な成長がもはや限界にあることはだれにもわかっているはずであり、それを無視し経済成長策を取り続ける政治家やそれを支持する企業家や市民たちは、人類の未来に対して許しがたい大罪を犯しているのだ。

資本主義経済がこのような大きな歪みを生じたのは次の五つの要因からである。

19・2

要因その1：失われた抑制　要因の第一は、資本主義を抑制する力が消滅したことである。制度としての資本主義は、中世後半のヨーロッパですでに萌芽していた。しかし初期の資本主義を担った人々は、神への信仰を堅持し、倫理観を失うことはなかった。それに対し、現代において経済活動を担う人々は、富は不道徳でありうること、またそれは幸福になるには必ずしも必要でないことを人々に思い出させる宗教的、道徳的な制約を受けることがないのだ。ここに近世の経済活動と現代の資本主義の違いがある。かつては金儲けに疑いを持つ文化があった。例えば明治以前の日本においては、清貧は美徳とされ、金儲けをする商人は、士農工商の身分制度の中で最低の地位に置かれていた。二十世紀に入っても、資本家による労働者の搾取を非難する社会主義が影響力を持ち、資本主義を敵とする共産主義国が存在し、資本家に対抗する組織としての労働組合もあって、資本主義は自制せざるを得なかった。しかし一九九一年にはソビエト連邦が崩壊し、中国人民共和国などの残りの社会主義国も、社会主義の看板は残したままで資本主義的な経済政策を取り入れ、労働組合運動は停滞し、ここに資本主義を抑制するものは皆無になった。その当然の結果として、この人類史上最も効率的だった経済制度は堕落し、暴走し始める。

19・3

要因その2：資本主義倫理の崩壊　要因の第二が資本主義倫理の崩壊である。一九世紀から二十世紀への変換期に活躍したドイツの社会学者マックス・ウエーバーは、資本主義の特質は宗教改革を実現したプロテスタントの高い倫理観に支えられた市民による経済経営であると主張した。プロテスタント倫理とは、ローマ教皇の権威の下で腐敗した教会に反抗し、神の前ではすべての者が平等であり、信仰は理性と個人の判断に基づくとする啓蒙思想である。そしてウエーバーは経済もまた、同じような啓蒙思想に基づき市民が自発的に構築する倫理的な経済活動だと考えた。しかし今日、世界最大の自動車製造会社のフォルクスワーゲン社による排気汚染の偽装問題や、世界経済を大混乱に陥れた巨大金融機関リーマン・ブラザーズ社による無秩序な融資、また我が国の電子機器メーカートップの東芝による大規模な会計粉飾、パナマ文書が暴露したタックスヘイブンを使っての大規模な税金逃れなど、ありとあらゆる不正が横行しており、ウエーバーの唱えた資本主義の倫理などは、もはや死語になろうとしている。その結果、健全な企業家精神はすたれ、市民経済としての資本主義は、強欲資本主義に成り下がる。

19・4

要因その3：死の現実からの逃避　経済が歪んだ第三の、そして最大の理由は、18・4「産業革命と永遠志向」で述べたように、産業革命以来の経済発展と資本主義は、単なる経済現象ではなく、社会における宗教の影響力の低下などから生じた心理現象が生んだものであることを、経済関係者が理解していなかったことである。経済学者たちは、経済現象については正確に理解し問題解決の道筋を提示したが、人間の屈折した心理を考慮に入れなかった。それがすべての人の心の奥に潜む死の現実が引き起こす絶望からの逃避である。経済学者の多くは、経済が成熟し資本家がそれなりの富を獲得し、人々の生活程度が一定の水準に達すれば、人々はそれで満足し安定的な経済が実現すると考えた。しかし実際には、資本家は死の現実から逃避するため無限に富を追求し、今日の強欲資本主義を生み出した。一般の人々も今やそれだけが幸福度を測る基準となった収入と消費の増大を求め、政府もその圧力に押されて国費を使って無理な景気刺激策をとり、結果として多くの国の政府は、天文学的な財政赤字を抱えることとなった。そして限度のない経済の成長は、環境を破壊し、所得格差を拡大し、人々の不満を増大させた。

今日顕在化しているこのような資本主義の危機は、なぜ経済が歪んだのかについての本当の理由を、政治家や経済関係者が理解していないことからくる。今日の経済至上主義の根源は、科学でも資本主義でもない。それは現代人の心に巣食っている死の現実が生んだやりどころのない挫折感であり、精神的空白であり、人々はそれを忘れるために絶え間ない物質的満足を追い求めるのだ。ちょうど一人寂しく留守番をしている子どもが、寂しさを忘れるためにおもちゃ遊びに夢中になり、あるいは菓子を食べ散らかすように、現代人は新しい車、新しい家、新しい家電、贅沢なブランド商品、刺激的なレジャーを必死に追い求める。資本主義は、心理的に追い詰められた人々が必死に求める現実からの逃避を提供することで急速に発達したのである。

19・5

要因その４：格差の拡大と優位志向　経済が歪んだ第四の要因は、資本主義社会では、すべての人々が根本的な衝動である優位志向に駆られ富を求めることである。問題は資産や収入の多寡を人間の社会的評価の基準とすることにある。富が人の価値を決める社会では、重要なのは、自分がどれだけ収入や財産を持つかではなく、他人と比べてどのくらい多く持っているかなのであり、ここから富を求めての終わりのない競争が始まる。仮に年収が五〇〇〇万円という裕福な人がいたとして、彼自身は自分より多い一億円の収入のある人を見ると、自分が貧しいと感じ、不幸だと思うのだ。同様に、豊かな生活を享受している先進社会の市民たちも、一部の大金持ちを見て依然として自分は貧しいと感じ不満を抱く。そうした中で、多くの政府が富裕層を優遇する結果、経済格差はさらに拡大し、中間層は弱体化する。世界の富豪トップ六二人の資産が底辺の人々三六億人の資産に相当するというような不平等な現状は、不条理というよりは、グロテスクですらある。富裕層を優遇すれば、トリクルダウン効果でおこぼれが一般の人々にも回り景気が良くなるなどと主張する政治家や経済学者は、人々は優位志向に駆られて経済的な不公平の是正を求めているのであって、金持ちのお余りで多少の金が回ってくることなど望んでいないという事実を理解しない、無知蒙昧の輩である。累進課税や資産税を増税し、より経済的に公平な社会にすれば、仮にそのために景気が悪くなっても、一定水準の生活が維持できる限り人々は我慢するだろう。一方このまま経済格差の拡大を放置すれば、人々の強欲資本主義に対する反感は高まり、社会の安定を脅かすことになるのだ。

19・6

要因その5：想定外の途上国の経済発展　経済が歪んだ第五の理由は、経済学者を含めた先進国の経済関係者が、それまで先進国に抑圧され、貧しい暮らしを強いられてきた途上国や新興国の人々を軽視し、彼らもまた、先進国の人々と同じように良い生活を求めていることを無視してきたことである。そして今日、中国やインドなどの新興国は、経済規模で先進国を凌駕しようとしている。しかも世界の人口は急増しており、今世紀末には一〇〇億人に達し、途上国と新興国の人々が全人口の八割以上を占めると予想されている。これまで経済を独占しその成果を享受してきた先進国の人々は、経済の面で追い上げられるだけでなく、これまで表面化しなかった環境の地球規模での破壊や、資源の枯渇の可能性に否応なしに気づくこととなる。これらの問題は経済発展が先進国に限られているあいだは緩慢にしか進行せず、実際の脅威となるのはまだ遠い未来のことであると思われていた。それが巨大な人口を持つ貧しい国の人々が経済活動を活発化し、消費を急速に拡大し始めたことから、今そこにある緊急の問題になったのだ。

もし先進国がもっと早く途上国や新興国の経済のこうした拡大を予測していたなら、今までの大量生産、大量消費の経済を改め、本来の経済の姿である節約経済に切り替えていただろう。しかし先進社会は、経済の無軌道な成長と、必要以上の贅沢という悪しき先例を作ってしまい、今や途上国が同じモデルを目指すことを抑えられなくなってしまった。今こそ先進国はこれまで取ってきた成長がすべてという経済政策の過ちを認め、途上国に同じ道を取らないように呼び掛けるべきである。それには、各国の指導者や経済界の人々の経済についての考え方を根本から変えねばならないが、それは経済依存症に取りつかれた人々にとっては、容易なことではないだろう。こうして人類は、母なる地球の破壊に向け、戻ることのできない道を転がり落ちるのだ。

19・7

新たな経済理念の必要性　しかし経済の暴走を批判するだけでは問題は解決しない。仮に経済成長を抑制し、人々に節約を強要したら、留守番の子どもがおもちゃもお菓子も取り上げられ、急に寂しさを思い出すように、逃避の道を塞がれた人々が、死の恐怖の前に自己破壊に落ち込む可能性があるのだ。このことは一九三〇年代に起きた大恐慌の後で生じた人々の精神的な崩壊によって、ナチス・ドイツや日本の軍国主義が台頭した歴史を見ても明らかである。したがって経済至上主義の抜本的な改革は、時間をかけて人々の意識を変えることで初めて可能となるのだ。

それでも、今の経済は変わらねばならない。二一世紀に入った現在、世界は人口の爆発的な増加に加え、経済活動が生み出した自然環境の悪化などの深刻な問題に直面している。しかも経済成長を人為的に維持するため、日本をはじめ多くの国が、景気刺激政策のために天文学的な国家財政の赤字を積み重ね、金融緩和という名の通貨の垂れ流しを何の衒《てら》いもなく行い、その負担を次の世代に負わせ、それを企業関係者も経済の専門家も歓迎している。そのような無責任な経済政策がいつかは行き詰まることは明々白々であり、それを知りながら漫然と経済成長政策を続ける政治家たちの責任は極めて重い。このような無責任な経済政策が横行するのは、現代人が人類の将来といった長期的な視野を忘れ、今経済的に繁栄しさえすれば我々の子孫が苦境に立たされることなど気にも留めない、利己主義の権化と化しているからである。

我々は今こそ、経済活動の不断の拡大が必要だという今日の常識を変えねばならない。二〇一五年九月に国際連合の総会で「持続可能な開発のための二〇三〇アジェンダ」が採択され、不平等をなくし、貧困を撲滅し、なおかつ資源の保存や気候変動への対策にも配慮することが決められた。しかしこの決議には、経済成長を制約するという考えはなく、しかも法的な拘束力もなく、利益を追求する企業や、消費に逃避を求める人々にどれほどの影響を持つかも疑わしい。人々の目を現実からそらすには経済とそれがもたらす興奮が最も安易かつ有効な方法であり、経済発展は権力を維持しようとする政治家にとっては今や最大の切り札となっている。そうした中で持続可能な経済に切り替えるには、何よりも人々に、良い生活とはシンプルな生活であり、良い経済とはそのギリシャ語源のとおり節約にあり、本当に大切なものは金では買えないことを納得させねばならない。最近ドイツが、工業生産をデジタル化することで大幅な生産コストの引き下げを図るIndustries 4.0プロジェクトを官民一体となって打ち出し、第四次産業革命ともいわれているが、それはあくまで産業革命から始まった経済の成長と消費の拡大を目指す経済至上主義の延長であって、今日人類が必要としている新たな経済理念ではない。

19・8

成長の限界　各国での環境問題への対応の強化や、問題解決のための科学技術の進歩を考えれば、先進国だけに限れば、今後とも年率二パーセント程度の成長率は環境に無理な負担をかけないでも達成可能であるかもしれない。しかし地球上には六〇億人もの新興国や途上国の貧しい人々がおり、彼らもまた先進諸国並みの生活水準と消費を求めている。先進国が二パーセント成長すれば、それに追いつくため途上国はさらにそれ以上の成長を望むだろう。そうなれば地球環境の崩壊は急激に加速されるだろう。

もちろん、途上国だけでなく、先進国においても、いまだに最低水準を割った生活を強いられている人々が大勢いる現状では、そうした人々を救うための手当ては急務である。また病気の撲滅、教育の一層の充実、そして人類の未来のための宇宙開発や科学研究などに必要な資金を確保するため、最小限の経済成長は継続しなければならない。それと並行して経済的な不平等を是正し、人々の不満を和らげなければならない。一方すでに不必要なほど富をため込んだ富裕層をさらに富まし、健康で快適な生活を獲得している人々に不必要な贅沢をする余裕を与えるための経済成長政策は、今や道義的に許されるべきではない。ここで述べるような経済への抑制的な考え方は、経済成長の鈍化を伴うかもしれない。しかし多くの研究者が、生活の満足度は収入とは必ずしも比例するものではないこと、富のより平等な配分が行われれば、先進国の現在の所得水準ですべての人々が十分快適な生活が維持できることを指摘している。したがって今必要なのは、経済の無軌道な成長ではなく、安定的な経済活動の持続であり、所得の平等化と雇用の確保であり、節約と自然環境の保護なのである。資本主義の理念に洗脳された人々は、こうした主張を社会主義的だとか、反自由主義的だとか非難するかもしれない。しかし政府の干渉や規制がない自由な経済など、今世界のどこに存在するのだろうか。無限の経済成長がもはや不可能なことは自明の理であり、したがって資本主義に代わる経済理念が必要なことは否定しようのない事実なのである。

19・9

足るを知らざるは貧し　この当たり前のことを人々に受け入れてもらうのに障害となるのが、右に述べた富の蓄積と浪費が人々の死の現実からの逃避の手段となっている事実に加え、富が人間の価値を決めるという、今や世界中に蔓延した誤った考え方である。宗教の教えは富の無軌道な追求を悪徳としたが、そこまでいかないまでも、この世には富以上に尊敬とあこがれの対象となる基準があることを人々に理解させる必要がある。そしてそのための啓蒙・教育活動を早急に立ち上げるべきである。特に現代人の経済への偏重の真の原因が、死の必然が引き起こす絶望であることを認識し、富と消費への逃避以外の方法で人々の苦悩を緩和する方途を見出さなければならない。もしそれに失敗すれば人々はさらに逃避を求め、経済は無軌道な拡張を続け、自然を破壊し、その結果我々の世代は、後世から利己的な欲望に走って人類の生存を危うくした世代として厳しく誹謗《ひぼう》されることになるだろう。今こそ我々は、「足るを知らざる者は富むといえども貧し」（欲にとらわれ満足することを知らない者は、多くの財産を持っていても貧しい）という仏遺教経《ぶつゆいきょうぎょう》の言葉をかみしめるべきである。

第二〇章　節約経済

20・1

経済の囚われ人　前章「歪んだ経済」で触れたように、現代人は経済、すなわち財の生産と富の蓄積、そして消費の増加に取りつかれている。ガルブレイスやマルクーゼなどの経済学者たちは、こうした現代人の経済へののめりこみを、企業が消費者に商品を売りつけるためにつくり出す人為的な需要が原因であると指摘した。確かに現代社会における需要は、消費者の必要ではなく、企業の販売戦略に左右される。メディアと結びついた企業は、あらゆる手法を使って、豊かさと経済成長こそが社会にとっての崇高な目的であり、消費が善であると思い込ませ、消費者に対して、より多くの物を買うことを絶え間なく強要する。こうして人間から自然な運動を取り上げ代わりに健康器具を買わせ、料理する楽しみを奪って代わりにインスタント食品やサプリメントを買わせる。そして消費こそがステータスシンボルだと信じ込ませ、使いもしない自動車や、流行の服飾品そして高価なブランド商品を買わせ、ローンを組んで家を建てさせる。この執拗な洗脳に晒された人々は、忠実な消費者としてひたすら物を買い、借金をし、その返済のために働く。こうして現代の経済が稼働する。人々が消費すれば新たな需要が生まれ、経済が繁栄し、収入が増えた人々はさらに懸命に消費する。一般の人々は消費者という役割が押し付けられ、経済の囚われ人となり、収入と消費の増大以外の事については関心を持たなくなる。

しかし今日の経済の歪みを、企業側だけの責任にするのは必ずしも正しくない。なぜなら、消費者自体もまたそれを望んでおり、企業はそうした人々の欲求を利用して、金儲けをしているだけなのだ。宗教の影響力の低下などによって死の現実に直面した現代人は、そのやりどころのない絶望を忘れるために消費活動に没頭する。そして死からの逃避が経済の主たる目的となり、人々の生きがいとなる。今日の経済を動かしているのは物質的な必要ではなく、死の現実を忘れようとする心理的な必要なのである。人々が商品を買いあさるのはそれが欲しいからではなく、消費のもたらす快楽と興奮に逃げ道を求めるからである。そして人々が働くのも、労働に生きがいを感じているからでも働かなければ飢え死にするからでもなく、働くことで死の現実を思い出す時間をなくすためと、稼いだ金でさらに消費を増やすためである。

20・2

浪費経済の終焉　問題は、好むと好まざるとにかかわらず、今や消費の野放しの拡大は不可能になりつつあることだ。人口が急増する途上国や新興国の人々が先進国並みの生活水準を求めることを考えれば、世界全体としては消費は今後とも急増し、気候変動や環境の悪化、そして資源の枯渇といった問題が人類社会を追い詰めるのは今や時間の問題である。飢えと貧困に苦しむ途上国の窮状を救うためには、これらの国の経済成長はある程度まで容認せざるを得ないことから、その分先進国は、これ以上の消費の拡大を差し控える必要があるのだ。しかし消費によって死の現実から逃避してきた人々にとって、消費の削減は大きな不満を生むだろう。そうした不満は個人にとってだけでなく、社会秩序にも深刻な波紋を引き起こす。人々が無駄な消費を止めて、経済本来の姿である節約を基本とした堅実な生活を送るようになれば、過剰な消費に支えられてきた先進国の経済成長は一時的には鈍化するだろう。そうした傾向はすでに現実のものとなりつつある。今日先進諸国においては消費の低迷が顕著化し、かつてのように無計画な浪費に走る人の数が減少しているのも、人々が世界経済の限界をそれとはなしに肌で感じているためかもしれない。浪費経済の終焉により、権力にとってこれまでのように贅沢、無駄買い、レジャーといった安易で人為的な方法で人々の不満を逸らすことができなくなる。そして消費という逃避の道が制限された人々の多くは、否応なしに死の現実に目を向け、不安と不満を募らせる。人類社会が経済への逃避に代わる死の問題の解決方法を見出さない限り、経済成長の鈍化は、人々の不満と挫折感を増大させ、社会的、政治的な緊張を生み出すだろう。

このような浪費の抑制からくる不満は、民主主義社会の基盤を崩壊させるのだろうか。それとも人々が予想を超えた自制と勇気をもって、堅実でよりシンプルな生活に耐えつつ、死の宿命を解決する道を見出してこの危機を乗り越えるのだろうか。いずれにせよ浪費経済の抜本的な変革は、消費という一見些細な行為の底に潜む問題の深さに気づかない人々にとっては、理解不可能な深刻な問題を生み出すのだ。だからこそ経済的な手段以外の死の現実への対応策を見出すことが、人類社会にとって一刻を争う急務なのである。

20・3

浪費から節約へ　浪費経済の終焉がいつ起きるかは歴史の審判に任せるとして、ここでは精神的空白を物質的豊かさで満たそうとした時代が終わるならば、経済の機能、そして自由経済を担う企業の役割がどのように変わるのかを考えてみよう。近年財の生産と消費、そして富の蓄積を表すのに使われてきた経済という用語が、もともとは節約と物の効率的な利用を意味していたことはすでに指摘したが、新たな経済活動が、その本来の意味に戻ることが考えられる。そこでは経済活動は、生活の質の向上と並んで、資源の有効活用と家計の節約に集中される。今日の経済がこの本来の経済の在り方から外れていることは明らかである。自動車を遊びのために乗り回し、過剰な栄養を摂取して肥満に悩み、食物を余してごみとして捨て、流行に追われて着もしない服を買って洋服タンスを溢れさせ、まだ住める家を壊して新築し、見栄に駆られてブランド商品を買うといった無駄の多い生活は、経済的に問題があるばかりか、今でも人類の半数以上の人々が最低水準以下の生活にあえいでいることを考えれば、道義的、人道的にも許されることではない。しかもそうした浪費が生む経済発展は、人々を幸せにするどころか、大幅な所得格差を生み出し、かえって不満を増幅させている。

20・4

節約経済　節約経済への復帰は、適切に対応しさえすれば必ずしも経済的繁栄と相反するものではない。浪費の増加によるＧＮＰ（国民総生産）の増大は紙上の富の増大であって、必ずしも人々の生活の改善にはつながらないが、資源の有効利用を図るのは、間違いなく経済的進歩である。人間が生存するためには最低限の消費は必要である。良い教育、進んだ医療、住みよい家、そして質の高い文化活動などは、すべて必要不可欠な消費活動である。また人類の将来の基礎を築くための科学研究の充実や宇宙開発なども制限すべきでない。今日の経済で改善すべきなのは、少数の富裕者層がさらに裕福になる仕組みであり、見栄や衝動買いによる不必要な商品の購入や、成金的な過剰な贅沢とエネルギーを無駄に使う生活態度であり、安価な消費財の大量生産とその使い捨てである。外食や出来合いの食品を買うのではなく自分で料理すれば、経済的なだけでなく、料理を楽しむというおまけまで付く。要らなくなったものを捨てるのではなく、他人に譲るか物々交換すれば、家計の助けになるばかりか資源の節約にもなる。もしそうした正しい経済的認識が浸透し、国や企業が人類の更なる発展と人々の健康と生活の質の向上のための活動に努力を集中すれば、浪費経済から節約経済への移行は無理なく自然に行われるだろう。こうした意識の変化を達成するには、無駄を見抜くための徹底した消費者教育が必要である。そうした意識が行きわたれば、金持ちが憧れの的となる文化はすたれ、浪費はなくなり、長持ちする優良な商品が買われ、市場から不良品やがらくた商品が駆逐されるだろう。

20・5

古いものは良いもの　節約というと、浪費経済にどっぷりつかり新しいものが良いものと信じている人々は、しみったれた生活を連想するだろう。しかしそれは無知からくる誤解である。私の経験から言っても、衣服や身の回り品は、高価な良い品を注文して作らせ、修理しながら一生それを使い続ける方が経済的である。女性も自分の個性に一番似合った服を探して買いそれを一生着回しする方が、流行などに左右されるより、理に適っている。

日本にも「安物買いの銭失い」ということわざがあるが、長期的に見れば高くても良い品を長く使った方が経済的なのだ。

特に住宅の場合は、新しい家よりはしっかり造られた古い家の方が趣もあり、住み心地も良い。日本においても、高山や角館、白川郷などの古い町並みは、国の重要伝統的建造物群保存地域に指定されているが、古い町並みこそが、最高の文化なのだ。他に比類のない美しさで知られるパリの町並みは、一九世紀中葉にセーヌ県知事のジョルジュ・オスマンの監督下につくられたもので、その整然としたたたずまいと優雅な雰囲気で、世界中の人々を引き付けている。また豪華な繁華街だけでなく、うらぶれた裏通りも趣があり、絵心をかき立てる。アメリカでも、私が留学したジョージタウン大学の近辺のジョージタウン地域は、一七五一年に建設されたワシントンＤＣで最も古い街区で、二階建てのレンガ造りの長屋が多い古びた町並みだが、時代を経たものだけが持つ重厚さと風雅さを持っており、上院議員時代のジョン・Ｆ・ケネディ大統領など政治家や知識人が住む家賃もプレステッジも最も高い地域である。第二次世界大戦の末期にパリが連合軍によって奪還されようとしたとき、ヒトラーは町の全面的な破壊を命じたが、ドイツ軍のパリ防衛司令官はこの美しい街を破壊するのは忍び難いとして命令を拒否し、人類の宝は救われた。日本もまた大戦末期には米軍の大規模な無差別爆撃を受け多くの町が破壊されたが、京都と奈良だけは、ライシャワーなどの識者の嘆願によって爆撃を免れた。敵ですら破壊するのをためらう歴史的な古い町、これこそが理想の町なのだ。これらの例からもわかるように古いものは良いものであり、また良いものは古いものなのだ。そして究極の贅沢は節約から生まれるのだ。

20・6

経済を人の手に取り戻す　人々が、資源の有効活用という本来の経済の在り方に目覚めたとき、次に起きるのは経済活動の優先順位の変更である。今日経済政策の優先順位の付け方が合理性を欠いていることは各方面で指摘されている。多くの国の政府が、経済が量的に成長しＧＮＰが増大することに専念し、その富がどのように配分され、どのように使われるかについてはあまり注意を払わない。先進諸国においては、人類史上初めて全国民の最低限の必要を満たすに足りるだけの経済力を持つようになった。ところが各国政府は、そうした富を国内で最低水準以下の生活を強いられている人々の支援に使う代わりに、景気政策と称して大企業の利潤の増大に使い、富裕層や圧力団体を優遇し、票集めのための公共事業や補助金に充てる。さらには、人類の将来にとって死活問題である科学の発展や環境の保護には出し惜しみし、人殺しのための軍事費には大盤ふるまいする。民間企業においても、利潤がすべてに優先すると考えられ、売り込む製品が本当に人々の生活の利便を高めるのか、丈夫で長持ちするのかといった消費者の立場からの視点は軽視される。

だが消費をもって死の現実から逃避する傾向が是正されれば、人々の経済感覚は大きく変わり、限られた資源でいかにして生活の質を高められるかが消費者の最大の関心事となる。そうした要望に対応しない企業は市場から駆逐される。そしてがらくた商品は姿を消し、商品の質と耐久性が評価の基準となる。このような経済感覚の変化は、経済活動をより建設的な目標に向かわせる。人々は、浪費を続けるよりは助けを必要とする人々への援助、都市の美化、環境保全、宇宙開発、教育、芸術文化などに目を向ける。このような経済目的の変換は、移行の過程において対応が遅れた企業の倒産などによって経済成長を一時的には停滞させるかもしれないが、それからくる痛みがすべての人に平等に負担される限り、浪費がすべてという心理から解放された人々にとっては、経済の停滞は今日の経済の囚人たちが考えるほど苦痛ではないだろう。一言で言えば、それはこれまで人間を支配していた経済を、人の手に取り戻すことなのだ。

第二一章　永遠志向に基づく創造経済の創出

21・1

永遠志向と経済　前章で述べた節約経済とは、単に家計の無駄遣いと資源の浪費を抑えるためだけのものではない。それは経済的成果と資源を温存することによって、次の世代の更なる発展に寄与するものである。今日の経済は、今さえ景気が良く、自分の収入が増えればよいという利己的で短視的な考えによって動かされている。しかし人類は今の世代で終わるわけではなく、子孫を通じて今後とも末永く存続するものであり、今の世代は後世につながる鎖の一つの輪として、人類の将来に貢献する義務があるのだ。そのためには資源の節約や資金の積み立てに加え、次の世代が利用し、あるいは享受できるより良い社会基盤をつくり上げ、後に残すのだ。それは自らの死を超越しようとする永遠志向が生む行為であり、したがって、この新たな経済理念は本来なら永遠経済と呼ぶべきものである。それはこれまでの死からの逃避としての経済に代え、死を超越するための経済なのである。

21・2

ただ永遠志向を理解していない人の多いこの時点で、永遠経済という聞きなれない名称を使うのは、困惑と混乱を起こしかねない。本書で私が永遠経済ではなく創造経済という名称を使うことにしたのはそのためで、両者の意味するところは同じである。

退屈な労働　浪費経済からの脱皮はまた、人々の勤労概念にも大きな変化をもたらす。近代以前の労働は､ほとんどが農耕や漁労など､人の生存を維持するための自然の労働であった。それは肉体的には厳しいものであったが、自分や家族の必要を満たすためのやりがいのある仕事だった。だが近代に入ると、労働は自然とは遊離した工業生産あるいは商業活動が主となり、労働への対価として自然の恵みではなく賃金が支払われる。労働そのものも商品になったのだ。仕事はたいていの場合単純で退屈なものとなり､労働意欲は低下し、労働者は賃金を得るために退屈に耐え働き続ける。こうして労働者は仕事中は感情や思考を受け付けない労働機械と化す。また今日では、富と人並み以上の消費を維持することが社会的地位の象徴となり、消費が労働の誘因となっている。消費のもたらす興奮はまた、人々に死の現実から逃避する手段を提供する。こうして浪費経済がはびこり、人々は消費のため、ただひたすらに働き、物を買いあさる。それでも死の現実を思い出すことを恐れる人々は、自発的に長時間労働をするか居酒屋に寄り道することで、死の現実を考える時間を持たないようにする。

21・3

NEET　一方浪費経済が終焉すれば、金を払えば人々を働かすことができる時代は終わり、皆が仕事に意義と満足を求めるようになる。今日における工業先進国の労働者は、物質的には他のどの時代の労働者よりも恵まれているが、仕事がもたらす精神的な充足感となると、多くの場合満足とはほど遠いものである。新たな意識に目覚めた人々にとっては、賃金のための労働は意味を失い、金銭だけで人を労働に従事させることは不可能になる。昨今、学業にも就かず、仕事もしない若年無業者（NEET　Not in Education, Employment or Training）と呼ばれる若者が増加しているが、彼らは、あるいは無意味な労働を拒否しているのかもしれない。ただ金を稼ぐために就職し、惰性で仕事をし、家に帰ればテレビの前で虚脱状態で時を過ごす親たちが多いことを考えれば、若者がそのような人生を送るのを嫌っても、あながち非難することはできないのではなかろうか。彼らは怠惰なのではなく、やりがいのある仕事が見出せないのかもしれないのだ。

21・4

労働の創造化　近代工業化社会の典型である大量生産方式は、消費物資の大量供給を可能としたが、その代償として働く人を厳格に管理された生産過程の部品としてしまう。この生産方式は、限られた能力や知識しかない者でも、チーム全体としては巨大な生産能力を発揮できるという画期的な仕組みである。しかしそれは働く人の個性と労働意欲を減退させ、労働から創造的要素を奪い去る。これを創造活動であるオーケストラの場合と比較してみよう。オーケストラもまた集団的な活動であるが、同時に個々の演奏者の個性と自我の発露でもある。個々のオーケストラの団員は、演奏される作品の全体を把握し、割り当てられた部分を自分の美的感覚にしたがって演奏し、指揮者がそうした個々の創造に統一性を与える。彼らは創造者であり、一般の労働者のような自動工作機械の歯車ではない。そこには個人として達成すべき目的があり、倦怠感はない。同様に科学的研究やハイテク製品を創り出す過程も創造活動であり、それに従事する者は明確な目的意識と誇りを持って仕事に専念する。創造経済では、人々の労働は、オーケストラと同じような創造活動に昇華するのだ。

21・5

職業から天職へ　永遠を求める人が生存に必要な最低限の資金を確保した時、次に求めるのは、創造によって自己を不滅にすることである。金や地位を目当てに働くことは拒否する人でも、後世にまで残る業績を上げるためならすべてを投げうち、創造のために全身全霊を打ち込むだろう。このような新たな労働意欲を持つ人は、生産ラインや巨大企業の中

21・6

での管理された労働を嫌い、組織に埋没するのを拒否するだろう。それは個人の全能力を自発的に引き出し、すべての労働を嫌々ながらの仕事から、興奮と期待に満ちた創造活動へと変質させる。もし企業がこれからも生き残り、人類の発展に貢献し続けたいなら、何を差し置いても個人が個性を発揮できる創造的な労働の場を提供すべきである。それはこれまで商品と同じに扱われてきた労働を、個人が創造を通じて永遠を達成する活動に変質させる。そして所得を得るための職業（profession）は、自らを歴史的実在とするための天職（vocation）に昇華する。

消費財の生産から宝物の創作へ　労働の創造化は、生産活動に従事する人々の関心を、すぐ壊れる消費財の生産から、長持ちする財の創造に向けさせるだろう。今日では、古い物を修理して使うより新しい物を買う方が安くつくことと、それが需要の増加につながることから、多くの財は、使い捨てを前提として生産される。しかし近代以前においては、より長持ちするものが良いものとされ、一〇〇〇年以上持つ建築や、数百年使える家具、そして衣服やその他の生活用品でも、世代を超えて引き継がれるものが作られていた。このような耐久財の生産は、生産者にとっては代替的自己である自分の制作物を通して永遠への志向を満たすことから、限りない満足の源であった。それは、財という言葉が本来意味

21・7

する宝物であった。今日の商品の短命化は、生産者が労働意欲を失う一因となっているが、創造経済の導入によって、生産物は単なる金儲けのための消費財ではなく生産者の創造物となる。そしてそのような商品は、生産者によって生涯にわたり保障され、修理され、その多くは宝物として世代を超えて使われることで、製作者の生命の代替物となるのだ。

高品質・高付加価値の経済　長持ちする財の生産を中心とする創造経済は、これまでと全く違う、新しいしかももっと大きな市場とビジネスチャンスをもたらすだろう。今日の消費経済では、主力商品は大量生産された安価な商品であり、薄利多売が求められる。それに対して創造経済では、高品質で長持ちする製品や、最新の技術を使った精密な商品が主流となる。そうなれば当然に商品の単価は高くなり、利潤率も高まる。また創造に携わる人々は、誇りをもって仕事に没頭する誇り高い芸術家となり、その生産性はこれまでの賃金目当ての労働者よりはるかに高く、旺盛な意欲と自主性をもって仕事に従事し、より良い商品を生み出すだろう。大過なくほどほどに仕事をすればそれなりに認められる今日の社会と異なり、創造は、他の人が思いもつかないことや、あまりの難しさに尻込みするようなことに取り組む勇気と能力がなければ達成できない。そして製品には、その制作にかかわった人の名前が刻印されることで、生産者の誇りと責任感をさらに強める。一方消費

21・8

者もがらくたを買うのを止め、選び抜いた質の高い商品を求める。その結果、高品質・高付加価値の商品を高い利潤率で売るという理想的な市場が生まれる可能性が生じるだろう。このような創造の追求は、職種を問わずあらゆる分野で抑えることのできない流れとなる。ロボットなどの生産工程への導入が、単純な労働に携わる人手を必要としなくなることも、こうした流れを加速する。

芸術とハイテクの協働　歴史的に見て最も付加価値の高い商品は、言うまでもなく革新的な技術が生み出す先駆的な製品と芸術作品である。一枚の紙が芸術家の手によって芸術作品に変わり無限の高値で売られ、またこれまで予想もできなかった利便性をもたらすハイテク製品は、人々によって価格の如何にかかわらず購入される。こうして商品の中心を占めるのは芸術レベルの製品や最新の技術の産物になり、高値で取引されるのだ。それは芸術と最先端の科学技術のコラボレーションからなる経済である。

芸術レベルの作品について言えば、優れた工芸技術の伝統を持つ日本の場合、国際競争で優位に立つ絶好の機会をもたらすだろう。一八五九年（安政六年）に来日した英国の初代駐日大使オールコックは、「大君の都―幕末日本滞在記」で次のように述べている。「すべての職人的技術については、日本人は非常な優秀さに達している。磁器、青銅器、絹織物、漆器、治金一般や意匠と仕上げの点で精巧な技術を見せている製品に関しては、ヨーロッパの最高の製品に匹敵するのみならず、それぞれの分野において我々が模倣したり肩を並べることができない品物を製造できる、となんのためらいもなしに言える。(注17)」

また教育を改革し、創造力と知的好奇心にあふれた個性的な人材の育成を図ることに成功すれば、日本が世界のハイテク産業をリードする可能性は十分あると思われる。それに加え、これまで消費経済を維持するために浪費されてきた資源が、人類の存続の可能性を高める事業に向けられれば、そこに新たな、しかも長期的なビジョンに基づく持続的な需要が生まれる。例えば宇宙開発事業や、環境改善のための事業、都市の美化、そして医療ビジネス、文化産業、教育事業などの加速は、科学技術や文化の発展を促し、スピンオフとして多くの産業を生み出し、新たな経済を支えるだろう。

21・9

歴史・文化産業の拡大　永遠志向が生む歴史と文化は、大きな経済的可能性をもたらす。歴史記録とその保存および公開は、巨大なビジネスを生み出す可能性がある。自分の記録を歴史に残したい人々が急増すれば、そうした人々を取材し、伝記にまとめ、あるいは自叙伝を編集し、出版し、そしてコンピュータのサイバースペースに登録するのは、主として民間企業の分担になるだろう。また人々が消費財よりは世代を超えて価値を保つ芸術作品を求める結果、画家、彫刻家、工芸家などが生み出す芸術作品への需要は急増し、芸術ビジネスは巨大化する。芸術の重視は、文化産業だけでなく、多くのソフト産業を刺激し、先見の明がある企業家に絶好のビジネスチャンスを与える。それとともに、個人や少人数の職人が工房で制作をし、あるいは在宅で仕事をするという労働形態も増えるであろう。ＩＴの進歩は多数の職員を一か所に集める必要をなくし、こうした新たな労働形態を促進する。

21・10

歴史の単位としての企業　創造経済において企業がその存在意義を保とうとするなら、経営者としては、まず第一に利潤の追求という狭い視野に捕らわれず、創造的労働の場の提供や、歴史・文化への、あるいは人類社会への貢献といったより広い役割を自覚すべきである。品質の高い有用な商品を社会に提供することはもちろんとして、芸術レベルの品質の商品の製作、人々に奉仕する医療や福祉、革新的な技術の開発、さらには総合的地域開発や宇宙開発、途上国援助といった人類社会の向上のための事業への参加は、従業員に生きがいと誇りを与える。

企業はまた、人々の代替的自己としても有効な組織である。今日の優良企業の従業員の多くは、単に賃金のためだけでなく、その組織の名声と業績に誇りを持ち、また企業が自分たちの生命を超えて存続する代替的自己であると考えるからこそ忠勤に励んでいるのだ。特に終身雇用の場合は、企業はコミュニティとしての役割も果たしていることから、従業員と企業との一体感はさらに強まる。そうした企業は、国家ほど強固で永続的ではないにせよ、身近でより確実な代替的自己になり得る。企業の事業が公共的な色彩を強め、利益だけでなく社会全体への貢献を重視するなら、働く人々の誇りは高まり、社会における企業の基盤もさらに強固なものになる。

21・11　企業の新たな役割

企業に期待されることの一つに、歴史の単位としての役割がある。新たな意識を持つ人々は、自分たちの企業への貢献、そしてそれを通しての社会への貢献を社史に記録し、後世に残すことを求めるだろう。歴史の単位としては、国、地方公共団体、非営利団体、学会などいろいろ考えられるが、企業はそこで働く人々にとって最も身近な組織であり、また企業の数の多さ、そしてそこで働く人々が人口に占める割合の高さを考えると、人々の業績をより詳細に記録し、次の世代に伝達する歴史の機関として最も可能性の高い組織の一つである。もし企業がこうした歴史の上での使命を自覚し働く人々の業績を公平に記録するなら、企業に新たな社会的機能をもたらし、従業員の勤労意識をさらに高めるであろう。企業がこうした新しい役割を担えれば企業は生き残る可能性が高まり、自由経済はさらに発展するだろう。一方、経営者たちが新たな時代の流れを理解せず、旧態依然とした利潤追求のみに専念するなら、人々の企業への信頼は薄れてしまう。問題なのは最近のようにグローバル化の進展とともに企業が巨大化かつ複雑化、多国籍化した状態下では、従業員と企業との関係は疎遠となり、人々は企業を自己の代替的自己と見做せなくなる可能性が強くなることである。それは企業という組織が、歴史の単位として機能しなくなることであり、その結果究極的には多くの企業が存在意義を失い消滅し、自由経済そのものの崩壊をもたらすこともあり得るのだ。企業と自由経済の崩壊は、官僚主義がはびこる非能率的な計画経済に取って代わられることから、賢明な選択とは思えない。しかし経営者や経済政策立案者たちが、本章で見たような経済の本質的な変化と、それに伴う企業の新たな役割を理解するという保証はない。したがって我々は、残念ながら私的企業を中心とした自由経済と呼ばれる仕組みの終焉を目撃することになるのかもしれないのだ。

21・12

不況　今日の浪費経済から創造経済への移転は、一時的には不況を生む可能性があることも事実である。企業が利潤や売れ行きの増加を目的としている社会においては、不況とそれがもたらす経済の量的拡大の停滞は大問題である。しかし今日の浪費経済の概念から抜け出し、消費や収入の多寡は人間の幸福とは必ずしも比例しないことを理解する人々にとっては、経済の一時的停滞は必ずしも致命的な危機ではない。不況が恐怖の念をもって見られるのは、それが企業の倒産と失業を生むからである。しかしながら、創造の場の提供や、歴史の単位といった企業の非経済的な役割が強調される社会では、国も投資家も、不正や無能な管理あるいは経営者の独裁化などによって社会的な信用を失った場合は別として、単なる短期的な赤字というだけで企業を見殺しにはしないだろう。また後で述べる永遠志向社会や歴史・文化国家においては、人々に死後も残る創造の場を保持することが最大の責務であり、そのためにもそうした場としての企業の安定的持続が求められる。したがって政府も国民も、創造の場、歴史の場としての企業を残すため、救済措置を取るであろう。もちろん不況は経済関係者にとっては不愉快な出来事であることに違いはないが、今日の利潤の追求と消費に拘った人々と異なり、収入よりは創造の機会を、そして物質的満足よりは精神的充足を求める人々にとっては、それほどの苦痛ではなくなるはずである。リーマンショックによる不況の際、ドイツ企業の多くは労働時間の短縮と賃金の引き下げを断行し、労働者の解雇をせずに危機を乗り切ったが、これこそ新たな経済がとるべき理想的な不況対策である。

第二二章　ＢＩ制度と新たな創造経済理論の確立

22・1

実現可能な創造経済　前二章で触れた節約経済と創造経済という考え方は、一九八二年に出版した本書の原典である『永遠志向』の第三部第七章「新たな経済」で提示したものである。しかし当時は、創造経済への転換の可能性を示すような経済理論や経済政策についての情報はほとんど入手できなかった。そのため提案者である私自身が、それが実際に経済制度として実現可能なのかどうかについては、必ずしも確信が持てなかった。私が『永遠志向』の改訂版を書くのをしばらく躊躇していた理由の一つもそこにあった。実施可能であるという確信のない経済理論を提示するのはあまりにも無責任であり、その根拠となる永遠志向の思想そのものの信ぴょう性を傷つけると考えたのだ。しかし最近になって、欧米において、創造経済の実行可能性を裏付ける新たな経済理念が広まり、一部の国々の経済政策にも取り入れられるようになった。それが創造産業政策であり、またベーシックインカム制度である。そして私は、この二つの経済政策を取り込むことによって、創造経済が実現可能であるばかりか、将来における経済の在り方として最も合理的かつ実効性の高いものであることを改めて確認できた。それが私が本書を書く決心をした要因の一つである。

22・2

創造経済と利潤　創造経済という理念に接した人々が最初に持つであろう疑問は、この新たな経済が、民間企業の継続と発展を維持するだけの利潤を生み出せるかどうかである。資本主義の場合、経済は富の蓄積と消費の増大によって人々に死からの逃避の道を提供するものであり、したがって人々が必要な物をすべて入手したからと言って需要がなくなることはない。富と消費に取りつかれた現代人は、必要とは無関係に無限に金を稼ぎ、無限に消費するのだ。これが資本主義がもたらした急速な経済成長の原因である。それに対して創造経済は、創造とそれを通じての歴史・文化への参画を目的としており、人々は収入や消費の増加には、今ほどこだわらなくなる。したがって経済の量的な拡大と富の蓄積そして消費の増加はその重要性を減じ、経済は成長を目的とした仕組みではなくなり、健全で安定した、しかも公平なシステムに変わる。それは金で買えない幸せが山ほどあること、そして富の多寡は人間の価値とは無関係であることが理解された社会である。しかし、そうした社会で、関係者がただ漫然と創造に専念していれば、利潤が生まれない停滞した経済に陥りかねないことは事実である。

22・3

創造産業とクール・ブリタニア　この疑問に対する答えの一つが、今欧米で注目を集めている創造産業（Creative Industries）という考え方である。英国の文化・メディア・スポーツ省（ＤＣＭＳ）の定義によれば、創造産業とは、「個人の創造性や技術や技能、才能に由来し、また知的財産権の開発を通じて富と雇用を創出しうる産業」を指し、従来の芸術・文化・スポーツ産業を包含している。創造産業の振興策は、労働党のブレア首相によって一九九七年にイギリスで「クール・ブリタニア」政策として始められた。それは若い才能を育成し、芸術文化を活性化し、多様な産業や優れたアイデアを生み出す社会を目的とした政策で、この政策に基づきテート美術館などの大規模な芸術施設を全国的に整備するとともに、宝くじなどの資金で芸術活動への支援を大々的に拡大した。この政策は英国の観光産業やソフト産業に大きな刺激を与え、今日の英国経済の盛況の一因とされている。創造産業という概念はまだ新しいもので、国により概念も定義も異なっているが、イギリスの場合、広告、放送、デザイン、報道、映画、ビデオ、美術、イラストレーション、ゲーム、音楽産業、舞台芸術、出版、ソフトウエア開発などの分野を含んでいる。（注18）

22・4

クール・ジャパン　この英国の成功に倣って、日本でも麻生総理大臣が二〇〇九年に行ったスピーチで、二〇二〇年までに国民総生産を一二〇兆円増加させる案の一つとして、アニメやファッションなどの「ジャパン・クール」の重視を唱えた。また経済産業省が二〇一〇年六月に「クール・ジャパン室」を設置し、ソフト産業を売り込むことで、観光業の活性化とソフト産品の輸出の増加を図っている。また二〇一三年一一月には、日本の魅力ある商品やサービスの海外進出のため、官民共同出資によるクールジャパン機構が設置された。しかし英国のクール・ブリタニアが創造産業の基盤をなす芸術・文化の振興と人材の養成を柱としているのに対し、クール・ジャパンは、ゲームなどのソフト産業や、日本食、アニメ、ポップミュージックなどの輸出の増加、それに観光の振興による経済的な利益を上げることを目的としており、肝心の芸術・文化の振興と人材の育成策が欠落しているため極めて表皮的な政策となっており、クール・ブリタニアと同じ水準の創造産業振興政策と言えるかどうかは疑問である。

22・5

創造産業の規模　英国の創造産業は、二〇一三年から一四年の一年間で八・九％の急成長を遂げ、総売り上げが一三三四億ポンド（約一八兆円）、雇用者数が二八〇万人に達する一大産業分野に発展し、特に劇場、博物館、美術館といった芸術文化施設はイギリスの観光産業の目玉となり、またＩＴやソフトウエア、コンピュータサービスは二〇一四年のイギリスの輸出総額の三〇パーセント近くを占め、創造産業全体では英国のＧＮＰの一〇パーセント近くを生み出し、今日の英国経済の牽引役となっている。(注19) アメリカの創造産業の成長も目覚ましく、大統領直属の芸術支援機関である全米芸術基金の統計によれば、舞台芸術、音楽、映画、出版、放送、広告デザイン、個人としての芸術家や作家の収入などを含む芸術産業の売り上げは、一九九八年から二〇一三年の間に三二・五％増加し、七六四〇億ドル（約八十四兆円）に達し、四七〇万人を雇用している。(注20) これに年間売り上げが一兆ドル（約一一〇兆円）といわれるＩＴ産業やゲーム関連産業を加えれば、アメリカの創造産業の規模は日本のＧＮＰのほぼ四割に相当する巨大なものとなる。

創造産業は、単に利潤を生み出すだけでなく、製品の質と美的な価値を向上させ、製造業一般の質的向上にもつながる。昨今のものづくりを中心とした経済の世界的な行き詰まり傾向を考えたとき、創造産業が今後の経済発展の鍵であることは確かである。本書で唱える創造経済は、創造産業のように限定された経済分野を意味するのではなく、あらゆる経済活動をあまねく創造化することであり、両者は必ずしも同じものではないが、創造産業によって、創造経済は一部ではあるがすでに現実のものとなっているのだ。(注21)

22・6

創造経済と経営科学　創造産業は創造経済の走りであると同時に、その中核の一角をなす分野である。世界経済全体がハードの生産からソフトの生産に重点を移しつつあること、そして商品の高付加価値化が求められることを考慮に入れれば、創造経済が現在の消費財生産を中心とした経済にとって代わることは間違いないと思われる。その創造経済が円滑に回転し、継続的な活動を維持するための利潤を生むためには、新たな経済環境に適応した経営科学の確立が必要となる。

資本主義の初期においても、企業経営において、例えば流れ作業を導入して自動車の大衆化を実現したヘンリー・フォードのような有能な経営者が輩出し、優れたマネジメントが行われていた。それでもそれは少数の天才的な経営者による例外的な成功であった。それに対して今日普及しているマネジメントは、第二次大戦後に発生した経営科学(Management Science)の手法を取り入れることで、それ以前の経営手法とは一線を画するものとなっている。実際に経営科学の有効性が認知され一般化したのは、一九五〇年代に入ってからである。第二次大戦は総力戦と呼ばれ、個々の兵士の能力や勇気よりは、戦略、情報能力、兵站(補給)、生産などの総合力が求められ、それらの要素を最も効果的に運用した側が勝利を治めた。その経験をもとに戦後に発生したのが経営科学に基づくマネジメントであり、最初に利潤追求の組織である企業においてその有効性が実証され、その後、非営利部門を含む他の分野にも広がった。アメリカの経営学者Ｐ・Ｆ・ドラッガーは、経営科学の基礎概念として、①仕事の科学的管理、②組織の分権化、③人事管理、④管理者養成、⑤会計、⑥市場開発（マーケッティング）、⑦長期計画、の七つを挙げている。(注22)こうした概念は少数の専門家の奥義として以前から企業等の経営において実践され、成功を収めてきたが、経営科学はそれを体系化し、明確化することで、どの経営者でも会得できる知識としたのである。いうなれば経営の極意をマニュアル化したのだ。

22・7

非営利部門の経営　利潤が唯一最大の経営目的でなくなり、代わりに生産者の創造が重視される創造経済において、果たして経営科学が有効に機能するかどうかについては疑問もあり得る。しかしアートマネジメントの教育と研究を専門としてきた私としては、創造経済の中核を担うべきアートマネジメントを含め、経営科学が創造経済を十分稼働可能な経済制度にするにあたって大きな貢献をするものと信じている。今日、経営科学は非営利部門にも取り入れられており、それらの分野の経営の改善に大きな実績を上げている。つい最近まで世界各国において、多くの非営利活動が公共部門とされ、あるいは公的な補助によって経営されてきた。しかし公益法人、学校、病院、芸術などの分野の組織が巨大化し、それに加えて政府や自治体が財政難から公的支援を縮小したことから、営利部門で大きな成果を上げてきた経営科学の理念、知識、手法を、これらの非営利分野での活動に適用することで、民間経営を可能にする試みがなされるようになった。しかし経営科学の手法の非営利部門への適用には、当初多くの困難がともなった。非営利部門は、例えば大学の場合は理事会と教師・研究者、病院の場合は経営者と医師、芸術の場合は、マネジメントと芸術家といったように、その目的も哲学もまったく異なった、しかも往々にして対立しがちな要素を持ったグループから成り立っているのだ。企業なら、経営のトップが経営の実権を握るのが当然とされるが、非営利団体の場合は、経営者は必ずしも最終的な意思決定者でない場合が多い。しかも非営利団体の場合は、営利を目的とする企業と異なり、利潤追求を前面に押し出した経営には法的な制約があり、心理的にも抵抗感がある。ここに非営利部門のマネジメントの難しさがある。しかし幾多の試行錯誤を経て、今日では非営利部門における経営では、経営者と現場との分業が定着しつつあり、非営利団体の効率的な経営を可能としている。創造経済においても、法制度の整備と非営利事業の経営で得た経験を生かすことで、創造と利潤という必ずしも一致しない目的を有機的に結び付け、両立させる経営の実現が期待される。

22・8

所得格差の弊害　創造経済においては、すべての人が創造力を持つわけではないし、高品質・高付加価値の産品だけでは十分な雇用が確保できず、したがって生計を立てられない人々が多くなるのではないかという指摘が出てくる可能性がある。成熟期に入った資本主義経済が今日直面している最大の問題は、豊かさの中での貧困と所得格差の拡大である。それは現代資本主義のあくなき利潤の追求が少数の富裕層を生む一方で、中産階級が減少し大多数の人々が相対的に貧しくなることから生まれる。先進諸国においては、経済的格差は必ずしも飢えをもたらすような絶対的な貧困を生み出すものではない。しかし資本主義経済を動かしている要因の一つは、人間に内在する他人よりも優位に立ちたいという優位志向であり、人の関心は、どのくらい資産や収入があるのかではなく、他人と比べて資産や収入が多いか少ないかにある。したがって今日広がっているような極端な経済的格差は、大多数の人々の間に不満と怒りを生み出す。今や相対的な格差は極限に達しており、それが人々の閉塞感と現状への不満を拡大している。各国における極右勢力の拡大や、ポピュリズム（大衆迎合主義）、イギリスの国民投票によるＥＵからの離脱などは、格差の原因をつくった既存の社会的、経済的仕組みへの失望感が生み出したものである。二〇一六年のアメリカの大統領選挙での予想外の結果も、それが一因になっている。もし各国政府が早急にこの格差問題について解決策を提示しない場合は、社会不安の増大とそれがもた

22・9

らす混乱は避けられないだろう。

行き詰まる福祉政策　日本を含め先進諸国では、格差と貧困問題に対処するために、年金、生活保護、失業手当、医療保険、子どもの扶養手当などの福祉制度が導入されている。しかし行政による現行の福祉制度は非効率的であるばかりか、かえって福祉の網から漏れた人々の間で不公平や逆差別を生んでいるとの非難が高まっている。例えば日本では、働いても収入が生活保護費以下であるワーキングプアが増加し、富裕層が年金や医療保険などの恩恵を受ける一方で、多くの非正規雇用の若者が将来への不安を抱え、正規雇用を得た若者も年功序列型の賃金体系で不当に賃金を抑えられ、さらに奨学金の返済や国民年金、医療保険などの納付金の支払いで過度の負担にあえいでいる。また生活保護を不正受給し、介護保険を悪用する人も後を絶たない。現行の福祉制度はまた、受給者の誇りを傷つけ、その尊厳を冒す仕組みでもある。しかもこうした福祉を運営するために莫大な公費が使われ、行政は肥大化し、手続きは煩雑になるばかりである。それに加えてほとんどの国で税収が伸び悩み、国家財政が逼迫しており、福祉の水準を下げざるを得なくなっている。現行の形態の福祉制度は今ほとんどの国において破綻に直面しているのだ。

22・10　ベーシックインカム制度

そうした経済格差と福祉制度の歪みを是正する方策として提示されたのが、最近先進国で注目を集めているベーシックインカム制度（基本所得制度 Basic Income System、以下ＢＩ制度とする）である。この概念は一六世紀のベルギーの哲学者ヨハネス・ビブス（Johannes Ludovicus Vives）や、一八世紀のアメリカの思想家トマス・ペイン（Thomas Paine）によって提唱され、二十世紀末ごろから欧米でその是非についての議論が高まった。それは生活保護や失業保険などのこれまでの福祉制度の多くを廃止し、代わりに税収その他の国庫収入から、国防、外交、衛生、インフラ整備といった国の必要経費を差し引いた全額を、年齢、所得、就労の有無を問わずすべての国民全員に平等に分配する仕組みである。例えば国民一人当たり月額一〇万円の基本所得を支給した場合、家族が四人なら四〇万円が所得となり、家族はそれを娯楽を含め何に使ってもかまわない。彼らが働いて収入を上積みすることはもちろん自由である。

22・11　ＢＩ制度への関心の高まり

ＢＩ制度は一九七八年のノーベル賞経済学部門の受賞者ハーバート・サイモンなど多くの経済学者から支持を受けるようになっている。アメリカではニクソン政権内でその導入についての議論が始まったが、彼がウォーターゲート事件で辞職した後は立ち消えになった。しかしアラスカ州においては、一九八二年に当時の州知事

22・12

ジェイ・ハモンド（Jay Hammond）によって州レベルで実施された。これはアラスカの石油などの豊富な資源が生み出す税収の余剰を、アラスカに法的に認められた住所を持つ者すべてに一律に配布する制度で、二〇〇〇年ベースで州民一人当たり年間二〇〇〇ドルが配布されている。一方ヨーロッパでも、多くの研究者によってＢＩ制度についての研究がすすめられ、一九八六年には関心を持つ人々をつなぐ欧州のネットワークとしてBasic Income European Network（BIEN）が構築され、それが二〇〇四年には地球規模のBasic Income Earth Network（同じくBIEN）に発展した。そして二〇一六年六月にはスイスにおいてその導入の可否についての国民投票が行われたが、賛成は二三パーセントにすぎず大差で否決された。スイスの提案は、成人には月額二八万円、未成年者には七万円を支給するものだが、支給に当たり所得制限があり、高額所得者は給付の対象から外されるもので、すべての国民に平等に一定額を支給するという本来のＢＩ制度とは多少異なるが、すべての人の最低所得を保障するという意味ではＢＩ制度の一種と言えよう。（注23）

ＢＩ制度のメリットとデメリット　スイスの国民投票の結果が示したように、ＢＩ制度に賛同する人が増える一方で、これに反対する人も依然として多い。この制度に賛成する人々は、それが社会から貧困を駆逐し、今日多くの福祉国家が実施している福祉制度の弊害である受給者に対する差別感情や、逆差別、手続きの煩雑さ、そして行政経費の膨張といった問題を解決できると主張する。また、人々は生活費を稼ぐための労働から解放され、自分が価値を認める職業を選択する自由が保障されるという、真の意味での労働権が確立される。それは男女の間の経済的格差をなくし、男女平等社会を実現する。家族が増えれば支給額も増えることから子どもを産む誘因が増え、今日先進国を悩ましている少子化問題解決の切り札にもなり得る。また国民の将来への不安を抹消することで人々は過剰な貯蓄をする必要がなくなり、消費係数は高くなり、経済も活性化する。この制度の支持者によれば、財源は税制改革や現行の社会保障制度の廃止によって十分捻出できるとする。ＢＩ制度は福祉ではなく、国民の経済的権利の行使なのである。

それに対して反対派は、最低限の所得を保障された人々が、働くインセンティブ（動機）を失い、勤労精神が失われ、怠け者ばかりがのさばり、経済が崩壊する恐れがあること、企業がＢＩの分だけ給与をカットすることで不当な利益を得ること、ＢＩを求めて貧しい国々からの移民が殺到すること、国庫の赤字が増え、増税される可能性があること、などを反対理由として挙げている。またすべての人が家計を合理的に管理できるわけではなく、中には金を賭け事や飲酒などで浪費し、結局貧困に陥る人々が出る可能性も指摘されている。

ＢＩ制度については、二〇一七年にフィンランド政府が生活保護世帯にこの制度を試験的に導入するなど、一部のＥＵ諸国において真剣に検討がなされているが、これを機に日本においてもＢＩ制度についての論議が深まることを期待したい。(注24)

22・13

保守層が提示したＢＩ制度　面白いのは、この収穫を平等に分け合う原始共産主義にも似た制度が、経済的な公平を求める社会主義者ではなく、主として古典的な資本主義を信奉し、小さな政府を求めるアメリカの共和党や、新自由主義者（Libertarian）と呼ばれる保守的な人々によって提示されたことである。彼らは、この制度によって年金や生活保護などの煩雑な行政事務が不要となり、行政コストは大幅に削減され、政府の国民生活や経済活動への関与も最低限に抑えられると主張した。そして企業は一切の束縛を受けることなく利潤の追求に邁進できることで活性化し、最低限度の生活が保障された人々は自由に職業を選び、好きなだけ働く。こうしてアダム・スミスが主張した「見えない手」によって動く自由経済が再現するというのだ。一方個人の自由と平等を重視するリベラル（自由主義者）の間でも、ＢＩ制度は最低限の生活を保障することで市民の自由と生存権を守るものであり、民主的な社会の基礎になり得るとして支持がひろがった。

22・14　財政的に実施可能なＢＩ制度

ＢＩ制度を支持する人の間でも、財政的な負担の面からこの制度が実施可能かどうかについて危惧する人も多い。これに対しては、日銀政策委員会審議委員である原田泰氏が、その著書『ベーシック・インカム』の中で明快に答えている。彼の推計では、日本の二〇歳以上の人口一億四九二万人に月額七万円（年八四万円）、二〇歳未満の二二六〇万人に月額三万円（年三六万円）を給付するとして、年に九六・三兆円の予算が必要になる。また年率三〇パーセントの所得税を課すとして、所得控除の廃止も加えて、七七・三兆円の税収を得ることができる。これをＢＩ制度に必要な予算額九六・三兆円から引くと、不足額は一九兆円となる。そしてこれに廃止される現行の所得税一三・九兆円を足した三二・九兆円がＢＩ制度を実現するのに必要な予算額である。現在政府は老齢基礎年金に一六・六兆円、子ども手当に一・八兆円、雇用保険に一・五兆円、合わせて一九・九兆円支出しており、これはＢＩ制度の財源になる。また政府の公共事業予算を含む公的資本形成は二一・〇兆円だが、これを先進国の平均ＧＤＰ比三パーセントに抑えれば五兆円程度が削減できる。さらに地方自治体の中小企業への貸付費のうち、通常の金利より低く貸し付けている金利差と、返済不能の場合の代理返済金を廃止すれば一兆円となる。農業予算は地方自治体の農林水産業費を合わせれば五・五兆円だが、ここでも一兆円程度は削減可能である。地方自治体の民生費の内の福祉費（社会、老人、児童）と生活保護費など当然にＢＩに繰り込まれる経費は七・九兆円である。地方交付税交付金等の一七・一兆円は、無駄な支出や人件費の節約で一兆円程度削減できる。これらを合計すれば三五・八兆円となり、ＢＩ制度の導入による赤字を補填して余りあることとなる。原田氏は触れていないが、これに福祉関連の公務員の削減等による行政経費の節約分と、将来への不安がなくなった人々が必要以上の貯蓄をやめることからくる消費性向の向上による景気への刺激と、経済の活性化による税収の増加も考慮に入れるべきだろう。原田氏が想定した月額七万円が果たしてＢＩとして妥当な額かどうかは別として、少なくとも日本では、ＢＩ制度は財政面からも実施可能なのである。（注25）

22・15

究極の創造経済理論　ＢＩ制度はこれまで国単位で実施された例はなく、したがって右で述べたメリットやデメリットは、あくまで理論上のことで、実際にそうなるかどうかは必ずしも明らかではない。しかし本書で提示する労働の要因が賃金の獲得から創造の達成に変わる永遠志向に基づく創造経済においては、ＢＩ制度は、最もなじみやすい所得配分システムであることは間違いない。この制度によってすべての人に最低限の所得が保障されれば、人々は生活費のことなどを心配せずに創造に専念できる。それは経済から人々を解放することでもある。ＢＩ制度に懐疑的な人々は、生活の保証が怠け者をつくるというが、それは現在の、配偶者の収入が一定以上になると損をする扶養家族所得控除制度や、働くと給付が減額または停止される生活保護制度でも同じことである。一方創造経済においては、労働の誘因は賃金ではなく、創造の追求であり、生活に困らないからと言って勤労意欲が減退することはない。ＢＩ制度の最大のデメリットとされる、人々が働く意欲をなくすという恐れは、人々が競って創造を求める創造経済の創出で解消される。人々がＢＩによって生活が保障されたときに、賃金に代わり、生きがいと労働へのインセンテイブを与えることによって、人々が怠惰や安逸に落ち込むことを防ぎ、健全な生産活動の維持を保障するのだ。永遠志向に基づく創造経済理論と創造産業およびＢＩ制度の組み合わせは、現行の資本主義経済の矛盾の多くを解消し、より合理的な新たな経済制度を生み出すだろう。

22・16

AIの導入と経済活動の変質　今日多くの国が高い失業率に悩まされているが、その最大の原因は、一部の扇動政治家たちが主張しているような移民の流入や企業による工場の途上国への移転ではなく、急速に発達するテクノロジーの産業への適用なのである。特に最近各方面で注目を集めているＡＩ（Artificial Intelligence　人工知能）技術が近い将来本格的に導入されれば、そうした傾向は更に進行し、それとともに創造経済制度の必要性はさらに高まるだろう。ＡＩのコンセプトはまだ確定されておらず、その定義もさまざまだが、大雑把に言って人間に近い知能を持った機械を作ることと、人間が行う知能的な作業を機械に行わせることを指す。最近トヨタ自動車がこのＡＩ技術を使って、コミュニケーションロボット（KIROBO mini）を製作、販売し話題となったが、この持ち歩けるくらいの小さなロボットは、カメラで人の表情を読み取って、その人の気分にあった会話をすることができ、しかも会話の内容を覚えてゆくことで、知能も高度化し、人間と心の通ったパートナーになるとされている。このようなＡＩ技術が経済活動に導入されれば、その影響は計りしれないものとなろう。これまでも、多くの産業が工作ロボットを使って生産過程をオートメーション化することで、労働者が職を失っているが、ＡＩは、単純な作業だけでなく、識別や分析、仮説提示、学習、予測によって、情報管理から会計、接客まで機械が行うことを可能とするのだ。

ＡＩ技術が経済活動をどのように変えていくのか、いくつかの可能性を見てみよう。今日最大の産業分野である自動車産業について見れば、ＡＩによって完全に自動化された自動車の出現と、アメリカで急速に普及している電話でタクシーなり自家用車を呼ぶ配車システム（Uber）の組み合わせは、各人が自家用車を所有する必要をなくし、自動車の売り上げは大幅に減少する。簿記、会計、文書管理、在庫管理、顧客管理、販売計画、業務案内等はＡＩが行う結果、事務職の必要は半減する恐れがある。アメリカの医療関連会社はTricorder Ｘと呼ばれる健康診断システムを導入しようとしている。これは、網膜検査を始め五四種の健康診断をスマホやインターネットを使って行うことができるようにするもので、家庭医や人間ドックの必要は減少するだろう。ＩＢＭが始めたコンピュータと連動したワトソン（Watson）は、電話によりわずかな手数料で法律相談に応じる結果、刑事事件などの特殊な専門分野を除き弁護士や司法書士の出番は少なくなる。日進月歩の３Ｄプリンターを使えば、ほとんどの製品が人手を借りずにプリンターで製造可能になるといわれており、そうなれば日本が最も得意とする部品産業は衰退し、熟練工の必要も少なくなる。

もしこのような事態があまり遠くない将来において現実のものとなったなら、ブルーカラーだけでなく、事務職や営業職、接客係、コンサルタントなどのホワイトカラーの多くが失職することとなりかねない。そのような状況下では、職を失った人々の生活を保障す

22・17

るためにはＢＩ制度を取り入れるしかなく、また彼らに新たな職場と建設的な生き方を提供するには、機械には決してできない創造活動を導入し、職業教育とガイダンスを強化することで、人々が適切な創造的活動に従事できる仕組みを創りださねばならない。この意味においては将来においては、ＢＩ制度と組み合わせた創造経済だけが、唯一可能な経済制度となるのである。そしてこうした変革の必要性を考慮に入れた長期的な経済政策を策定するとともに、教育制度を改革するなど、新たな経済システムに転換する準備を早急に進める必要があるのだ。

理想の経済制度　創造産業の更なる成長やＢＩ制度の導入が実現するか否かは、創造経済の実現の鍵である。一方、現状のままで、最低限度の生活が保障されるＢＩ制度を導入すれば、多くの人々が危惧しているように労働への動機は減退し、経済は衰退する可能性がある。このことは、創造と生きがいを労働の主眼とする創造経済が構築されてはじめてＢＩ制度も実施可能な政策となることを意味する。それは多くの人が永遠志向に目覚め、創造を志したときにはじめて全力稼働する経済である。そこにおいては、創造経済の理念と創造産業とＢＩ制度とが組み合わされた経済が形成され、その相乗効果によって、人類の経済活動は新たな高みに達するだろう。この新たな仕組みのもとでは、経済は現世代の利益だけを追求する利己的で短視的な活動であるのを止め、将来の世代の利益、さらには人類の永劫の存続をも視野に入れた永遠経済となる。そこでは物質的な豊かさより精神的な充足が重視され、経済は人々が創造によって死後にも足跡を残すための活動となる。こうして経済は、利己的な物欲の追求と次の世代への負の遺産をつくり出す蛮行であることを止め、人類の将来への貢献のための崇高な活動になる。そしてそれは、環境汚染や温暖化、資源の枯渇を最小限に食い止め地球を救うとともに、創造活動を爆発的に拡大することによって人類の発展を加速する究極の経済制度なのである。それが永遠志向が生む経済であり、個人を富ますのではなく、未来の人類社会をより良いものとする経済である。

22・18

資本主義は終焉するか　では創造経済制度は、利潤獲得のための制度である資本主義経済の範疇に収まるのだろうか。それは少なくとも国家による統制経済ではなく、民間企業と個人が主体となって運営される自由経済であるという意味では、資本主義の延長と言えよう。また自由経済である以上、その維持発展のために必要な利潤を生み出すことが必須となり、この意味でも資本主義的な形態をとどめた制度である。

しかし創造経済と資本主義経済との間にはいくつかの大きな違いがある。そのうちで最も重要なのは、資本主義が最大の利潤を上げることを主眼としているのに対し、永遠志向に基づく創造経済は、生産に携わる人々の創造意欲を満足させることと、社会的貢献を通じて生産者が人類に貢献することが重視される点である。そこにおいては利潤は最終的な目的ではなく、生産活動を維持するための資金を確保する手段にしかすぎなくなる。それは今日のような金銭欲に動かされた経済ではなく、創造とそれを通じての歴史的実在を目指した永遠志向が駆動力となる経済であり、経済が人間を支配するのではなく、人間が支配する経済である。また現在の資本主義は、自らを豊かにすることに関心が集中する利己主義的な経済であるのに対し、創造経済では、創造物などの代替的自己の創造と、未来における人類の存続と繁栄に貢献することがすべてに優先する。したがってこの新たな制度を資本主義と呼べるかどうかは議論が分かれるところである。

22・19 経済至上主義からの解放

今日資本主義経済は迷走し、無軌道な財政出動やマイナス金利政策といった不自然な景気刺激策によって、辛うじて機能不全となるのを免れているのが実状である。それでいて格差の拡大によって人々を不幸にし、財政赤字の増大や資源の浪費によって次の世代に負担を強い、環境の破壊によって人類を危機に陥れている。人類の更なる発展のためには、このような不自然で非道徳的な経済政策に代わり、自然体でも機能する新たな経済理念が求められている。アダム・スミスは、個人の利己心に任せることが健全な経済を生み出すと主張したが、本当の利己心とは実は物欲や金銭欲などといった些細な欲望ではなく、自己の死を超越することを望む永遠志向なのだ。こうした本当の利己に目覚めた人々の目指す経済は、物的な欲望の追求という低次元の行為にとどまらず、人類への貢献に昇華する。そこでは巨万の富を築いてもそれ自体は特に称賛はされず、富を得た過程で人類に対してどのような貢献をしたのか、またその富をどのような形で人類発展のために還元するのかが評価されるのだ。そして人類は、これまで社会のあり方を歪めてきた経済至上主義から解放され、人間本来の生き方を取り戻す。したがって私は、現行の形での資本主義ではなく、ここに提示した経済制度、すなわち永遠志向に基づく創造経済の確立こそが、人間の本質に沿ったもので、しかも人類の更なる発展にとっても最も効果的な究極の経済制度であることを確信をもって宣言するものである。

第五部　永遠志向社会の構築

永遠志向の自覚は、歴史民主主義を生み出し、すべての人が未来の構築に等しく参加する永遠志向社会が構築される。そこでは宗教的な来世に加えて、歴史と文化が現世における来世になる。そして歴史への貢献を通じて死を超越しようとする英雄、英才が輩出し、文明は飛躍的に発展し、人類は新たな高みに到達する。

第二三章　歴史民主主義の確立

23・1

民主主義とは何か　我々が歪んだ経済の束縛から解き放たれ創造経済を確立するためには、政治の改革はどうしても通らなければならない道である。そしてそれはより完全で永続的な民主主義の確立である。

実態は別として、今日民主国家を標榜しない国家は少ない。しかし民主主義を論じるにあたっては、まずその理念が何を意味するかについて共通の認識を持つ必要がある。民主主義とは、ギリシャ語の demokratia（demos は市民、kratia は権力）が語源で、市民による政治を意味し、国王などの一人の支配である monarchy（君主政治）と少数の特権階級による支配である aristocracy（貴族政治）や oligarchy（寡頭政治）に対比した概念で、一般市民が自分たちの生活や将来に影響する事柄の決定に参加する政治制度を意味する。

しかしながらこの頻繁に使われる政治理念の中身は、政治体制によって大きく異なる。例えば人民を代表すると称する支配層の意思を絶対的なものとして、それに対する批判は一切認めない人民民主主義と、法の前での万民の平等、言論結社の自由、自由選挙、人権の尊重を前提にした西欧型の民主主義は全く異なった政治理念であり、この極端に相反する理念に民主主義という一つの言葉を当てはめるのは適切とは思われない。結論から言えば、民主主義はあくまで個人の価値と平等を絶対とする制度である。

23・2　民主主義への疑問

ロックなどの啓蒙思想家が主張し、アメリカの独立戦争やフランス革命によって現実のものとなった民主主義は、一九世紀から二十世紀にかけて急速に広がり、普通選挙の実施や、第二次大戦後の国際連合の設立と世界人権宣言の採択によって、人類社会において不動の地位を占めるかに思われた。しかし実際には世界においても、西欧型の民主主義が確立された国は少数にとどまっており、民主主義を標榜する一部の国でも、それは修辞上の言葉（レトリック）にすぎないと思っている人が多い。デモクラシーの元祖とされる古代ギリシャにおいても、例えばプラトンなどは、民主主義を衆愚政治であるとして嫌悪していた。そしてドイツにおいてはワイマール憲法下の民主主義制度がヒトラーを生み、日本の大正民主主義が軍国主義の種をまくなど、民主主義の歴史は、挫折の歴史でもあった。また二〇一〇年から二〇一二年にかけて中東地域で起きたアラブの春と呼ばれた民主主義への動きも、結局はチュニジアを除いては中東諸国が独裁国家に後戻りし、さらにＩＳなどのテロ集団を生み出し、混乱の内に終焉している。現代民主主義の本家本元である欧米諸国でも、テロや難民の流入や経済格差の拡大などから人々の感情に訴える大衆迎合主義（ポピュリズム）が蔓延し、国民投票による英国のＥＵ離脱や、ヨーロッパでの極右政党の伸長などに象徴されるように、民主主義に対する信頼が揺らいでいる。日本においてもこのところ、西欧型の民主主義に挑戦する国家主義的な勢力が力を増している。そうした中で、今後とも民主主義が指導的な政治思想であり続けるかどうかについて疑問を感じる人が増えるのは当然であろう。

23・3

永遠志向は民主主義を求める　しかし私は断言する。永遠志向の見地から見たとき、個人を絶対的な価値とする民主主義は、単に数ある政治制度の一つではなく、人間の本質に沿った唯一無二の合理的な政治制度である。それは人間の基本的かつ普遍的な衝動である三つの志向が、いずれも個人に起源を持つからである。例えば生存志向は、すべての人に自らの生命を守ることを求め、優位志向は、自分の地位の向上に駆り立て、永遠志向は、個人の生命を代替物を通して死後まで残そうとさせる。人間の思考も行動もすべて個人を基礎としているのだ。蜂や蟻の群れは超生物的な実態を構成し、群れから離れた個体は、もはや完全な存在ではなくなる。それに対して人間を含む哺乳動物は、個体がそれぞれ自らの生存を志向する独立した存在であり、その群れは個人の集合体に留まり、超生物にはならない。人にとって自分は全宇宙の中心であり、その存在こそがすべてである。したがって全体主義や国家主義など、個人を全体に従属させ、あるいは個人の意思を無視する政治制度は自然の定めと人類の本質に反し、不条理である。一般大衆が政治的に無知であった過去においては、少数の権力者が権力を独占し、民衆の意志を無視した独裁政治を行うことができた。また近代において個人を包含した有機体であると称する民族国家が生まれ、個人は全体の中に埋没させられた。しかし優位志向と永遠志向は、すべての人に意思決定と歴史と文化への平等な関与を求めさせる。さらにＢＩ制度の導入によって貧困が撲滅され余暇が増えれば、かつて古代ギリシャの市民たちが奴隷制度によって雑務から解放され、積極的に政治に参画したように、人々は政治への関心と関与を強めることで民主主義の基礎を強固なものにするだろう。その結果、永遠志向社会では、個人の価値を絶対とする民主主義を否定する政治体制は、人間の本質と欲求を無視した悪しき制度として否定される運命にある。次の章で述べる歴史・文化国家も、自由、平等、法の支配そして人権といった民主主義の根本理念が確立されて初めて実現可能となる。そこでは民主主義は単なる政治制度にはとどまらず、永遠志向社会の文化と伝統の不可欠な一部となって永劫に存続するのだ。

23・4 民主主義の多様化

民主主義は元来統治の理論であり、政治的な分野で発達してきた概念である。プラトンやアリストテレスが考察したのは、政治の一環としての民主主義であり、ロックが唱えた民主主義も、統治制度のあり方についての提案だった。このような政治民主主義の伝統は、アメリカの独立宣言に始まり、フランス革命でも引き継がれた。一七八九年にフランス革命政府が制定した宣言は、人権を「自由、財産、安全及び圧政への抵抗である」と規定し、民主主義の根幹である人権が政治的な概念であることを明言している。これに対して、一九世紀になると、民主主義の解釈は政治の枠を超える。ジェレミー・ベンサムは、人々にとっての快楽（幸福）の最大化と苦痛（不幸）の最小化を目指す功利主義を唱えた。今日において最も大きく取り上げられている民主主義は、経済民主主義である。ロックやフランス革命の人権宣言も私有財産について触れているが、それは私有財産を持つ権利という限定的な意味であった。しかし今日では、経済活動の自由と経済的な平等が民主主義の根源であると考えられている。

23・5 文化民主主義の確立

一九七〇年代後半に入ると、民主主義の焦点は個人または集団の文化的独自性の擁護を唱える文化民主主義に移行している。それまでの民主主義者たちは、文化面について触れることはほとんどなかった。それは文化が少数の知的な人々の専有物であって、一般大衆には関係ないという差別的な考えが強かったためである。このような大衆の文化力に対する不信は、民主主義によって政治的、経済的な特権を喪失した今日の知的エリート層が、自分たちの特別な地位を主張する最後の拠り所として創り出したものであり、その根拠は古くはアリストテレスがその『政治学』で描写した暴力と無節制の代表としての大衆像であり、ローマ時代のパンとサーカスで操作される大衆というイメージと結びついている。これに対して真の文化的な平等を主張したのは、第二次大戦後、旧植民帝国のくびきを脱して政治的な独立を達成したアジア・アフリカの新興国や、多数派によって差別された少数民族である。それまで文化的植民地主義は、最も効果的な植民地政策であった。それは、被支配民族の文化を未開なものとして卑下し、文明の名において宗主国の文化を押し付けることであった。民族や国家は、他の民族との文化的な相違によって初めて独自の存在を主張することができる。もし文化的独自性が失われれば、その民族は自分たちの文化の源泉から切り離されて支配者の従順な分身となり、自らの意志で将来を選択することも、潜在力を引き出すこともできなくなってしまう。特に若い世代は見習うべき独自の文化的モデルを失い、宗主国の文化に同化される。日本のアイヌ民族やアメ

23・6

リカの一部先住部族がそうであったように、文化的な支配は、民族の全面的な抹殺を引き起こすのだ。今日では欧米諸国でも、欧米文化の優越性を主張するのを止め、少数者を含め、すべての人々が所属する文化を自ら選び、それを保持する権利が認められるようになってきている。

歴史民主主義の生成　文化民主主義が重要なのは、文化は伝統と同義語であり、したがってそれは当然に人々の歴史的な連続を保持し、独自の歴史を構成する権利を意味する歴史民主主義を生み出すからである。歴史とは過去において起きた出来事の集積であり、それに対して時代を超えて受けつがれる伝統が文化である。それは相互に連結しており、そのどちらを欠いてももう一方も存立しえない。それはともに時代を超えた存在である。

ここで提起する歴史民主主義とは、これまでの民主主義の概念とは全く異なる新しい理念である。それはすべての人が、歴史の中での存在と平等を求める権利のことである。自らの死すべき運命を自覚しながら、一方では他のすべての生き物と同様に生を求めてやまない人間は、その相克の中から、自己の死後も残る代替的自己を探索し、その総合体が歴史という超自然的な存在となる。この歴史を通じて人々は永遠と不滅を達成する。永遠の

23・7

存在を求めて切磋琢磨する人は、永遠志向が認識された社会でも必ずしも多くないかもしれない。大半の人はその日その日の幸せに満足し、それ以上は求めないものである。しかし社会を変革し、新たな潮流をつくるのは、いつの時代においても最初は少数者なのであり、歴史の中に永遠を求める者も、少なくとも当初は少数者にとどまる可能性が強い。そしてこれらの少数者を含めたすべての人々の歴史に参加する自由と権利を守るのが、歴史民主主義である。

歴史の簒奪　歴史民主主義を実現するうえでの第一の障害は、特権階級による歴史の簒奪《さんだつ》である。民主主義が普及したかに見える先進国でも、歴史に関する限り、権力を持つ者や知的な優越を主張する者が名声を独占し、実際に業績を上げた人々の功績を簒奪し、結果として大多数の人々は歴史から除外され、忘れられる。一九世紀のスコットランドの歴史家トーマス・カーライルは、「歴史とは偉人の自叙伝である」と断言した。しかしすべての人は本来歴史の上での存在を求めるものであり、権力者による歴史の独占は最も忌むべき専制である。歴史を形づくるのは、その時代に生きた無数の人々がそれぞれの役割を果たした結果であり、歴史に名を遺す者は、そうした人々の業績を私物化しただけである。歴史は権力者や偉人がつくるとするのは、歴史という事象の誤った認識であり、歴史民主主義に反する考え方である。ヘーゲルは歴史上の人物を世界史的個人と呼び、その行動は世界史の要請と合致し、世界的魂を代表すると考えた。彼によれば、シーザー、アレクサンダー大王、ナポレオンなどがこの種の個人に属し、それ以外の者は世界的個人の踏み石にしかすぎないとした。もしこのヘーゲル的な歴史観をとるなら、歴史を考えるとき考慮に入れるのは、歴史上決定的な役割を果たしたとされる世界的個人だけで十分であり、大衆などは無視して当然だということになる。

23・8

歴史的専制　だが一旦永遠志向に目覚め、歴史を意識した者にとっては、このような歴史的人格の無視を甘受することはできない。生命を超えた存在を求める人々にとっては、権力者による歴史の独占は許しがたいことである。永遠志向社会においては高い意識を持つ者は皆、子孫さらには人類全体への貢献を通じて不滅になろうと努力する。歴史への貢献度は、才能によりまた努力の度合いにより異なるが、いかなる天才、英雄であっても、彼を支える多くの人々の協力がなければ歴史的な業績を果たすことはできない。いわゆる偉人だけが歴史に名を遺してきた理由の一つは、歴史のページには限りがあったため、歴史家が便宜上特定の人物を人々の代表として選ばざるを得なかったからである。しかしコンピュータにより歴史記録が無限に保存できる現代においては、アレクサンダー大王やナポレオンだけを歴史化し、彼らの勝利の礎となった兵士を含む多くの人々の役割を無視するような歴史は、まさに歴史的な不平等行為であり、あたかも自分一人が歴史を動かすかの如く主張する権力者は、その権力獲得の過程が民主的であったとしても、歴史的な独裁者であり、極悪人である。実際の貢献以上に歴史上の認知を要求し、あるいは他の人々の貢献を無視し簒奪する行為は、すべて反民主的であり、歴史の正義にもとることである。

23・9

歴史の裁き　ここに全く新しい概念である歴史民主主義が成立する。それは政治的な観点からだけでなく、社会道徳と倫理の視点からも重要な意味を持っている。宗教が影響力を保っている社会では、万能である神を欺くことは不可能と考えられ、したがって人々は罪を犯せば必ず神罰が下ると信じ、悪行を抑え善行を積んだ。しかし宗教の弱体化によってそのような絶対的な審判の場がなくなると、人の目をごまかし、法の網をかいくぐれば何をしてもかまわないという、現代社会にみられるような利己主義的な風潮が支配的になる。それに対し、市民が歴史を意識し、後世による審判に身をゆだねる社会では、歴史が厳正に管理・保存され、事実が公平に記録される限り、人々は、自発的に善を行い公共の利益に奉仕することが死後の自分を存続させる唯一の道であることを悟る。歴史の機能は個人またはグループの人類への功績が忘れられるのを防ぐとともに、子孫の代まで悪行を知らしめることでもある。歴史的事実が公正に記録され評価されることが保障されれば、歴史の民主化は公共心と正義感に満ちた人物を輩出するだろう。

23・10

歴史の上の平等　人々の間にこのような歴史民主主義の概念が浸透すると、民主主義は新たな側面を持つようになる。そこでは、政治的、社会的、経済的、文化的な平等に加えて、歴史に関与し、その一部となる権利及び平等が絶対的なものとなる。人間は自らの意志により、またその能力と努力に応じて、どのような歴史的使命を果たすかを選択する自由が与えられ、その功績に応じて歴史に自分たちの業績を平等かつ公平に残す権利が保障される。そしてここに、歴史の意識に目覚めた新たな社会が生まれる。

新薬の発明によって多くの人々を失明から救い、二〇一五年にノーベル医学生理学賞を受けた大村智氏が、ストックホルムでの授賞式の後の談話で、「薬が実際に使われるようになるまでには、何百人、何千人がかかわっている。実際はみんなで表彰されなくてはいけないと思う」と語っているが、この言葉の持つ意味は重い。なぜなら、大村氏だけでなく、この偉業に関与し貢献したすべての人々を記録し、顕彰することこそが、歴史民主主義の目指すところなのである。

23・11

歴史保持制度の整備　人が個人として、あるいはグループとして、どのような歴史的役割を演じるか、あるいは演じないかは、各人が自主的に決めることである。しかし歴史には必然的な制約があり、彼の選択は自由ではあっても恣意《しい》ではない。その制約とは人類と社会への貢献なしには後世に評価されないということである。なぜなら歴史を通しての永遠の達成は人類が存続して初めて可能となるからである。この制約を破り、人類の利益を害する者が歴史の上で称賛されるのは歴史の正義にもとることであり、人間の最も崇高な動機である永遠志向を汚す許しがたい人道上の大罪である。もちろんすべての人が歴史の場で公正に行動するとは限らない。したがって人々が信頼できる歴史の正義を守る中立的な公的機関がなければ、歴史の秩序は乱れ、妥協のない争いが発生する。この機構は世俗的な事項について関与する立法、行政、司法機関のように、歴史の上での正義と権利を保護し、必要に応じて司法権も発動する。歴史は真実であって、ロマンであってはならない。このことを踏まえ歴史の真正性を確保するのは、神聖にして重要な任務であり、歴史の記録保存施設を設立し、使命感を持った歴史学者とアーキビスト（司書士）を育て、歴史の記録を保存し、歴史について不正があればそれを裁き是正する歴史裁判所が必要である。歴史の意識に目覚めた人々が政治権力を許容するとすれば、歴史的な正義と秩序の維持者、そして文化の保持者としての機能のためである。これまで民主主義のかなめとして言論の自由に基づき人々に情報を提供してきたマスメディアは、歴史記録が公正であるかどうかを批判的に報道することで歴史民主主義を守るという新たな責務を担うこととなる。

23・12

超人社会　これで永遠志向の目覚めとともに生まれる歴史民主主義が理解できたと思う。この新たな民主主義には、歴史への参加の自由と権利、歴史上の平等といった、これまで取り上げられなかった役割が期待される。しかし今日においては、依然として歴史は選ばれた少数の人々の専有物だという考えが残っており、時の権力者だけが社会を動かすと考え、その他の多くの人々の貢献は無視され一般の人々の歴史への関与を難しくしている。権力者は、歴史を独占するため人々を歴史的自覚の汚染から隔離し、そのために言論や思想を操作し、歴史教育を独占し、人々を歴史上の真実から遠ざけておこうとする。これには記述の対象を時の権力者や有名人だけに絞ることで歴史を単純化してきた歴史学者にも責任がある。そして歴史から排除された人々は、満たされぬ永遠志向を、富の追求や快楽で紛らわすことで日々を無駄に費やし、後世に足跡を残す意欲を失っていく。それでも長期的な観点から見れば、人々の永遠への欲求をいつまでも抑えることはできない。一旦歴史の中での存在の可能性に気づいた人は、小市民的な安寧や快楽といった些細な事に気を取られたりしない。彼らが求めるのは、人類への貢献であり、文化と歴史に足跡を残した時の満足である。彼らは等しく、ニーチェの言った「超人」になるのだ。

23・13 万民の歴史

歴史は、これまでのように歴史書に記載された人々だけのものではない。創造をする人はすべて歴史の開拓者であり、正義のため社会悪と戦う人は歴史の守護者であり、社会をより良くするために努力する人は歴史の維持者である。こうしたより良い社会を創るために働いた人々の記録は、歴史に留められ、後世の人々に伝えられねばならない。もし我々が歴史のこのような理解に立つなら、多くの人が歴史の構築に貢献し、歴史の一部となる可能性を持っていることを理解するだろう。事の大小にかかわらず人類の発展と存続への貢献は、死後も存続する代替的自己として、歴史に残されるべきなのだ。

歴史はだれにとっても手の届くところにある。芸術家は芸術作品を創ることにより、科学者は新たな真実の発見により、企業家はより良い商品を提供することにより、市民は良心と良識に基づき、より良い社会とより良い家庭を形成することで、自分の生涯を超越した存在になれるのだ。また個人だけでは達成できない業績も、グループとしてなら実現できる。もし我々が歴史のこうした可能性に気づきさえすれば、そこから歴史民主主義への要望が生まれ、歴史は万民のものとなり、物欲と快楽に明け暮れる現代の堕落した精神文化は去り、希望に満ちた人類の新たな朝を迎えるだろう。

第二四章　歴史国家の出現

24・1

政治と権力　歴史民主主義の生成とともに、国家を動かす政治理念はその根底から変化する。個人の利益は多くの場合他の人の利益と競合することから、社会全体に影響を与える決定については、全体としての調和を保つための政治制度が必要であることに変わりはない。今日政治学者は、政治の原動力が、私が優位志向と名付けた権力欲にあるということで一致している。しかし権力欲を必要とみるか、それとも悪とみるかについては意見が分かれる。一方では、権力欲は社会の荒廃と争いをもたらす疫病であり、国家の統治はできる限り権力闘争から引き離されるべきだとするジョン・ロックが主張した理想主義がある。この見地からすれば、国家は、その役割を名誉以外の何物でもないと考え、一定の政治的目的を達成したなら直ちに権力から身を引く高潔な者によって統治されるべきだとする。そして国家が強制力を行使するのは、社会の安寧や社会規範を犯す者に対してだけであると考える。この古典的な自由主義の考えに対し、権力は政治の本質そのものであり、国家の運営にとって必要かつ不可欠であるとする現実主義的な見方もある。ほぼ同時代のイギリスの哲学者トーマス・ホッブスは、人々が自由と権力を求める結果、「万人の万人に対する戦い」を引き起こすことから、統治機能を持つ国家こそが無政府状態から人々を救う唯一の道であり、平和を維持するため国家（国王）と国民との間の社会契約による支配が必要だとした。

24・2

権力欲の変質　第三章で見たように、優位志向は人間を含む高等動物が持つ基本的な衝動の一つである。したがって歴史の意識があろうとなかろうと、人間の集団があれば権力をめぐる争いが起きるのは避けられない。実際のところ、自らの政治的な行動を権力欲とは無関係な高貴な動機に基づくと主張する人は、自らが性欲を持つことを否定するのと同じで嘘つきか病気のどちらかである。権力欲は醜く浅薄ではあるが、人間が自然界において絶対的な支配者になったのも、彼が並外れた優位への志向を持ち仲間同士で相争った結果なのである。この自然淘汰によって培養された人間の特質は、簡単に抑制できるものではない。そして歴史民主主義社会でも優位を求めての争いは続く。

永遠志向は決して人間を天使にするものではなく、心の闇に潜む優位への志向という動物的な衝動を和らげるものでもない。歴史の上での認知を求める争いは、権力闘争を、現在から過去、未来に拡大する。歴史を意識した者は、同時代の者だけでなく祖先や子孫もしのぐ業績を上げようとすることから、世代を超えた熾烈な競争を生み出す。しかし歴史の意識に目覚めた人にとって、権力の主たる目的は人々を支配することではなく、後世への足跡を残すことに変わる。このため彼らは社会や人類の発展に寄与することに専念する。これは歴史は人類が存続して初めて持続可能なことから当然のことである。そして物理的な支配力に対する幼稚な憧れは、人類の将来に貢献するという崇高な意欲に変質する。この権力欲の昇華は人間の高潔さから生まれるのではなく、永遠志向に突き動かされて起きるのである。優位志向の目的が、他人を支配したいという動物的な欲望から歴史に残る業績を達成したいという欲求に変わったからと言って、権力闘争が激しさを失うわけではない。したがって、人々の分に応じた歴史上の地位を保証し、公平さを守るための統治制度が必要であり、その指導者として民主的に選ばれ、歴史と文化における個人の権利と平等の尊重が神聖な責務であることを自覚した政治家が求められる。

24・3

歴史の審判　歴史国家においても、国の統治組織が、狭い個人的な利益と権力を求める政治家に握られる恐れは十分ある。しかし永遠志向に目覚めた者は、人々を力で抑圧し、歴史を恣意に捻じ曲げようとするような独裁者に対しては、死を賭して抵抗することから、そのような政治は短命に終わるだろう。権力を巡る醜い争いがなくならないからといって絶望する必要はない。権力への欲望が醜いことは否定できないにしても、同時にそれは人をして利害を超えて人類のために尽くす動機にもなりうるのだ。これは本来権力欲の冷酷さから考えて矛盾するように思えるが、他愛が自己愛の極限であることを理解すれば当然のことである。例えばオオカミのように群れの中での権力争いが熾烈な動物の場合でも、一旦群れの順位が確定すれば、権力を握った個体は、自分のライバルも含めて群れ全体を守るために命がけで戦う。人間の場合も、どのような強権も死後までは維持できないことから、歴史の意識さえ持てば、権力の目的は人を力で押さえつけることではなく、全体への奉仕によって人の心を勝ち取らねばならないことを悟る。この権力欲の他愛的行動への昇華は、永遠志向社会では明確になる。死の運命に目をつぶっている者なら、権力を追い求める過程で無慈悲さや残忍さをむき出しにし、人々を欺瞞し抑圧することも辞さないであろう。しかし永遠志向に目覚めた者は、一時的な権力よりは死後も残る永続的な名声を求める。彼らは後世に記憶され評価されるには、より大きな公共の利益に奉仕しなければならないことを知る。もちろん見せかけだけの奉仕で人々を欺瞞しようとする政治家もいるかもしれないが、どのように巧妙に仕組まれた粉飾であっても、真実は時の洗礼によって遅かれ早かれ暴かれる。したがって歴史の中に足跡を残そうとする者は、人類と公共の利益のために命を懸けることになる。動機の低俗さは、必ずしも結果もまた卑しいものであるとは限らないのだ。これは性欲という動物的な衝動が、男女の愛という崇高な感情を生むのと同じである。

24・4

国家目的の変質　歴史の意識とそれに基づく歴史民主主義が確立した社会では、国家がその影響力を保持し続けようとするなら、これまでの安全保障、経済、福祉、外交といった機能に加えて、歴史の保持・伝達の機能を持つことが求められよう。国家は統治組織としては優れた実績を持っている。それは、社会秩序を維持し、経済発展を促進し、国民の福祉を向上させ、そして外敵の侵略に対して抵抗を組織する。しかし国家とは、本質的には必要に対応してつくり出された人為的な組織にすぎない。したがってその必要性が薄くなり、あるいは期待された問題に対応できないことが明確になれば消滅する。ヘーゲルは国家のことを「絶対的、普遍的目的」と呼んだが、歴史に目覚めた者にとって絶対的かつ普遍的目的は、国家という近代になって発生した新参の統治組織ではなく、綿々として続く歴史と文化に体現され、自らもその一部となっている民族であり、それを構成する個人である。国家そのものは、単なる統治組織にすぎず、したがってその使命は限られたもので、もし国家が個人と民族に委託された責務を果たせないときは、他のより効果的な機構に任務を譲ることとなる。

24・5

民族は個人がつくる　では民族とそれを構成する個々の人々との関係はどう理解すべきなのか。まず我々が認識すべきなのは、民族というものが、同一の言語を話し、同じ価値観を持ち、そして同じ文化的伝統を保持する集団だとは限らないことである。一定以上の規模を有する民族の場合、全員がそのような同質性を持つということは実際にはあり得ない。民族の実態は、人種、宗教、政治的信条、職業、言語、地域独特の文化や伝統などによって分断された多様な集団なのである。民族とは代替的自己を共通の文化や歴史の中に求める人々が自発的に構成するのであって、民族が個人を自動的に包含するのではない。今日的な意味での民族という概念は、宗教改革や科学思想の普及、そして市民革命などによって宗教が弱体化し、死の運命の前に裸で立たされた人間の不滅への憧れが、代替的自己として創り出したものなのである。個人は国家だけでなく民族にも優先するのだ。

24・6

歴史国家の形成　歴史国家では歴史と文化を共有する市民たちを単位として社会が構成さ

れることとなるだろう。国家が安全保障と生活だけを保証する政治機構の場合は、人々の忠誠を確保するのには、強制によるか、他国からの侵略の危険を強調するか、それとも物質的な利益を約束するしかない。それに対して歴史と文化の維持者としての国家は、人々の代替的自己であり、永遠を志向する構成員にとって自己の生命以上に重要な絶対的存在となる。人々は歴史と文化を通じて永遠を願い、その擁護者としての役割を国家に委託する。この歴史と文化の総和が民族となり、そこに真の民族国家が形成される。多くの国が民族国家を謳いながら、国内の他の民族集団や少数者の文化的な自由を抑圧するのは民族主義にもとることであり、現在民族国家に併合されている少数派の民族集団も、早急に独自の歴史と文化を享受することが許されるべきである。歴史の意識の高まりとともに、これらの抑圧された民族のあいだで、独自の歴史と文化を保持する権利を求める声は抑えがたいものとなるだろう。

24・7

歴史における国家の責務　現代において多くの人が国家を必要だと考えるのは、国民の安全を守るためである。しかし今日では国家があるから戦争が起きるのではないかという見方が生まれ、国家に安全保障を期待することについて疑問が生じてきている。それに対して今日最も歓迎される国家の形態は、国民一般の福祉、教育、生活を保障する福祉国家である。しかしこうした施策はＢＩ制度が導入されればその重要性が減少するだろうし、またこれらの機能は必ずしも強制力を必要としないことから、地方自治体や地域社会といった人々の生活により良く密着した組織が行う方がはるかに効率的である。また現代人の最大の関心事と思われる経済については、今日のようなグローバル化された経済では国家は単位として小さすぎることは、ＥＵ（欧州連合）の結成やＴＰＰ（Trans-Pacific Strategic Partnership　環太平洋戦略的経済連携協定）などの地域経済連合結成の動き、国境にとらわれない多国籍企業の増加を見れば明らかであり、将来においては必ずしも国家存続の核心的な理由とはならないだろう。そうしたなかで民族共通の文化の保持と発展、そして民族の記録である歴史の保持こそが、国家存続の正当性の柱となる。歴史・文化国家において人々の生き様が歴史になるには、それが歴史として保存する価値があるかどうかについて客観的な判定がなされ、その記録を見たい人が検索できるように、組織的に分類整理される必要がある。このような歴史の保持には、厳正で中立的な司法機関と献身的な歴史の専門家の集団が必要である。そして国家と地方自治体だけでなく、家族、企業、教育機関、学会、ＮＰＯそして神社仏閣や教会なども歴史保存に一役買うことになるだろう。このような歴史伝達の機構としては、今日すでに古文書館、公文書館、博物館、美術館、記念館などがあるが、永遠志向社会においては、歴史の量は膨大なものとなると予想され、現存する組織では到底対応できないであろう。それが人類をして死の圧政に打ち勝つ唯一の道である以上、歴史と文化を保存する組織の格段の強化が国家の最重要事項となる。こうして、永遠志向に対応し、文化を単位とした歴史国家が誕生する。

24・8

歴史国家の安定性　おそらく歴史国家の一番のメリットは、その政治的な安定性にあるだろう。歴史の上で国家の制度が生まれてからも、国内外の紛争や勢力争いによってその存在は極めて不安定であった。自分の生涯を越えて将来を考えることをせず、国を自己の代替生命と見做さない人々は、歴史や文化の重要性を理解できず、自分たちの利益を優先し、何のてらいもなく国家を見捨てた。あの永遠に続くと思われたローマ帝国ですら、千年を経ずして滅び去ったのだ。それに対し日本のように天皇という歴史を象徴する存在を持った国は、人々が時代を超えた連続を意識することから、歴史の荒波を越えて千数百年にわたり存続してきた。同様に永遠志向によって構築された歴史共同体としての国家の場合は、歴史と文化の保持が国家の目的となり、国民もまた綿々として続く歴史の一環として、民族の過去とのつながりを安易に放棄するようなことはない。民主主義が確立され、個人の人権と自由が保障される限り、歴史国家こそは永続的な安定と平和を保証するうえで最も効果的な制度なのである。

第二五章　永遠志向社会の構築

25・1

歴史社会　地上を二本足で歩く奇妙な動物によって死の必然が認識されるまでは、生物の死への反抗は自然が与えた本能に沿った反応であった。それに対して人間は、意識的に自然の法則を拒否し、死の圧政に反抗したのだ。それが永遠志向であり、それはほかの本能と異なり、自然が定めたのではなく、人間自らがつくり出した志向である。

この永遠志向が生み出すのが、個人の生きた記録を歴史と文化を通じて後世に残す歴史社会である。私がこの構想が可能であると考える最大の理由は、最近における情報技術の目覚ましい発達である。歴史が紙に書かれていた時代は、歴史書のページ数が限られていたため、記述してもらえるものはごく少数の選ばれた人だけであった。しかし現代においては、コンピュータなどの情報技術を利用することで、それまで考えも及ばなかった数の人々の情報を収集、分析、保存することが可能となった。特に情報の保存量は、スーパーコンピュータの出現によって文字どおり無限となった。問題となるのは、このように保存された記録を、いかにして後の世代の人々に知ってもらえるかである。後世の人々が、過去のすべての人の生き様を回顧するのはもちろん不可能であり、したがって傑出した業績を残した人々の記録は別として、一般の人々の記録は抽象的な集合体としてしか記憶されない運命にある。このような個人の記録を忘却から救い出すには、例えば歴史の単位を細分化し、家族や地域、企業、職能団体などの小さな組織がそれぞれ歴史を構築することで、歴史を身近なものとすることが考えられる。今日の教会のミサや寺院での説教のように、個人の歴史を回顧する儀式を定期的に開き、その儀式に参加することで、過去の人々の記憶を皆で共有することもあり得よう。

25・2

死者に仕えよ　人間の生き方や理念そして業績が歴史として保存されるには、次の三つの要件が必要である。第一は、その記録が正確で、人類の共通の記憶の一部として保存するに値するかどうかについて第三者機関によって客観的な評価がなされることである。第二には、その記録が組織的に分類され、人々が過去の人間の業績や生き様を検索できるように整理されることである、そして第三には、人々が過去の人々の生涯の回顧に積極的に参加することである。過去の人々の記憶を尊重することで、将来において自らの記憶が死後も尊重されることを保証するのだ。それは孔子の言った「死者に仕えよ」という教えの実行である。今日自分のルーツについての関心が世界中で高まっていることを考えると、歴史に興味を持つ者が増えることは間違いない。もし人々が死後も記憶されることが永遠志向を満足させる最も確実な道であることを理解するなら、いつかは自分が同じように思い出される可能性もあることを考え、過ぎし日の人々の生き様を振り返るという風習が定着する可能性は十分にあるだろう。それは歴史の中で過去を再現する努力の一環であり、死の暴虐を打ち破る神聖な行事なのである。

25・3

歴史社会は実在した　死者に仕えるとか、過去の人々の生涯の回顧といった提案は、今の瞬間しか考えない現代人にとっては荒唐無稽に聞こえるかもしれない。しかし刹那的で、富と快楽しか追求しない現代人と異なり、資本主義以前の人々は、それを守るためには死も辞さない世代を超越した何ものかを持っていた。特に、権力者や卓越した芸術家、そして軍人などは、自らが歴史に残ることを念頭において、死もいとわず目的に向けて邁進した。日本でも、武士は後世に語り継がれる武名のためなら進んで命を危険に曝し、商人は死後も暖簾が残るように必死に働き、誰もが家名を残すためにあらゆる努力を惜しまなかった。現在でも伝統芸能の分野に残る家元制度や襲名の慣習は、まさに永遠志向が生んだ仕組みである。西洋においても、家系を重んじ、名誉を守るため、信念のため、国や家族を守るために命を懸けることは最高の美徳とされていた。そしてこれらの先人たちは、自分たちの行為が記憶され、死後もいろいろな形で語り継がれることを期待しつつ死んでいったのである。それに比べて、死んだあとは何も残さない現代人は、あまりにも哀れである。

25・4

歴史家族の誕生　永遠志向社会の最小の単位である家族は、歴史の意識の生成とともにその役割も大きく変わる。核家族は、通常一組の男女とその子どもからなり、その機能は主として生殖と育児、そして夫婦の協力による経済的・社会的な必要の充足にある。だが永遠を意識した家族の場合、全く異質の役割が期待される。それは単なる子育ての仕組みではなく、家族の構成員の代替的自己となることである。今日でも、葬儀や墓参りなどで祖先を追憶する風習は世界中に残っている。もちろん墓があり、それを家族が参拝してくれることは死にゆく者にとって慰めにはなるが、墓は個人の具体的な生き様を伝えてくれない。家族は、子どもを通じて遺伝子を伝達するだけでなく、家族独自の文化的、歴史的伝統を伝える機関であり、親にとって最も確実な代替的自己である。多くの遺伝子を持つ人間の場合は、夫婦の結合によって生まれる子どもは必ずしも生物的には親の生き写しではない。そのため子どもに死後の自分を移し替えたい親は、家庭教育によって子どもに家族の歴史を伝える。血縁によって、しかも愛情と共通の記憶によって結ばれた家族は、歴史を伝達する媒体として最も確実な拠り所である。人々が永遠への志向を強めれば、家族の重要性は再認識され、家族の記録がつくられ、先祖の生き様を回顧し語り伝える風習が復活するであろう。そしてここに核家族に代わって、永遠志向で結ばれた歴史家族が生まれるのだ。

25・5

家族の弱体化　現代においては、制度としての家族そのものの在り方が大きく変化している。今日先進社会で最も一般的な家族形態は、両親と子どもからなる核家族である。二十世紀後半になると、家族の基礎となる婚姻制度そのものが崩れはじめ、離婚率は上昇し、未婚の親から生まれた子が増え、生涯独身で過ごす男女も急増した。また子どもも、成人になり次第親から離れて独立するのが一般的となる。その結果世代間の連続を保つという家族の機能は失われ、少子化にも拍車がかかる。これは日本だけの現象ではなく、世界的な傾向である。欧米においては、未婚の男女がパートナーとして生活を共にし子どもを育てるのが当たり前となり、さらには同性婚までが公認されるようになっている。今日では家族という制度は、一部の例外を除いて社会的な組織としては多様化し、その結果として弱体化しつつあると言えよう。家族の弱体化に伴い、両親と子どもの関係は希薄になる。今日では子どもは幼少のころから両親から切り離され、保育所、幼稚園、学校で過ごし、両親とはまったく異なる考え方や生き方を教えられる。その結果親子のきずなは希薄となり、両親、特に父親は幻滅の中に子どもを他人として見るようになる。一方子どもも自分たちの教わった知識や文化を理解しない両親に対して違和感と不信感を持つ。こうして現代人は家庭のきずなを喪失し、家族の連続性は断絶し、それとともに代替的自己としての家族の重要性も低下し、親が子どもを自分の生まれ変わりとして考えることを難しくする。これが現代人を孤独にしている理由の一つである。永遠志向社会においては、個人の世代を超えた存続を保障する家族と親子間のきずなの強化は、何にもまして重要な課題となるだろう。

25・6

個人の記録　死後も残る自己の存在の証拠といえば、最初に浮かんでくるのが自身の個人的生涯を綴《つづ》った自叙伝とか第三者によって書かれる伝記である。広い意味での自叙伝と伝記には、回顧録のほか、個人の生涯に起きたことがらを断片的に綴ったエッセイや私小説などがある。これらの記録が永遠志向の要求を満たすにふさわしいものとなるには、主人公の考え、価値観、そして生涯の主な出来事が復元され、読者がそれを読むことによってその人のイメージを復元できるものでなければならない。こうした要件を備えた伝記は、著者の死後においてもその生き様を正確に知ることができることから、代替的自己としては極めて効果的である。

25・7

個人の歴史　昨今さる大手新聞社が、自分の生涯についての記録を残したい人々を対象として、新聞記者が取材形式によって自叙伝を作成し出版する事業を、「自分史事業」と名づけて始めた。それはすべての人間が抱える永遠志向にこたえるという意味では意義のある事業であり、今後同種の事業が広がりを見せ、多くの人々が自分の歴史を残す努力をすることが期待される。ただこの種の事業が成功するにはまず解決を要する大きな問題がある。それは、読者の興味を引き付けるような波乱にとんだ生涯はあまり多くないということである。人はだれでも自叙伝を書き、あるいはゴーストライターに書かせることができるだろうし、事実かなりの人々が自分の生涯を綴った本を出版している。しかし出版するということと、誰かがそれを読んでくれるということは別の問題である。一世を風靡した英雄や著名な芸術家の生涯の物語なら、人々は興味をもって読むだろうが、平凡な生涯をくどくど書いた伝記を読むことほど退屈なものはない。したがって個人の生涯の記録は、主人公

25・8

が名声とか優れた業績をあげるなど、いうなればそれ自体が代替的自己になりうる他の要素を持っていない限り、誰にも読まれずに本棚の片隅で埃にまみれたまま忘れられてしまう運命にある。コンピュータに蓄積された個人の情報についても同じことが言える。それを防ぎ記録を誰かに読んでもらうとすれば、血縁と共通の記憶で結ばれた家族や、同じ職業や職場で結ばれ、共通の経験を持つ仲間がいることが必要となる。この問題は、「自分史事業」の事業主がアフタサービスとして自分史を保管し、何らかの形で公開し、あるいは歴史の資料として利用することを保証することで解決できる。そうなれば自分史を読んでもらえる当てのない人も、この事業に関心を持ち、歴史のすそ野が大きく広がるだろう。

公正な歴史　伝記についての最も深刻な問題点は、そこに書かれたことが正確に事実を反映しているかどうかを誰が、どう判定するかである。科学や哲学、文学などの場合は、人の業績は学会や研究者、評論家、メディア、読者などの評価を受けており、歴史として記録に残す価値があるかどうかの判定は可能だが、一般の人々の伝記の場合は、評定される機会がないため、たとえそれが作意を持った行為でなくても、自分の業績を誇張し、あるいは事実を曲げて記述する可能性がある。人の生涯を客観的に観察し、正確に記述するのは、極めて難しいことなのである。公平さ、正確さ、そして客観性を欠いた伝記は歴史を歪めるものであり、排除されなければならない。歴史を書くには、それが個人に関するものであっても、その正確さを担保する第三者による厳密で公平な査定が不可欠なのである。

こうした問題が解決され、自分の生きたしるしを記録として残すという風習が一般化するなら、民衆の生きた記録を未来に残すことが永遠志向社会の中心的な活動となるだろう。通常読まれないような、ほかの人と変わったこともなく、なんの業績も残さなかった普通の人の伝記でも、家族や子孫にとっては自分のルーツを知るうえで貴重な記録となる。それはまた、庶民の生き方とその時代の動きを知る手掛かりになり、歴史や社会の研究者にとって有用な記録になり得る。したがってできるだけ多くの人が、何らかの形で自分の生涯を記録にとどめることが望ましい。永遠志向社会では、自分の歴史を書くことは、人としての義務にもなるのだ。

25・9

歴史の記録者としてのジャーナリズム　永遠志向社会においては、新聞やテレビなどのメディアの果たす役割は重要なものとなる。メディアはこれまで、人々に世の中で起きていることをできるだけ正確かつ迅速に伝えるのをその使命とし、人が世の中の動きを知り自分の意見を構築することを可能とすることで、民主主義の屋台骨を成してきた。その機能

25・10

は、今日インターネットやスマホに奪われつつある。しかし公平で正確なジャーナリズムの記事は、社会の動きだけでなく、その中で生きた人々の生き様を正確に伝えるものであるなら、永遠志向社会においてはさらに大きな役割を担うことが期待される。問題は現代のジャーナリズムは、政治や経済、スポーツ、芸能、それに犯罪記事など、人々の興味をそそる記事を優先し、ささやかではあるが時代を構成する重要な要素である一般大衆の苦怒哀楽や業績は、ともすれば軽く扱ってきたことである。またニュースという言葉が示すように、情報は新しいことが重視され、一旦報道された記事は、二度と顧みられることはない。しかし記者たちが歴史の意義を理解し、後世に残すことを念頭に人々の記事を書き、それが歴史的資料として公開され保存されるならば、記事はニュースの域を超え永遠に残る歴史を構成するものとなる。それは歴史の記録者としての新しいジャーナリズムの誕生である。使命感に燃え、人々の業績を正確かつ公正に記録するとともに、正確さを欠く歴史記録を摘発し、批判するメディアとジャーナリストの存在は、永遠志向社会における歴史民主主義の保持にとって無くてはならないものとなるだろう。

宗教施設　日本には神社仏閣に類する場が一〇万以上あるといわれる。これらの施設は、これまでも宗教的な拠点としての役割だけでなく、芸術文化活動の場あるいは地域の人々が集う場として、また歴史の記録の保存所として重要な役割を果たしてきた。例えば神社は氏子たちの家系図を保存し、奉納された品々を宝物殿に収納し、古文書を守ってきた。寺社もまた同様な役割を演じ、過去帳を保存することで檀家の歴史をつないできた。神社仏閣なくしては、過去の歴史の多くは亡却されてしまっていただろう。こうした宗教施設の歴史の保持者としての役割は、永遠志向社会においてもさらに重要なものとなるだろう。もし僧侶や神官が歴史の意識に目覚めれば、彼らは歴史の記録者、そして保持者としての役割の重要性を自覚し、永遠志向社会の構築に積極的に参画するだろう。そうすることによって、宗教施設としてだけでなく、人類の歴史と文化の記録、保存、伝達の機関として社会における中心的な地位を回復するだろう。祭りや儀式などの宗教行事も、世代を超えた繋がりを確認する良い機会である。永遠志向社会において宗教組織の歴史の保持者としての経験を活用しないのは、文字どおり宝の持ち腐れである。

25・11

賞勲　叙勲や褒章といった国家による功績の認定は、公的な機関による厳格な審査を経ることから、信用のおける個人の記録である。我が国では、内閣府賞勲局が各方面から推薦された人物について審査を行い、功労があったこと、あるいは優れた行いがあったことを確認し、認定し、授与すべき勲章を決定する。また学術や芸術面で功績のあった者に対する紫綬褒章《しじゅほうしょう》や産業や福祉の分野の者に授与される藍綬褒章《らんじゅほうしょう》などもある。これらの叙勲褒章は、それを受ける者にとっては喜びであり、人々が平生から努力を重ねる動機にもなり得るものであって、永遠志向社会でも継続し拡大されるべきであろう。ただ現在の受勲者の選考過程は必ずしもオープンではなく、また彼らの功績がすべて公開されるわけでもない上に、時の権力により政治的に利用される可能性もあることは注意すべきである。

勲章という制度は、古くは共和制時代のローマに存在したといわれるが、それが制度化され、多くの者に与えられるようになったのは、ナポレオンが一八〇二年に勲賞制度レジョン・ドヌール（légion d'honnour）をつくり、軍功のあった兵士たちに授与したときに始まる。この勲章制度は、兵士の士気を高めるうえで大きな効果があり、フランス軍がヨーロッパ列強の軍隊を打ち負かした理由の一つとされている。年配の人々なら、旧日本軍の兵士たちが金鵄勲章などの功労章を受ける可能性を意識して、死を覚悟で危険な任務に進んで身を投じたのを覚えているだろう。今日においては世界のほとんどの国において、軍功だけでなく他の分野での功績に対しても勲章が授与されていることは、それがいかに人々を奮励努力させる上で効果があるかを示している。ノーベル賞や数学分野でのアーベル賞などの業績の認知制度が社会の進歩に果たす役割の大きさについては、疑問を挟む者はいないだろう。

賞勲というにはささやか過ぎるかもしれないが、地方公共団体や企業、学会、業界その他の組織が出す賞状、表彰、感謝状なども、歴史記録の一部になり得るだけでなく、やりがいを引き出すうえで有効な手段である。これらの受賞者や受賞理由が公開され、データ化されれば、受勲者自身にとっても意味があるだけでなく、それぞれの時代の流れを見出すうえで大きな手掛かりになるだろう。賞勲制度はその選考過程が公平であるなら、永遠志向社会においても欠くことのできない仕組みとなろう。

25・12　永遠の文化

永遠志向社会において最も大きな役割を果たすのは、言うまでもなく歴史と文化である。文化は過去の創造の蓄積であり、その文化を構成する創造は自己の永遠化への最も確実な道である。文化が生まれる以前も、我々の祖先は自然環境を利用するための工夫を重ねてきた。それでもそれは生理的な欲求を満たすためのものであり、動物の疑似文化と同質のものであった。しかし人類が死を知り永遠を求めるようになると、それまで生存の手段にすぎなかった風習や生活のための技術も、それ自体が目的である文化に昇華したのである。それに加えて、彫刻、絵画、儀式、音楽といった生物の必要から見れば全く無用な活動が次第に重要なものとなり、やがて技術、風習や言語などと並んで伝統として集団の構成員に尊奉される。文化とは人が永遠を達成するための手段であり、継続的、恒久的、安定的であれば、実用性は問題とならなくなる。

文化が歴史を構成し、個人の記録が保存され、記憶される社会こそが永遠志向社会である。それは人間に特有の死を乗り越えたいという欲望から生まれたものであり、人類社会の究極の在り方である。そこでは、人は肉体の滅びをもって無に帰すのではなく、死後も自己の足跡を後世に残す。そして人はもはや死を恐れず、死から逃避することもなく、死の絶望を他人に転位し敵視することもなくなる。かくて人は死を克服し、不滅となり、神に一歩近付くのだ。

第二六章　現世に来世をつくる

26・1

来世での救い　人類の歴史上人々の永遠への願いを最も効果的に満たしたのは、人は死んでもその魂は神によって救われ、来世で永遠に存続すると説く普遍的な宗教である。すべての生物に共通した生存への本能が死を受け入れることを拒否する結果、人は必然的に死後も存在する世界を求める。そして何百世代もの苦悩を経て、それを解決しようとしたキリストや釈迦、マホメットなどの何人かの天才によって宗教の救いの教義が完成されたのだ。宗教、特に人類愛を説く普遍的宗教は、人類がつくり出した精神的成果の最も崇高な例である。普遍的宗教の教えの恩恵のもとに生きた人々は、死の恐れから解放され、概して幸せで精神的に充足した生涯を送ることができる。洋の東西を問わず敬虔な信者たちは、平和と豊作が続く限り幸福感に満ちた日々を送ってきただろう。そしてその根底にあるのが、神または仏の救いにより不滅になりうるという確信だったのである。

普遍的宗教の教義の完璧さは、人々の死への恐怖を打ち消すうえで大きな効果を発揮した。しかしそれは同時に思考停止的な自己満足を生み出した。森羅万象がすべて神仏の意志によってつくられ、そして動くとすれば、人間がなすべきことは神仏にすべてをゆだねるしかない。そうした受け身の精神は、人々から世代を超える代替的自己をつくり出すという動機を奪い、文明や知的な活動は停滞する。普遍的宗教は、救いと同時に、人類の進歩にとっての束縛にもなった。

26・2

宗教への疑問　人類の心の平穏に貢献してきた普遍的宗教への信仰も、やがて揺らぐ時が来る。それは、ヨーロッパの場合、宗教改革によりキリスト教の教義が一層純化されたときに始まった。宗教改革は、神の名において権力をほしいままにしていたカソリック教会の腐敗と堕落に対する反抗から生まれ、それまでの神の意志に盲目的に従う受け身の信仰から、神の意志を理解し、実現しようとした新教徒の能動的な信仰を生み出した。しかしながら神の意志を自らの行為で実現しようとする新教的な精神は、理性と合理主義に基づく人本主義（ヒューマニズム）と相通じるものであり、やがて「われ思う、故にわれあり」という、一七世紀のフランスの哲学者デカルトが唱えた自我精神を生むこととなる。それは神の絶対性への疑問を呈することと同じであり、信仰という宗教のよって立つ根本理念を揺り動かした。その影響もあって、新たに発生した合理性と実証性を絶対とする科学思想が広がり、立証も経験もできない魂や来世という概念そのものに対する疑問が生まれたのである。

繰り返して言うが、私は人類社会で宗教が果たしている役割の偉大さを否定するつもりは毛頭ないし、今信仰心を持っている人たちには、できることなら信仰を持ち続けるよう強く勧めるだろう。しかし急速に拡大する科学的知識の前に、多くの人々にとって立証のできない魂の存在や来世での救いを信じることは、今後ますます難しくなるだろう。人類が迫りくる死の絶望から狂気に陥るのを救うには、科学的認識に害された者でも敬虔な信者と同じように死後も存続する来世を持てるようにしておくことが必要なのである。そしてそれが永遠志向社会なのだ。

26・3

人間がつくる現世での来世　宗教の影響力の低下は、それまで神仏による救いに対する信頼によって抑えられていた永遠へのあくなき志向を掻き立てることとなる。それが代替的自己という、子孫、家族、他人に植え付けられた記憶、名声、記念碑、そして創造など、死後も残る自己の探求である。哲学、科学、テクノロジー、民族国家といった文明の成果もまた、自分に代わる永続的な自己を追い求めてきた人々が創り出したものである。

これらの代替的自己は、それなりに死後も残る可能性を持っているが、信仰が失われ、広大無限な暗黒の世界に放り出された無信心者を救うには、個人の人格をもっと総合的に代表する何物かが必要である。そしてそれが、歴史であり文化である。かつて人類の記憶が伝承により伝えられ、あるいは紙面に記録されていた時代においては、歴史に記録できる物事は極めて限られており、すべての人々の存在の証を残すことは物理的に不可能であった。そのためこれまでの歴史は、ごく少数の卓越した業績を上げた者、あるいは権力者などに独占されていた。しかしコンピュータと情報科学の飛躍的な発展によって、今や無尽蔵の記録が永久保存できる時代がやってきたのだ。それとともに、歴史をすべての人々に開放し、その中で彼らの業績や生き様を永遠に記録する可能性が現実のものになった。また人口知能（ＡＩ）の発達によって、将来においては、人間の脳内の情報をそのままコンピューターにアップロードすることも可能になるといわれている。もしそうなれば人は自分の意識をすべてコンピューターに保存出来ることになる。

文化も、これまでは経済的に余裕のない階層の人たちにとっては無縁の存在であったが、教育と生活水準の向上は、今やすべての人が美の創造や知的追求などの文化活動に積極的に参与することが可能となった。ＢＩによって生活が保障される創造経済制度の確立によって、文化を求める動きはさらに強まる。歴史と文化は、忍び寄る死の恐怖すら乗り越える力をもっている。もしあなたが歴史上の人物となり、あるいは文化の一部となって人類が存続する限り記憶されるとわかっていたら、誰が死などを恐れるだろうか。それは神仏ではなく、人類自らが創作する、現世に存在する来世である。

26・4

共存する二つの来世　読者は、ここで提示された現世での来世が、宗教の説く来世と多くの類似点があることに気づかれただろう。いや来世だけではない。永遠志向の理念も神仏の教義も、ともに死を超越しようとする同じ動機に基づく類似した理念なのだ。そしてこの二つの理念は、その間で二者択一を迫るものではなく、両方が合わさって死の暴虐に立ち向かう力を人々に与えるのだ。この世の中には、宗教を信じられない哀れな人々が増え続けていることは否定しようのない事実であり、現世に来世をつくることによって、信仰を持てない人々に宗教以外の救いの手を差し伸べることには、敬虔な信者といえども反対する理由はないはずである。それればかりか、いかに信仰の深い人でも、その存在の生き証人もいない来世の存在に対して何とはなしに疑問を感じることはあるはずである。そうした時に、この現世での来世に自分の代替的自己を残すことは、心の安らぎを守るセーフティネットとなる。

26・5

来世としての歴史　現世での来世を構成する最も重要な要素は、歴史である。歴史という概念は、過去において起きた出来事を指すこともあれば、その理論的な分析を指すこともある。ナポレオンがヨーロッパの大半を征服したというのは前者の意味での歴史であり、革命と民族主義の台頭がナポレオンの成功を生んだというのが、後者の意味での歴史である。そして後者は一般に歴史哲学と呼ばれ、その主要なテーマは、歴史の中に特定のパターンとか普遍の法則が存在するかどうかを見極めることである。例えばアリストテレスやその賛同者は、歴史にはある種の、しかも一定の繰り返しがあるとする歴史循環論を唱えた。またドイツ観念論哲学を代表するエマニュエル・カントは、人類の歴史は理性の完全な達成という目的を持っていると主張した。そして私は、それぞれの社会の文化的、政治的違いにもかかわらず、歴史の底辺には、人間の死に対する反抗という共通の動機が存在するという意味で、歴史は普遍的かつ一定の方向性を持つとの結論に達した。歴史は永遠志向により つくられるもので、私が提唱する現世における来世を構成するのだ。

26・6

来世としての文化　歴史と並んで現世での来世を構成する要素は文化である。他の動物と違って、自らが死なねばならないことを知っている人間は、肉体が滅びた後も残る自己として、自らが実践してきた行動様式、思考、理念、習慣などを後世に残そうとする。このような意識のもとに文化を形成するのは人間だけである。文化の永続性は、歴史的にも立証されている。滅び去った国家や社会は数多くあるが、その文化は、必ずしも消滅しない。生存者がいる限り、そして征服者の文化に完全に吸収・同化されない限り、理念、習慣、生活様式、価値観、言語といった文化は存続する。西ローマ帝国は、ロミュルス・アウグストゥルスがオドアケルによって追放された時をもって終焉したが、その文化、特に法制度、建築技術、言語、行政制度などは、東ローマ帝国に継承され、さらに今日のヨーロッパ文化の中で厳然として生き残っている。ラトビアなどのバルト海三国やポーランドは国としては幾度も他国に併合されたがその文化は保持され、そして国家が不死鳥のごとく再生するのを可能にした。このように一旦確立された文化は、代替的自己としてあらゆる困難を乗り越えて生き残る。この歴史と文化こそが、生身の人間が創り出す来世なのである。

26・7

現世での来世　来世とは人間の肉体とは別に非物質的な自己があり、それが永遠に存在する世界があるという仮説である。現世における来世を構成する要素には、歴史や文化のほか、子孫、記憶、名声、記念碑などの代替的自己があり、それらを記録し、後の世代において人々が組織的にそうした記憶を回顧する仕組みをつくれば、そして人々がそうした過去の人々の記憶を振り返ることが一般化すれば、それはまさに人間の創り出した来世そのものである。現在すでに存在する過去の記録を保存する機関である古文書館、美術館、博物館、図書館などをさらに拡大し、それに加えてコンピュータや映像、文献などによって過去に生きた人々の業績を再現できる歴史記念館をつくり、宗教を信じる人々が神や仏の教えを説教するように、先人たちの業績を振り返る儀式を導入すれば、それは、神の教えの代わりに歴史を説教する教会となる。もしそのような仕組みがつくられれば、人々は、先人が死後も生きて再び人々の心の中で生き返ることを確認でき、そして自分たちも同様に死後に記憶されることを知る。それは存在が立証できない宗教的な来世と異なり、実在する来世であり、人々はそこから自分たちの祖先の生き様を学び、自分たちのルーツを知り、そして過去における業績と失敗から多くの教訓を引き出す。そして自らも次の世代に貢献することによって、歴史と文化の一部となって来世で存続する可能性があることを確信する。こうして人類は死を克服するのだ。

第二七章　永遠志向社会と生涯学習

27・1

子を持つ喜び　ここで永遠志向社会における個人の生涯がどのようなものかを、教育を中心に見てみよう。もちろん人はそれぞれ異なった生き方をするものであり、したがってここで述べるモデルは必ずしも代表的なものでも、理想とされるものでもない。それでも永遠志向に目覚めた生涯の特徴の一部は、描写できるだろう。

今ここに一人の赤子が誕生したとしてみよう。新たな生命の誕生というものは、古今東西、人種の如何を問わず喜ばしい瞬間であるが、時代を超えた自己を意識する永遠志向社会においては、子どもは単に愛情の対象であるばかりか、自らの再生であり、永遠への道を開くものである。したがって両親の子どもへの感情は、喜びを超えた法悦に近いものとなる。現代社会において、自分たちの自由を拘束するとして子どもを歓迎しない一部の男女が示すような冷淡さは、子どもを通じての歴史的連続を期待する永遠志向社会の両親にとっては理解しがたいものとなる。

27・2

通常母親のむき出しの愛情に対して、父親の愛は屈折したものである。一般に父親が子どもを愛するのは、その母親への愛情からだと考えられている。しかし子どもが単なる妻の子ではなく自らの分身であり、自己と永遠との架け橋であるとなれば、父親の子どもへの愛情も母親のそれを凌駕するだろう。このように両親や親族の愛情を一心に集めた子どもは、限りなく満ち足りた幸せな日々のうちに成長してゆく。子どもが幸せなのは、親の保護と愛情のためだけでなく、彼らがまだ死の現実を知らず、したがって何の憂いもなく現在を楽しむことができるからであり、これはいつの時代も変わらぬことである。

幼児を親から引き離すな　問題なのは現代社会においては共働きの夫婦が増え、三歳未満の幼児の保育園への託児が当然のことになっていることである。これは女性の社会進出を促進するため当然のこととされているが、親子の愛情が最も強くなる時期に幼児を両親から切り離すことは、親子のきずなを育てるのを妨げ、また子どもが家族のしきたりや両親の価値観を習う機会を失うことであり、歴史家族の形成を阻害することである。この時期における両親との濃厚なスキンシップが、子どもの感情的な発育に欠かせないことは医学的、心理学的にも立証されている。したがって長時間の託児などは特別な事情がない限りできるだけ避けることになろう。もし男女同権の立場から女性の社会進出を真剣に考えるなら、例えば両親に対する最低二年間の有給の育児休暇の保障、男性の子育てと家事への積極的参加の義務化、労働時間の大幅な短縮、労働時間を自由に変更できるフレキシ・タイムや、インターネット、テレビ電話、スマホなどを活用した在宅勤務の導入、など、欧米ですでに一部導入されている仕組みを取り入れることによって、職業を持つ両親、特に母親が育児と仕事を無理なく両立できる環境を実現すべきであって、幼児を両親から引き離す託児制度は育児の邪道である。国連の「子どもの権利条約」の前文では、「子どもは、人格の全面的かつ調和のとれた発達のために、愛情および理解を必要とする……幼児は、例外的な状況を除き、母親から分離されてはならない」と定めている。したがって共働きの両親が育児と教育を行う十分な時間を与える仕組みをつくるのが政府および企業の責任である。この見地からすれば保育園への全入という安易な方法によって幼児を両親から引き離すのは、子どもの人権の侵害なのであり、永遠志向社会においては、例外的な場合を除いて、道義上からも教育上からも許されないこととなろう。

27・3

幼児教育　この無邪気な天使も物心がつけば親から教育としつけを受けることとなる。永遠志向社会においては、子どもは家族という歴史的単位の一員であり、家族の伝統、家風、両親の考え方、規律、人間としての心構えの手ほどきが、幼いうちから両親やその他の家族の構成員によって与えられる。そこでは家族の歴史がつくられ、それが両親や親族から子どもへ受け継がれ、そこから、それぞれの家庭によって違った歴史や考え方を持つ人間が育ち、社会を多様化して行くのだ。幼児の教育は第一義的には両親の責任において家庭で行われるだろう。

一九世紀半ばまでは幼児の教育は、個々の家庭で家庭教師または両親によって与えられるのが普通であった。その後一九世紀にドイツでフリードリッヒ・フローベルによって幼稚園が開設され、世界各国で幼児教育が組織的に行われるようになり、今日では先進国においては、三歳から五歳の児童の多くが幼稚園または保育所に預けられている。こうした集団的な幼児教育の仕組みは、子どもの社会性を育てる上で効果があることから、それが両親による家庭での教育と連動し、その補助的な役割を担うならそれなりの意義を持つだろう。また私が幼かったころは、この年頃の子どもに対して、親以外の見ず知らずの大人が注意をしたり、人との付き合い方や礼儀を教えたりするのが当たり前であったが、最近ではそうした風景は見られなくなってしまった。子どもは、社会の一員としてのしつけが必要であり、それを教えるのは両親だけの責任ではなく、コミュニティ全体の責任である。それは生涯学習の一環であり、子どもの悪さや無作法などを見かけた場合は、自分の子どもでなくてもきちんと注意する風習を復活すべきである。

27・4

初等教育　今日ほとんどの国においては、子どもは通常六歳前後になると義務的に小学校に入学させられる。学校制度は古典ギリシャやローマにすでに存在し、中世以降は教会等によって運営されてきた。その学校が主として国家によって設立され運営される公教育になったのは、一八〇二年のナポレオンによる教育制度の改革に始まり、その後世界中にひろがった。この公教育制度は、それまで教育を受けられなかった一般の家庭の子女にも教育機会を与えるうえで大きな役割を果たした。しかしナポレオンが公教育制度を導入したのは、一つにはそれまで教育を独占していた教会の影響力を排除するためであり、また人々に民族意識を植え付け、国民の意識を統一し、強い兵士を育てる必要があったからである。そのため公教育は、当初からともすれば子どもの自由や個性を無視する全体主義的な傾向が強かった。

27・5

初等教育の多様化　そのこともあって、イギリスにおいて一八七〇年に初等教育令(Elementary Education Act)が制定され初等レベルでの学校教育が義務化されたときに、ハーバート・スペンサーなどの教育者から、学校教育は子どもの希望や性向を無視した権威主義的な教育であるとの非難が挙がった。そうした批判を受け、イギリスは一九四四年の初等教育令で、公教育による教育の独占を改めるため、初等教育は「学校その他で行う」と定めた。これを契機として公教育以外のいわゆるオルタナティブ（代替）教育が世界的に広まった。イギリスで上流階級の子弟を教育するために創られたパブリックスクールや、既存の学校教育に飽き足りない教師や生徒がつくったシュタイナースクール、一九九〇年ごろから急増している、コンピュータ教育や理科教育に特化し、あるいは落ちこぼれの生徒を引き受けるチャータースクールなどがこれに類する。チャータースクールは全米で三〇〇〇校ほどあり、公募型研究開発校とも呼ばれ、教育委員会の認可（チャーター）と公的な財政支援を受けるところが、民営であり、費用の自己負担を原則とする他のオルナタティブ学校との違いである。日本においても、不登校児童の増加や学習塾の蔓延が学校制度の限界を如実に表しており、フリースクールやシュタイナースクールなどのオルナタティブ教育が広がりを見せている。教育に対する社会の要請は時代とともに変化するものであり、こうした多様な学校形態が併存することは、教育の画一化を防ぎ、多様化するニーズに対応した将来の教育のあるべき姿を見出すための実験として、大いに歓迎すべきであろう。またITを利用した家庭教育も広まるであろう。永遠志向社会においては、両親の教育への関心と、個性的な人材の養成への要望が高まることから、公教育による教育の独占に代わり、教育の多様化が今後とも進むであろう。

27・6

ホームエデュケーションと学校教育　また学校ではなく両親が家庭で初等教育を行うホームエデュケーションも、アメリカ、カナダ、オーストラリアなどで急増している。問題は家庭という密室では、両親が子どもの意志を無視して自分たちの生き方や考え方を一方的に子どもに押し付ける危険があることだ。また両親が初等教育を行うのに十分な知識と能力を持っていることも確認する必要がある。特に子どもを家族の歴史的連帯に組み込むことで、子どもがそれを拒否し他の生き方を選ぶ機会が与えられない場合は、子どもの権利を無視した極めて一方的かつ専制的な仕組みになりかねない。学校教育は単に基礎的な知識を教えるだけでなく、友人をつくり、集団の中でどう行動すべきかを学習する場であって、これらの経験はホームエデュケーションでは与えることは難しい。子どもに広い世界には異なった文化や価値が存在すること、また自分が帰属すべき歴史的、文化的集団を選択する自由があることを自覚させるため、一定の年齢に達した子どもを両親から一時的に

27・7

切り離し、彼らに自分の将来について選択の機会とそのための判断力を養成する時間と場を与えなければならず、集団で行う学校教育はそうした観点から将来においても欠かすことのできない教育制度なのである。一方家族の教育機能の強化は、永遠志向社会においては重要な課題であり、ＩＴを使った遠隔教育技術を適切に活用するならホームエデュケーションも、教育の多様化の一環としてそれなりの意義があるだろう。

学校と家庭のコラボレーション　学校教育が国の方針次第で、個性の否定や愛国心の過剰な強調といった偏向を持つ危険があることもまた忘れてはならない。したがって両親が子どもの教育にもっと能動的に参加することが、教育の中立性を守るうえでも望ましいことである。将来においては、労働時間の短縮やフレキシ・タイムの導入、子どもの家庭教育のための教育休暇の制度化などによって、両親が子どもの教育に割ける時間的余裕が生じる可能性が高いことを考えれば、例えば親の職業や教育歴といった背景を考慮し、親が教育する資格がある教科と道徳や社会などは両親に任せるといった、学校教育と家庭教育の協働体制を導入することも考えられる。永遠志向社会では、家族は歴史の単位として最も重要なものであり、そこでは両親から子どもに家族の歴史が語り継がれることが必須である。そのためにも、学校の授業時間はできるだけ縮小し、子どもにはもっと自由な時間を、

27・8

そして親には子どもを自ら教育する機会を与えることになるだろう。人に教えるのは最も良い自己学習の機会でもあり、子どもの勉強を見ることは両親にとっても得難い教育的な経験なのである。

思春期　初等教育を終えた子どもは、中学校そして高等学校に進む。この時期は人生で最も楽しい時期であるだけでなく、子どもから大人に変わる時でもあり、家族との関係を確認し、自らの歴史的・文化的帰属を考えるうえで重要な時期でもある。この年代の少年少女はたいていの場合、自分が属している集団さらには時代の在り方に対して批判的になり、自分の知らない世界に強く憧れる。これがいわゆる反抗期である。それは両親などに依存してきた時期から自立する時期への移行期であり、もし人生の進路を変えたければ抵抗なくできる機会でもある。こうした選択に迷った若者は、しばしば二つ以上の帰属すべき集団なり文化の間で選択に迷い、帰属不明確（marginal）な状態に陥る。そして学校教育で与えられる知識や、さらには自国の歴史や文化に対しても疑問を抱く。この状態は一方においては将来の可能性の枠を広げ、場合によってはその所属する社会からの離脱も含めた自由な選択をする可能性を生み出すが、それだけに彼ら自身にしかわからない不安と焦りを生み出す。この若者の悩みを愚かだと笑ってはいけない。彼らは自分自身が進むべき人生を探すという極めて困難な経験をしているのだ。その過程において彼らは時には自分の能力以上のことを高望みし、自分を繋《つな》ぎ止めようとする家族の愛情を煙たく思い、全く自分にふさわしくない環境に憧れ、周囲に迷惑をかける。ルネッサンス期のイギリスの哲学者フランシス・ベーコンが言ったように、「一般的に言って若者は、一回目の熟慮のようなものである。すなわち二回目ほど賢くない」ものである。だがこの愚かさと無鉄砲さこそ彼らをして常識を超えた大志を抱かせ、あるいは旧弊な殻を打ち壊す勇気を与えるのだ。偉大なことはすべて少年のうちにその種がまかれるのだ。重要なのは、若者は主体として自らの将来の道を選ぶ権利を持つものであり、両親や教師は若者に感化を与えることはできても、彼らの希望を押さえつけたり、あるいは進むべき道を押し付けることは許されないことである。若者は夢を描くことにかけては、大人よりもはるかに優れた能力を持っているのだ。

27・9

中等教育　現在の中等教育は、通常は前期（中学校教育）と後期（高等学校教育）に分けられるが、そのいずれもがこの波乱にとんだ時期の若者を教育するには全く不適切である。特に一部のヨーロッパ諸国では、中等教育は大学進学コース、一般コース、職業コースに分けられているが、経験のない未熟な若者にこの時点でその将来を選択させるのは早すぎるだけでなく、残酷である。それはかつて生涯の道筋が生まれによって定められた身分制度の名残である。こうした差別的な教育によって、自分の可能性をまだ十分知りえない若者の将来を固定してしまうことは、夢を奪うことであり隠れた才能を見出す機会を取り去ることであって、平等の概念に反するだけでなく、社会的にも無駄の多い仕組みである。一方日本のように、コースを分けずに全員に普通教育を与える中等教育の場合でも、今日では多くの場合中学校は高等学校に進学する準備であり、高等学校は大学なり専門学校への進学のつなぎの役割しか果たしていない。その結果若者は本当の学問とは無関係な受験勉強や就職への準備に、あたら人生の最も貴重な時期を無駄に過ごしてしまう。夢と悩みのない思春期を過ごすことの恐ろしいのは、次の時期に入ってからでは、社会における自分の居場所を変えることは非常に難しくなってしまうことである。人生に選択の余地がなければ、人は身の回りの狭い世界に閉じ込められ、永久にそこから離脱できなくなる。それは自分の意志で将来を選択するという基本的な人権の侵害であり、彼自身も想定していなかったような大きな飛躍を遂げる機会を逸することになるばかりか、社会としても隠れた才能を見出す可能性を失うことになるのだ。

27・10

学力というまやかし　現代の教育の歪みを代表する現象の一つが、学力と称する特定の複数科目の試験の点数で教育の成果を計る考え方である。日本を含む多くの国では、初等教育の段階から全国的な学力テストが行われ、生徒だけでなく、教師も学校もその結果で評価される。特に高校や大学の入学試験において、受験の点数が合否の主な判定の基準となるため、受験生は、入試対策として試験に出る科目について集中的に勉強し、他の重要な知識を身に付ける意欲を失ってしまう。また大金を払って学習塾で受験技術を子弟に学ばす富裕な家庭の子どもがいわゆる良い大学に入学し、良い職業に就き、早く出世するという教育の格差が生まれ、その結果特出した才能を持たない凡庸な者が社会の中核を占める。もしそれが教育だというなら、学校の教師はすべて学習塾の講師と入れ替えればよいのだ。

今日においては、創造性や寛容さ、正義感、そして知性、感性といった人間として最も大切な資質は学校教育においては軽視され、代わりに社会に出ても一度も使われないような知識が詰め込まれ、特色ある優れた人材の育成は無視されている。現代の教育は点取り虫が幅を利かし、天才、異才、そして個性豊かな若者を排除する。このような歪んだ教育では傑出した人物は生まれず、人類の資質は低下し、社会は停滞し、社会道徳は地に落ちる。忘れてはいけない。アインシュタインも、ダーウィンも、ジョン・F・ケネディも、いくつかの学科の平均点で計る学力でいえば落ちこぼれだったのだ。学校で教えられる教科は、所詮はすでに世の中で認められた既存の知識であって、それを暗記するだけでは、人類が本当に必要としている、常識を凌駕する知的飛躍を生み出す人材は育たない。またいわゆる学力重視の教育では平均的に高い点を取るいわゆる優等生が良しとされ、大多数を占めるそれ以外の学生は、いわれのない劣等感に悩まされ、自分自身に対して自信を持てなくなってしまう。学校教育が若者の自尊心を奪い、彼らの隠れた才能を殺しているのだ。

この学力重視の弊害を正すために、永遠志向社会においては、この年代の若者には教室における基礎的知識についての授業はできるだけ縮小し、社会見学、一芸に秀でた社会人との懇談、家族や友人との交歓、ルールとフェアプレイを守る習慣を身に付け、同時に健康を増進するためのスポーツ、そして見聞を広め新たな視野を得るための国内外でのホームステイなど、自由で闊達な時を過ごす機会を十分に与えることとなろう。それは既存の知識を一方的に詰め込む教育ではなく、個性と社会性を育て、自分で物事を判断する力を付けるための教育である。それによって将来についての夢を膨らまさせ、打算の代わりに理想を、退屈の代わりに興奮を、現実の代わりに夢を、分別の代わりに冒険を与えるのだ。そして若者は自分の判断で帰属すべき集団を決め、同化すべき文化を選び、果たすべき歴

27・11

史的役割に目途をつける。

人類共生のための教育　この段階での教育で最も重要なのは、若者に人としての生き方を考えさせることである。もちろん個人の判断が尊重される民主社会においては、自らの生き方は自分が決めるべきである。それでも若者に教えるべき絶対的な倫理がある。それは人類同胞に対する共感であり、種としての人類全体の永劫の共生と繁栄のために努力する意欲を持つことである。今日においては、人種や国籍、文化、宗教、社会的階層などによって人を分けて、違った目で見ることがあたりまえに行われ、それが身内とよそ者という区別を生み出している。特に危険なのは今日世界的な規模で復活しているよそ者に対する排他意識や、国益を絶対とする集団的な利己主義である。そうした考えを持つ者は、きっかけさえあれば自らの意識の底に潜在している死への怒りを自分と違う人々に転位し、差別し、軽蔑し、排斥し、ヘイトスピーチを行い、果ては傷つけようとする。そして人類平和を確保するには、この差別意識を取り除くことが必要なのである。

そのための教育は、これまでの国際理解教育のように、自国民と他国民を分けたうえで相互の理解を図るのでは十分ではなく、それぞれの国の在り方や文化を尊重しつつも、分け隔てをなくし、話す言葉が違い、見た目が違っても、人は皆仲間であることを認識させるのだ。そしてすべての人が同じく死の絶望に苦しみ、それを乗り越えるため永遠志向を持つことを悟れば、同情と共感と相互の信頼が生まれ、人類は皆同じ運命を分け合う仲間であることを実感する。人類共生のための教育の目標は、狭い身内意識を捨て、人類全体が同胞であることを、若者に理解させることである。それこそがすべての教育の究極の目的であり、人類の平和と繁栄の基礎をつくるものである。ユネスコ憲章の前文は「戦争は人の心の中で生まれるものであるから、人の心の中に平和の砦を築かなければならない」と高らかに謳っているが、人類共生のための教育こそ平和の砦なのである。それは永遠志向に基づく教育でもある。世界で唯一核兵器の惨禍を体験し、平和憲法のもとで七〇年にわたり、戦争で誰も殺さず、また誰も死なせなかった日本こそ、恒久平和の基礎となるこの人類共生のための教育を主唱すべきである。

27・12

生涯学習の拠点としての高等教育　思春期を過ぎて大人になった若者は、その夢を実現するための準備に入る。一部の若者は社会に出て職業に就くが、多くは専門教育を受けるため高等教育機関に進む。今日我が国の場合高等教育機関で学ぶ若者の多くは、受験勉強などに追われ思春期に夢を育てる機会を持たなかったため、自らの人生について見通しを持っておらず、そのため大学で学んでいることが自分の生涯にどのような役に立つかもわからない場合が多い。そして良い成績を取ったり、卒業すること自体が勉強の目的となってしまい、能動的に学ぶ姿勢を失う。勉強には一つの鉄則がある。それは自らが何のために勉強しているのかを理解しない限り、教育の効果は上がらないことである。学歴や学位を求めての勉強では教育は単なる手段と化し、自ら高みを目指す知的探求心とは無縁のものとなってしまう。しかし一旦永遠を達成する道を決めた若者にとっては、勉強は生涯の目的達成のための道筋であり、苦しくてもやりがいのあるものとなる。アリストテレスがApothegmで述べているように、「勉強の根は苦いがその実は甘い」のだ。大学は入学者を選抜するにあたって、学力試験の点数などにとらわれず、明確な目的と問題意識を持ち、それを達成するための学習意欲のある者を優先することとなろう。

永遠志向社会の高等教育機関は、就職用に学歴を売りつける機関ではなく、学生に歴史を認識させ、その中で人類への貢献を通じて自らの足跡を残すための能力を与える機関となる。そして若者は、基礎的な専門教育を終えた後は社会に入り、実体験から問題の在り処を確認し、その解決方法を見つけるため随時教育機関に戻って学習し直すリカーレント（回帰）教育が一般化する。それは壮年者も高齢者も同じことである。これこそが、生涯学習であり、高等教育のあるべき姿なのだ。人類社会に貢献し、歴史の評価に堪える業績を上げるためには、学歴や学位などは何の役にも立たない。そこでは実際に成果を上げる実力が要請される。もし高等教育機関が永遠志向社会においてもその存在意義を保とうとするなら、それは主として研究機関としてであり、また年齢を問わず学習を希望する者の必要に応じた教育プログラムを策定し、各分野の専門家と引き合わせる情報サービス機関としてである。高等教育機関はアカデミズムと権威主義に固まった孤立した組織ではなく生涯学習の一部となり、また一方的な教授の場ではなく自発的な学習の場となる。

高等教育機関の役割として重要となるのが、成人に対する職業教育である。創造能力は人によって多様であることから、来るべき創造経済においては、希望する成人を受け入れ、各人の能力や適性を判定し、その人に最も適した創造活動を特定し、必要なら職場を紹介するなどのガイダンスを行うべきである。特にＡＩ（人工知能）の導入により職を失う人々が増加することから、こうした成人への職業教育の必要性が高まることが予想される。

27・13　すべての人が教育者となる生涯学習社会

永遠志向社会は生涯学習社会でもある。そこでは学校だけが教育機関であり、教師だけが教える資格を持っているといった思い込みを捨

27・14

て、社会人も、企業も、両親もすべて教育の一環を担うのが当然となる。今日でも我々が実生活に必要な知識を得るのは、家庭を含む実社会においてであり、学校はその補助的な役割を果たすだけである。私は大学の教員となって初めて、教育とは教師と学生の相互の理解からなるものであり、教えることが自分にとって最も良い学習の機会であることを学んだ。永遠志向社会における生涯学習は、単に生涯を通じて学習するだけでなく、すべての人が、生涯を通じて教育者としての役割を担うものでなければならない。それぞれの分野で実績を上げた者が、実務を執る傍ら社会的義務として子どもや若者の教育にも参加し、その知識を分け与える全員参加型の生涯学習制度を構築するのだ。そこではすべての人が教師であり、また学習者である。そしてそれこそが真の意味での生涯学習社会である。

壮年期　やがて基礎的な能力と知識を身に付けた若者は、一人前の大人として、思春期や青春期の悩みの中で選択した夢の実現に向けて、一心不乱に邁進することとなる。富、権力、人気といった今日人々を引きつけている世俗的な目標は、永遠志向を目指す次世代の人々にとっては取るに足らぬことである。巨万の富も墓場には持ってゆけず、万人を震え上がらせた権勢も、権力者の死とともに春陽に消える残雪のように跡形もなくなってしまう。歴史に生きる人々は、もっと永続的で、遠大な目標を持つのだ。彼らの第一の関心事は、当然のことながら人類の生存をより確実にすることである。これは今日の社会が目指すような、人々の生活を保障する福祉とか、物欲を満足させるための経済といった矮小なことではなく、人類全体をさらに強く、賢く、そして高邁にすることであり、人類がいかなる困難も切り抜ける能力を育てることである。これらの目覚めた人々は、地球上から疾病を駆逐し、戦争や暴政をなくし、食料の増産を実現し、不正をただし、都市を美化し、科学技術を発展させ、次の世代を教育し、さらには太陽系を超えて宇宙の彼方へと探索の手を伸ばす。彼らは、危険に屈することもなく、無為に時を過ごすこともなく、ただひたすらに夢の達成に向け突き進む。彼らはまた歴史的な正義が守られ、業績が公平に記録され、後世において評価される機会が与えられる限り、いかなる辛苦にも耐える。人間の打算や欲望に付け入って栄えた不正や暴虐などが、どうしてこれらの永遠を求める人々に立ち向かえようか。また人類の更なる発展に向け適切な政策を講じない政府が、一日たりといえども存続できるだろうか。

永遠を志す人々の関心はまた、創造に向かうだろう。ここでいう創造とは、その創り主が自己の永遠を達成するために創りだしたものすべてを指す。芸術家の作品はもちろん、科学者の新たな発見、技術者の画期的な発明、職人の魂のこもった作品、教育者にとっての学生、行政官にとっての新たな制度、両親にとっての子ども、経営者にとっての事業等は、すべて創造の産物である。そして万人が創造を通じて自己の永遠化を目指し、その過程において人類文化を限りなく豊かなものとする。

永遠を求めてつき走る人々も、やがて伴侶を得、子どもが出来、目標に向けての戦いに疲れた心身を、家族に囲まれて癒す時間を楽しむだろう。それはその日の業を成し遂げた者だけが持つ満足感に満ちた団欒である。そして自分の代替的自己である子どもを愛し、家族の歴史を教え、人類への貢献の夢を語り聞かせるのだ。そこにはもはや現代人を悩ます孤独や無力感はなく、限りなく充実した生き方があるのだ。

27・15 平凡な幸せ

だがいつの時代でもそうであったように、永遠志向社会でも、ただ平穏な生活を望み高望みをしない人々や、信仰にすべてをささげ、神仏の祝福の下で穏やかな生涯を送ることを望む人々が多数を占めるであろう。そうした生き方を選択するのも人間としての権利であり、永遠志向社会はそうした人々にとっても住みよい社会でなければならない。そのため国家はＢＩ制度（ベーシックインカム制度）など、人々が安心して生活できる環境を維持する政策を充実することが求められる。これらの平凡な幸せを求める人々は、ある意味で社会の安定を保つアンカーのような大切な役割を果たす。彼らは死を超越するために奮闘する人々と異なり、心安らかで幸せな人々である。そして永遠への戦いに疲れた戦士たちに、幸せとは何か、平穏な人生とは何かを思い出させてくれる。彼らは永遠志向社会に多様性を与え、ノスタルジックな癒しの場を提供してくれる。永遠への果てしない野望に取りつかれた生涯に比べ、鼓腹撃壌しながら「日出て作し、日入りて憩う。井を掘りて飲み、田を耕して食う。帝力なんぞあらんや」（『十八史略』）と喝破した老夫の生き方の、なんと羨ましいことか。野心を持たないこのような人々こそ、社会を安定させ、人々が狂気に走るのを食い止めるのだ。

27・16　満ち足りた高齢者

永遠を求め歴史に残る業績を上げた人も、やがては歳とともに気力、体力とも衰え、人類への貢献も創造も行えない時が来る。しかし永遠志向社会における高齢者は、おそらく社会で最も幸せな人々となるだろう。歴史が確保された社会では、死後も自分の足跡が残ることを確信した者は、夢を次の世代に託して残りの生涯を十二分に享受する。先が短いことを除けば、老齢期こそ生涯の収穫を楽しむ最も充実した時期である。それに比べ今日の高齢者ほど惨めな存在はない。彼らは家族とのきずなを失い、友人知人にも先立たれ、社会からは使用不可能になった部品のように見捨てられ、ただ毎日を死を待って無為のうちに過ごす。しかし永遠志向社会においては、老人は現代の高齢者のように孤独に悩むこともなく、また社会のお荷物として邪魔扱いされることもなく、歴史の上での功労者として尊敬を集める。自分の生きてきた道に自信を持つ者は、死を恐れることもない。彼の生涯の打ち消すことのできない証拠が創造の成果として残り、あるいは歴史として記録され、保存され、回顧されるからだ。高齢者にも永遠志向社会の一員として果たすべき義務がある。それは自分の歴史を書き綴り、あるいは若者に語り掛けることで、生涯を通じて得た体験や知恵を次の世代に引き継ぐことである。それを終えれば、彼は自分の生涯を誇りをもって回顧しつつ、悠々自適の生涯を送る。この世で最も幸せな人は、無為と怠惰を罪の意識もなく楽しめる人である。そして人類への義務を果たし、死を超越した高齢者こそ、この至上の幸福を享受できる恵まれた人なのだ。そして彼は叫ぶのだ。

死よ、どこにお前の勝利があるのかと。

第二八章　来るべき絶頂期

28・1

予測と予言　我々は今人間の存在意義の解明を終え、それに基づき来たるべき人類社会の在り方について結論を出そうとしている。ここで留意しなければならないのは、これまでの本書での考察もそこから引き出した結論も、人類の将来がそうなるとか、あるいは人々が必ずそのような行動をとるとかを予言することではなく、一つの蓋然性を予側することである。予言と予測の違いは、前者が人知では計り知ることのできない将来の出来事を言明するのに対し、後者は人知の限りを尽くし、知りうる範囲内で未来の可能性を推定することである。人類社会の在り方は、自然環境など予測不能な要件に影響され、さらには個々の人々の努力と意志、さらには技術の進歩の度合いによっても大きく変化する。したがって予言はもちろん、予測すら、当たるも八卦、当たらぬも八卦というのが本当のところかもしれない。

28・2

人間の本質は変わらない　しかしここで論じているのは、社会というよりは、人間そのものである。そして人間の行為は、すべての人が持つ生存志向、優位志向、永遠志向といった根本的な内的な衝動に基づいており、それは人類が存続する限り将来とも変わることはない。したがってこれらの与件を理解することで、歴史に一つの方向性を見出すことは可能であり、それに基づき、人間の生き方がどのように変化するかをかなりの確実性をもって想定することができる。これが本書で試みた予測である。実際には、人類の将来をより良いものとできるかどうかは、個々人がこのような予測をどう理解し、それをどのように活用するかにかかっているのだ。

28・3

理想の人間像　ここで述べることは予測であることを前置きして、永遠志向に目覚めた人々が構築する社会がどのようなものになるかを改めてまとめてみよう。第一段階における生物の基本的な衝動は生存志向であり、それが優位志向という高等動物にみられる第二段階を経て、人間だけが持つ永遠志向という存在の最終的な段階に達する。人類のここ数万年の歴史は、この永遠志向に適応する過程であり、その過程は今日でも続いている。しかし新たなミレニアムに入り、人類は暗中模索の段階を抜け、永遠志向を意識する瞬間に近づいている。そしてこの新たな意識とともに、今現在しか眼中にない刹那的な現代人に代わって、自己の短い生涯を超えて過去を振り返り、人類の未来を考える、永遠志向に目覚めた世代が生まれるのだ。

このような意識を持つ人は、まず何よりも自分自身の延長である人類の永続を願い、その発展に貢献することに全力を注ぐだろう。歴史の民主化が確保され、人類社会への人々の貢献が公平に評価され、記録され、そして回顧されるなら、そうした歴史に足跡を残そうと願わない者がいるだろうか。歴史的名声を求めてのあがきは死者の糧であり、生きている者から見ればあさましいものである。だが一旦生きる目的が永遠の獲得にあることに気づいた人は、そのあさましさにもかかわらず、歴史に足跡を残そうとせずにはいられない。それは、食欲や性欲、権力欲と同様に、人間にとって逃れることのできない欲求なのである。自己の足跡を時という砂の上に残すという一見無益な行為が、すべての思慮深い人々の関心事となり、人々をして狭い損得勘定を超えた崇高な行動をとらせるのだ。

こうして永遠志向に目覚めた人々は、安寧と自己の利益の追求に汲汲とした利己主義を排し、あるいは人類の発展と福祉に尽くし、あるいは平和の構築のための共同の努力に参加し、同胞である全人類に惜しみない愛情を注ぎ、英知を磨き、美を創り出す。そのような行為が卓越したものとして認められるためには、もちろん並々ならぬ努力の積み重ねが必要である。真の業績を達成するには近道はなく、仲間が惰眠をむさぼっている間も切磋琢磨する者にだけ開かれているのだ。そうした業績は、場合によっては生前には認められないかもしれない。それでも歴史の正義を信じる者は、いつかは自分の業績が認知されることを信じて、一芸に秀で、善を成し、悪を正すことに全力を注ぎこむ。その努力は、これまでの富や権力を追い求める低次元の行動と異なり、永遠の高みを目指す人々の高邁な夢に満ちた活動となるのだ。こうして永遠志向社会が生まれ、現世に来世がつくられる。

そこでは若者は、歴史の中での永遠を夢見て野心と希望に胸を膨らませつつ自己研鑽に励み、追求すべき目的を見出した成人はひたすらにその達成のために邁進し、そして歴史に名を残した者は自己と未来の一体化を確信しつつ、悠々自適の老後を過ごし、死が訪れたときは、威厳をもって命の終焉を迎え入れるだろう。なぜなら歴史と文化に足跡を残した者は、代替的自己を通じて死後も生き続けるからである。ここに死の恐怖を克服し、人類に貢献し、死を生んだ母なる自然とも融和した、理想の人間像があるのだ。

28・4

歴史的実在　永遠志向社会においては、心ある者ならもう醜い権力争いや富の追求に生涯を浪費したり、せせこましい自己の殻の中でのかりそめの幸福や安逸に甘んじてはいられなくなる。そうした人は、自分の惨めなくらい短い生涯と、狭い利己を超えて、一〇〇年後いや一〇〇〇年後の人類全体の将来に思いを致す。彼または彼女の将来の計画は、世代を超えた未来へと広がってゆく。こうして世界は、正義と理想のためには命も惜しまず、利得よりは犠牲に喜びを感じる英雄で満ち溢れる。そして人間はより高次な存在に一歩近づく。これらの目覚めた人々の高貴な精神は、必ずしも道徳的高潔さから生まれるのではなく、人間の醜い利己心から起生することはすでに繰り返し述べてきた。個人が人類の将来に奉仕するのは、それが死後も自己を存続させる唯一の道だからである。したがって自己犠牲は実は大きな利己なのだ。普遍的宗教の創始者たちが天国と地獄という仮説を説いたのは、一つには道徳律を遵守させるため、天国に行きたいと願う人々の利己心に訴えたのである。そして今や、天国と地獄に変わり、現世に来世が築かれ歴史が最後の審判の役を果たすのだ。信心深い人々が来世における報いを恐れて悪行を自制するように、永遠志向社会の人々は歴史の批判に耐えるため身を律する。信者が神の御心に映る自分を夢見るように、彼は歴史の中での自分の姿を思い描く。そしてそれとともに、人は歴史的実在になる。こうして生命の有限性を克服し、人生の意義を自らの手に収めた人々は、一種の神性を有することとなる。

28・5

家族の歴史化　永遠志向型人間が構成する社会では、深い愛情ときずなで結ばれた家族が復活し、歴史を構成する最も重要な単位となるだろう。子どもの中に代替的自己を見出そうとする両親は、子どもに愛情を惜しげなく与えるとともに、自分たちの信条や道徳観を伝え、社会で生きる知恵を授けるため、家庭教育を重視する。集団は小さいほど代替的自己となる可能性が高いことはすでに見てきたが、家族が集い、過ぎし世代の出来事や業績を思い返し、子どもたちの未来を語り合うことは、過去と未来の繋がりが最もよく意識できる瞬間である。そこでは個人の生涯は、綿々として続く家系の中に組み込まれ、永遠となる。家族がこうした歴史集団としての機能を回復した時、核家族が失ってしまった家族のルーツが再確認され、現代社会を覆う孤独は克服される。核家族が一般化する前は、このような家族の歴史的な機能は当然の事であった。人々は自分たちの先祖を誇り、その栄光を自らのものと考え、それを辱めまいと努力した。それに対して人が過去と未来につながっていることを忘れた現代人は、何事にも代えがたい家族の歴史を捨て去ってしまったのだ。それは自らを永遠と結びつけるきずなを捨てることである。これからでも遅くはない。誰もが死後に残すものとして家族の歴史をつくるべきである。そうすれば人々は、今の事だけ考え個人的利益だけを追求するのではなく、自分の死後の世界についても意識するだろう。そして子孫を苦しめることとなる環境破壊や、天文学的な国の財政赤字を次の世代に負わせるといった無責任極まる行動はとらなくなるだろう。

28・6

社会の歴史化　永遠志向社会において、家族以外の集団はどのような変質を遂げるだろうか。第一に国家を頂点とした政治機構の機能の重点は、政治、軍事、経済、福祉などから、文化の創造と歴史の保持に移るだろう。これが第二四章で見た歴史・文化国家である。地方公共団体についてみれば、その機能が地域振興や福祉、衛生など、住民の利便を図る組織であるうちは単なる行政機関にすぎないが、もし地方文化の中核として人々に創造の場を提供し、住民の間に歴史共同体としての意識を育てるのに成功すれば、人々の代替的自己として不動の地位を築くだろう。

企業も、利潤追求だけを目的とした組織であるうちは単に給与を得る場所でしかないが、人々に創造の機会を提供する場、そして従業員の業績を後世に伝達する歴史の場となれば、その永続性が保障されよう。そこには、阻害された孤独な人間はなく、歴史を通じての永遠の獲得を確信した新たな人類が誕生する。

28・7

歴史社会はすでに始まっている　芸術やスポーツ、学術の分野では、これまでにもすでに歴史化が進んでいる。例えばスポーツ競技の記録はすべて保存され、後進に目標を与えている。また野球や相撲ではあらゆる記録が保存され、野球の殿堂や相撲博物館で公開され、選手の意欲を高めるとともに、その競技を奥深いものとしている。優れた絵画や彫刻は、美術館に収納され永久に保存される。同様に学術の分野でも、学会等によって論文等はスクリーンされ、紀要や専門誌等で保存され、科学の歴史を構成する。日本では、歌舞伎や華道、茶道、陶芸などの伝統芸能分野では、襲名あるいは家元制度によって世代を超えた連係が実行されている。同様に、国の文化財保護制度による国宝や有形、無形の重要文化財の指定、ユネスコによる世界文化遺産や世界記憶遺産といった制度も、過去の歴史を後世に残す仕組みである。これらはすべて永遠志向が生み出した仕組みであり、今後はさらに多くの分野で、業績の記録とその世代を超えた保持が行われるであろう。それこそが社会の歴史化なのである。新聞や雑誌、テレビなども、歴史の構築に大きな役割を果たすことは言うまでもない。永遠志向を理解したジャーナリストは、一度報道すれば二度と使われないニュースには飽き足らず、今実際につくられようとする生きた歴史を書くことに情熱を燃やすだろう。そしてテレビなども、低俗な番組などはやめ、真実に基づく過去現在の人々の生き様を伝えるだろう。

28・8

真正な歴史　国家の歴史の保持者としての役割もまた重要性を増すだろう。永遠を志向する人々が歴史の場を求めるのも、歴史が永遠に保存され、公平さが維持されると信じるからである。フランスの作家で哲学者のヴォルテールが、歴史は自由な国においてのみよく書くことができるといったように、歴史国家は、自由で民主的な社会でしか育たない。もしそうでなければ、フランスの文豪モーパッサンのように、「歴史─あの思い上がった嘘つきの年寄女め」（ギー・ド・モーパッサン：Sur L'Eau Saint-Tropez）ということになってしまう。

モーパッサンが嘆いたような不正確かつ不真面目な歴史と違い、永遠志向社会における歴史は、公平な第三者の審査のもとに、歴史の意義について強い信念を持った歴史家と、徹底的に訓練されたアーキヴィスト（司書士）により、コンピュータを含めた最新の技術を駆使して描かれる公平かつ正確な記録になる。もし歴史が権力によって捻じ曲げられれば、それは本人にとって、死よりも恐ろしい結果となる。そのような事態を避けるため、歴史の正義と自由はあらゆる犠牲を払ってでも守られねばならない。ここに歴史民主主義の確立が絶対に必要となる。正しい歴史が保持されるなら、人々は決して不正を見逃さず、死を賭しても信念を貫き、偉大な業績を上げ、歴史の上での名誉を獲得するのだ。それほど顕著でない一般の人々の社会への小さな貢献も、等しく歴史に記録される。このため新たな歴史国家は、今やその最大の責務となる正確な歴史の保持のため、あらゆる施策を実施する。例えば人々の業績をできるだけ詳細に記録し後世に伝えるための拠点として、歴史の殿堂ともいうべき大規模な記録保存の施設を整備し、歴史の公平さを確保するため、民間の各種の歴史記録組織と協力して歴史を絶えず再調査して記録の正確さを担保する行政機関を整備し、現代の司法制度にも似た厳正中立の歴史の審判制度を構築する。こうして歴史の公正性が確立すると、人々は歴史の正義を信じて、絶えず未来を意識し、その審判に耐える行動をとることとなる。

28・9

創造社会　代替的自己として、創造ほど具体的で創造者との関連が明確なものはない。そのため永遠を求める人は、競って創造に励むだろう。科学者の研究成果、芸術家や職人そして技術者の作品、教育者にとっての生徒、企業家にとっての商品と企業組織、両親にとっての子どもなどはすべて創造が創り出すものであり、代替的自己である。また今日ではやりがいのない雑用と考えられている仕事でも、心の持ち方次第では創造活動になり得るのだ。例えば清掃事業などの単純作業も、それが持つ衛生上の重要性を理解し、その改善に努め、社会がその功績を認めれば歴史の一部となる。商業活動も、優れた商品の提供という観点から見れば、社会に不可欠な業務である。さらに今後ますます増えると考えられる余暇は、すべての人々にボランティア活動や創造活動に参加する機会を与える。そしてこのような社会への貢献はすべて記録される。また芸術作品だけでなく、耐久商品にも製作者の名前が刻印され、消費財であることを止め芸術作品に昇華し、生産過程は労働ではなく創造活動となる。かくて万人が創造を通じて自己の永遠化を図り、その過程において人類社会を限りなく豊かなものとしてゆくのだ。そうした創造の集積によって、人類社会は一つの絶頂期を迎える。

28・10

新たな国際秩序　国家の最大の責務が歴史の保持になると、これまでの主権や国益という集団的利己によって動かされる国家間の秩序もまた変化する。もし戦争が起きれば、集積された歴史が破壊され、永遠志向社会の寄って立つ基盤も崩壊する。このため恒久的な平和の維持が人類にとって必要不可欠となる。こうして国際連合やEUのような国際組織が強化され、国際協力と協調を促進するため、各国は必要があれば主権の一部をこれらの機関に委託する。また歴史国家は自らの歴史を保持するためにも戦争を放棄し、代わりに科学やテクノロジーを含めた民族の文化を高め、人類文明に貢献することに全力を投入する。そして若者に人類共生のための教育を与えることによって、世界は一つであり、人類は皆同胞であることを認識させる。

しかし残念なことに、新たな国際秩序においても、永遠志向社会からはみ出し、死の恐怖への不適応から怒りを他の人々に転位し武力を行使する国なり集団が残ることは避けられないだろう。しかもただの一つでもこのような時代錯誤の侵略国家やテロ集団が存在すれば、人類社会は、自らを防衛するために軍備を保持せざるを得ない。したがって右で述べた人類共生の意識の教育が普遍化するまでは、現実には、軍備と各国の協調による安全保障の仕組みは残さざるを得ないだろう。

結論　人類は死を超越する

永遠の達成とともに人類は大いなる未来に目覚め、より建設的で高邁な時代が始まる。

第二九章　大いなる未来への目覚め

29・1

人類よ永遠であれ　現状に満足した人々にも、現実からの逃避に明け暮れしていた人々にも、やがて忍び寄る死の足音が聞こえる時がくる。その時永遠への足掛かりをつくっていなかった者は絶望し、社会が混乱状態に陥る可能性がある。それに加えて、核戦争、食糧難、気候変動による大災害、テロの蔓延、地球規模の騒乱などが予想される人類の未来はあまりにも厳しく、いつ絶滅の危機に瀕するかもしれないのが現実である。それはすべての人々が逃避や自己満足に埋もれて時間を浪費することを許してはくれない。したがって人類は、全力を挙げて、より強く、より賢く、より高徳にならねばならない。そしてこの地球というういつかは崩壊するであろう小さな惑星にいつまでもしがみつくのではなく、太陽系を超え宇宙の隅々まで子孫を送り込むことで、人類の永続を確保しなければならない。

やがて来る太陽系の膨大な死の中で人類文明が消滅するということを否定する哲学は成立し得ないとした、第一一章で引用したバートランド・ラッセルの指摘に対して、私は今ここにこう答える。

「わずか一万年の間に原始を抜け出て今日の文明を築いた人類なら、永遠志向に目覚め歴史を通じて過去未来との連続を自覚しさえすれば、何十世代かの英知と努力の積み重ねで必ず目くるめくような理想の社会をつくり上げるだろう。そこでは、ラッセルが墓より先には保つことが出来ないとした〝情熱も、ヒロイズムも、思想や感情の強烈さも〟人類の歴史に組み込まれ永遠を得る。また太陽系の膨大な死の中で消滅すると断定した〝すべての時代のあらゆる努力、あらゆる献身、あらゆる天才の昼光のような輝き〟も、遠い未来の世代が科学とテクノロジーの枠を駆使して銀河系の彼方に新たな文明を構築することで存続するのだ。だからこそ今死にゆく我々は人類の悠久の存続を確信して、最後の息をひきとるまで次の世代に尽くすのだ。それによって我々もまた、人類文明の礎《いしずえ》として永遠に存続するのだ。」

29・2　姑息な現代から高邁な時代へ

この尊厳に満ちた永遠志向社会を、現代社会と比べてみるがいい。今日の先進社会は、私欲に溺れた救いがたい利己主義者と小人の世界である。大抵の人は個性を嫌い、自己主張を抑え、ただひたすらに群れの中に身を隠す。彼らの関心は、みみっちい金儲けと快楽と、逃避による偽りの幸せに向けられ、その結果、将来の世代のことなど考えもしないで資源を浪費し、地球環境を破壊し、祖先が残した文化遺産を打ち壊す。またある者は心の底に潜む死の影に怯え、絶望から薬物や酒に浸り、死への怒りを転位して戦争を起こし、無差別テロで人類の将来を危ういものとしている。

だが永遠志向社会の出現によって、事態は大きく変わる。この時代の人々は、貧しさや無知、そして疾病を撲滅し、美と英知を追い求め、恒久平和のための仕組みを創り出し、新たな知識を蓄え、独裁や不正に立ち向かい、太陽系を超えて広く宇宙へと探索の手を伸ばす。何人といえども栄光を求めてひた走る彼らの行方を遮れないし、何事も彼らを怯えさせることはない。歴史の中に生きる彼らは、必要なら死すら不滅への道筋として莞爾として受け入れる。

29・3

大いなる未来　今や永遠志向の自覚とともに、人類は大いなる未来に目覚め、混迷の時代を脱してより建設的で、より高邁な時代に入ろうとしている。そして新たな歴史民主主義の下で、他律的な運命に流される群衆は、歴史の流れを決定する自律的な超人に変わる。こうして人類は黄金時代を迎える。その栄光を生むのが、人間の死への絶望という卑矮な感情であることは皮肉なことである。だがどのように神々しい巨木でもただの腐植土を養分として育つのだ。同様に我々も、人間の卑矮さを糧として、偉大さを獲得しようではないか。私は特に次の時代を担う若者に訴えたい。永遠志向社会の基礎を築くことで、数百年を経た未来においても、君らの時代こそが人類の最も輝かしい瞬間だったと言わしめようではないか。そして高らかに謳歌しようではないか。死よ、おごるなかれ。人類よ、そして我自身よ、永遠であれと。

注釈

第Ⅰ部

（注1） Tragic Sense of Life, Miguel de Unamuno y Jugo, translated into English by J.E. Crawford Flitch, Dover Publications, New York, 1954, pp.47-48

第Ⅱ部

（注2） The Principles of Psychology, William James, Great Books of the Western World, 53, Encyclopedia Britannica, 1952, Chapter X, "The Consciousness of Self.", p.188

（注3） PHAEDO, Plato, Translated by Benjamin Jowett, The Great Books of the Western World, 7, Encyclopedia Britannica, Chicago, 1952,(63)

（注4） PANTAGRUEL, Francois Rabelais translated by Sir Thomas Urquhart and Peter Motleux, The Great Books of the Western World 2, Encyclopedia Britannica, Chicago, 1990, Chapter 8, p.81

（注5） The History of Peloponnesian War, Thucydides, translated by Richard Crawley, The Great Books of the Western World, 6, Chapter 6, Encyclopedia Britanica, Chicago, 1952, p.398

（注6） Pansées, Blaise Pascal, The Great Books of the Western World, Chapter 33, Encyclopedia Britanica, section 11-7

（注7） The Attitudes of Psychoneurotics towards Death, Sigmund Freud, Quoted in J. Chorons Modern Man and Morality, Macmillan, New York, 1964

（注8） History of European Morals from Augustus to Charlmagne, William E. H. Lecky, 3rd edition, Appleton-Century-Crofts, New York, 1921, Vol.1, p. 218

（注9） Tragic Sense of Life, ibid, p.233

（注10） Nekayer, as quoted in "On Revolution" William Lutz and Harry Bent, Winthrop, Cambridge, Mass., 1971

第三部

（注11）『哲学は何を問うべきか』竹市明弘・小浜善信編著、晃洋書房、二〇〇五年

（注12）Mysticism and Logic, and Other Essays, Bertrand Russel, Longmans Green & Co., New York, 1918, p.47

（注13）The Uniqueness of the Individual, P. B. Medawar, Methuen and Co., London 1957, pp.59-60

（注14）Letter to Frederick the Great, May 27, 1737

（注15）日本の場合第二次大戦中も多くの兵士が国というよりは天皇のために命をささげたが、これは民族意識の形成が遅れ、国の象徴としてのとしての天皇の権威のもとに国をまとめたためである。

（注16）Tragic Sense of Life, ibid, p.51

第四部

（注17）『大君の都　幕末日本滞在記』オールコック著・山口光朔訳、岩波文庫青四二四・三　下巻、一九六二年

（注18）What the Government is doing about the Media and Creative Industries, British Department of Culture, Media and Sports, home page

（注19）Creative Industries Economic Estimates, British Department of Culture, Media and Sport and Creative Industries Council, home page.

（注20）Arts and Economic Growth, Home page of the National Endowment for the Arts

（注21）創造産業の詳細についてはCreative Industries, Richard E. Caves, Harvard University Press, Cambridge, Massachusetts, 2002を参照

（注22）『マネジメント』P・F・ドラッカー著・野田一夫・村上恒夫監訳、ダイヤモンド社、一九八二年、筆者要約

（注23）BIEN（Basic Income Earth Network）のホームページを参照

（注24）ＢＩ制度の詳細については、Basic Income, The Material Conditions of Freedom, Daniel Raventó's, translated from the Spanish by Julie Wark, Pluto Press, London, 2007, Ann Arbor, MIを参照

（注25）『ベーシック・インカム』原田泰、中公新書、二〇一五年二月、一一七～一二三頁

本書で触れている歴史的事実は、主としてHistory of Mankind: Culture and Science Development, Vol.I-VI, published under the auspices of UNESCO and edited by the International Commission for a History of the Science and Cultural Development, and published by George Allen and Unwin Limited, 1966を参照した。

おわりに

私が人生の大半を費やした永遠志向についての思索が、今本書を脱稿することによって一つの区切りを迎えようとしている。一九六六年の米国留学に続き、一九六七年から一九七七年まで、国際公務員としてパリのユネスコ本部とニューヨークのユネスコ国連連絡事務所に勤務し、これらの地の自由で開放的な雰囲気の中で人生とは何かを思索し、哲学書を読み漁り、「Striving for Eternity」の原稿を執筆した、知的刺激に満ちた日々が懐かしく思い出される。また日本に戻り、文部省と文化庁での文字どおり午前様が続く激務の中で、睡眠時間を四時間に切り詰めて『永遠志向』を執筆したのも、今になれば我ながらよく頑張ったものだと思う。そして本書の出版で長年背負ってきた重荷をやっと下ろせるというのが私の偽らざる心境であった。

しかし世界の情勢は私にそのような感傷にふけるのを許してくれなかった。私は本書の第一章の冒頭で「今人類は、更なる飛躍への一歩を踏み出すか、それとも混迷の世界に迷い込むかの分かれ道に立っている」と述べたが、テロの頻発や、ヨーロッパでの極右の台頭、英国のEU離脱、トランプ大統領の出現といった最近の出来事を見ると、どうやら世界は私が恐れていた混迷と退化への道に入ろうとしているように思える。こうした傾向は、資本主義、選挙と多数決を万能とする従来の民主主義、そしてグローバル化といった現代社会の指導理念が、時代の要請から乖離したことが生み出したものであり、この流れを変え人類社会を再び希望に満ちた未来志向の路線に戻すには、従来の常識を超えた新たな根本理念（Grand Theory）が必要なのである。そして私は、永遠志向の思想こそが天動説に対する地動説のように、人類の在り方を根本から変える理念だと信じているのだ。したがって今私がやるべきことは、本書の英語版を出版することで、人類の将来を憂う世界中の人々に永遠志向の理念を問い、人類が退化ではなく更なる飛躍への道を選ぶよう呼びかけることであると確信するに至った。そしてそのために本書の英語版を一刻も早く出版することを決意した。私の長い戦いの日々がまた始まったのだ。

幸い私は、傘寿を超えながら体力、気力ともに壮者に負けない自信がある。それでも私の生命の砂時計の砂が刻一刻と少なくなっていることを実感している。しかし死の影は私を恐れさすことはない。死を恐れないのは、私が人として考え得る最も充実した幸せな生涯を送ったという満足感からであり、生涯をかけて構築した永遠志向の思想が何時の日か多くの人々に理解され、新たな、そしてより高邁な人類社会が確立される切っ掛けとなることを信じているからである。そしてその日を夢見つつ、砂の最後の一粒が落ちるまで、私は筆を置かないだろう。

本書は当初悠光堂に出版をお願いしていたが、より多くの読者に読んでもらうため、佐藤裕介社長のご了解を得て、販売力に勝る丸善出版から発売することとした。ここに佐藤氏の寛大なお計らいに感謝したい。また本書の意義を理解し編集に全力を上げてくださった丸善プラネットの野辺真実氏、本書の出版とその英語版の手配をしてくださった丸善雄松堂の滝澤摩耶氏と西野茉奈実氏に感謝する。

最後になったが、長年にわたり私を支えてくれた、私の最大の理解者である妻のまゆみに、愛をこめて本書を捧げたい。

二〇一六年一二月

渡辺通弘

2016年12月
Tatsu Ozawa 撮影

渡辺通弘（わたなべ　みちひろ）

東京都出身
中央大学法学部卒
ジョージタウン大学大学院国際関係専攻
外務省
パリ・ユネスコ本部、ニューヨーク・ユネスコ国際連合連絡事務所
文部省
文化庁芸術課長、文化普及課長、総務課長、文化部長 歴任
カリフォルニア大学ロサンゼルス校アンダーソン経営学大学院客員教授
昭和音楽大学音楽芸術運営学科学科長
現 昭和音楽大学名誉教授

主要著作
『永遠志向』
『ハーバード-生き残る大学』（注釈付翻訳）
『美しい国日本へ-安部総理の「美しい国へ」に対比して-』

死の超越
永遠志向社会の構築

二〇一七年三月一五日　発行

著作者　渡辺通弘

発行所　丸善プラネット株式会社
〒一〇一-〇〇五一
東京都千代田区神田神保町二-一七
電話 〇三-三五一二-八五一六
http://planet.maruzen.co.jp/

発売所　丸善出版株式会社
〒一〇一-〇〇五一
東京都千代田区神田神保町二-一七
電話 〇三-三五一二-三二五六
http://pub.maruzen.co.jp/

組版　月明組版
印刷・製本　大日本印刷株式会社
ISBN 978-4-86345-324-1 C0010